Informatik-Fachberichte 114

Subreihe Künstliche Intelligenz

Herausgegeben von W. Brauer in Zusammenarbeit mit dem
Fachausschuß 1.2 „Künstliche Intelligenz und
Mustererkennung" der Gesellschaft für Informatik (GI)

Sprachverarbeitung in Information und Dokumentation

Jahrestagung der Gesellschaft für
Linguistische Datenverarbeitung (GLDV)
in Kooperation mit der Fachgruppe 3
„Natürlichsprachliche Systeme" im FA 1.2
der Gesellschaft für Informatik (GI)

Hannover, 5.-7. März 1985
Proceedings

Herausgegeben von
Brigitte Endres-Niggemeyer
und Jürgen Krause

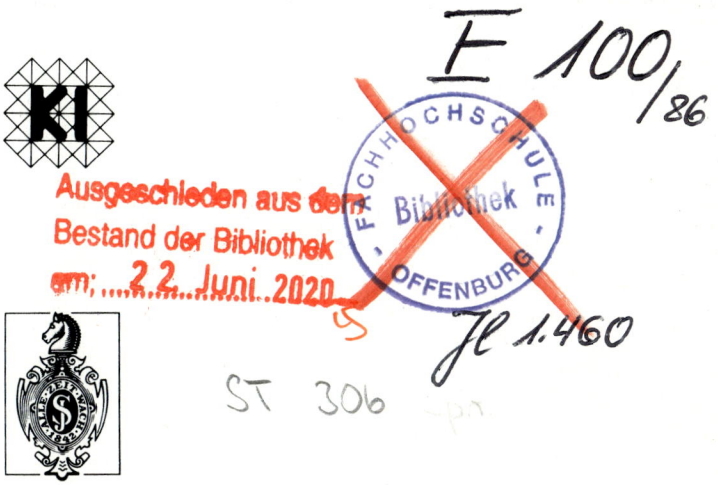

Springer-Verlag
Berlin Heidelberg New York Tokyo

Herausgeber

Brigitte Endres-Niggemeyer
Fachhochschule Hannover
Fachbereich Bibliothekswesen, Information und Dokumentation
Hanomagstr. 8, 3000 Hannover 91

Jürgen Krause
Universität Regensburg, Linguistische Informationswissenschaft
Universitätsstr. 31, 8400 Regensburg

CR Subject Classifications (1982): H, I.2.7

ISBN 3-540-16071-X Springer-Verlag Berlin Heidelberg New York Tokyo
ISBN 0-387-16071-X Springer-Verlag New York Heidelberg Berlin Tokyo

CIP-Kurztitelaufnahme der Deutschen Bibliothek. Sprachverarbeitung in
Information und Dokumentation : Hannover, 5.-7. März 1985 ; proceedings / in
Kooperation mit d. Fachgruppe 3 "Natürlichsprachl. Systeme" im FA 1.2 d. Ges.
für Informatik (GI) / hrsg. von Brigitte Endres-Niggemeyer u. Jürgen Krause. -
Berlin; Heidelberg; New York; Tokyo: Springer, 1985.
(Informatik-Fachberichte; 114 : Subreihe Künstliche Intelligenz) (Jahrestagung
der Gesellschaft für Linguistische Datenverarbeitung (GLDV); 1985)
ISBN 3-540-16071-X (Berlin ...)
ISBN 0-387-16071-X (New York ...)
NE: Endres-Niggemeyer, Brigitte [Hrsg.]; Gesellschaft für Linguistische Daten-
verarbeitung: Jahrestagung der Gesellschaft ... ; 1. GT

Druck und Bindearbeiten: Weihert-Druck GmbH, Darmstadt
2145/3140–543210

Vorwort

Der vorliegende Sammelband dokumentiert die GLDV-Jahrestagung 1985 "Sprachverarbeitung in Information und Dokumentation". Die Gesellschaft für Linguistische Datenverarbeitung veranstaltete die Tagung in Kooperation mit der Fachgruppe 3 "Natürlichsprachliche Systeme" im FA 1.2 der Gesellschaft für Informatik (GI).

Das Programmkomitee, besetzt mit Christopher Habel, Hans-Dieter Lutz, Wolfgang Wahlster und den Herausgebern, die auch die Tagung organisierten, wählte die Beiträge unter dem Gesichtspunkt einer aufgeschlossenen Zusammenarbeit von Informationswissenschaft, Künstlicher Intelligenz und Linguistischer Datenverarbeitung aus.

Rainer Kuhlen entwickelt in seinem Einleitungsreferat den Bezugsrahmen für die weiteren Beiträge. Er weist nachdrücklich auf die handlungsorientierte Zielsetzung von Informationssystemen hin und auf die daraus resultierende Forderung an Wissenschaftler, bei ihren Beiträgen zur Gestaltung von Informationssystemen die pragmatische Ausrichtung des Gesamtsystems angemessen zu berücksichtigen.

Die lebhafte Diskussion über die einzelnen Vorträge während der Tagung machte deutlich, wie sehr in einem Wissenschaftsfeld generell akzeptierte Leitvorstellungen Raum für konträre Meinungen und fruchtbar-heterogene Forschungsansätze lassen (oder schaffen). Wie verschieden die in der Forschung vertretenen Gesichtspunkte sind, zeigt schon die thematische Grobgruppierung der Vorträge, die als Gliederung des Tagungsbandes beibehalten wurde.

Die in diesem Band nicht festgehaltenen Diskussionsveranstaltungen über "LDV-Ausbildung und Berufsperspektiven" (Betreuung Hans-Dieter Lutz) und "Verbundforschung" (Betreuung Tobias Brückner und Brigitte Endres-Niggemeyer) mit ihrem teilweise mehr als lebhaften Verlauf trugen dem Bedarf nach fachlicher und wissenschaftspolitischer Meinungsbildung Rechnung.

Die GLDV bedankt sich bei allen, die zum Gelingen der Veranstaltung beigetragen haben. Besonders zu erwähnen ist dabei der Anteil der gastgebenden Fachhochschule Hannover und der der Gesellschaft für Information und Dokumentation (GID), die durch ihre Förderung die Durchführung der Tagung ermöglichte.

Brigitte Endres-Niggemeyer
Jürgen Krause

Inhalt

Verarbeitung von Daten, Repräsentation von Wissen, Erarbeitung von Information.
Primat der Pragmatik bei informationeller Sprachverarbeitung

Rainer Kuhlen

Informationswissenschaft

Universität Konstanz

Zusammenfassung

Ausgehend von der im semiotischen Zeichenbegriff angelegten Unterscheidung zwischen syntaktischen, semantischen und pragmatischen Eigenschaften wird eine historische und systematische Rekonstruktion einer auf informationelle Zwecke ausgerichteten Sprachverarbeitung unternommen. Dazu wird eine Analyse der einschlägigen Kapitel der "Annual Review of Information Science" (ARIST) durchgeführt. Das Thema wird systematisch an Beispielen aus den Gebieten des Information Retrieval diskutiert. Für die Leistung von Informationssystemen sind weniger Verfahren der Sprachverarbeitung, sondern in erster Linie die Berücksichtigung von pragmatischen Anforderungen entscheidend. Wissensbasierte Ansätze erbringen erst dann Verbesserungen für Informationssysteme, wenn sie in der Lage sind, sowohl auf Benutzerinteressen als auch auf aktuelle Problemsituationen einzugehen. Unter Berücksichtigung gegenwärtiger Entwicklungen in Informationswissenschaft und -praxis, wie Elektronisches Publizieren, Neue Medien, Büroautomation, Fakten-retrieval-Systeme, kann man davon ausgehen, daß in methodischer Hinsicht die Herausforderung an informationelle Sprachverarbeitung bestehen bleibt.

1. Sprachverarbeitung im Kontext von Informationswissenschaft- und praxis

1.1 Fachinformation

Dieser Vortrag soll in das Thema der Tagung "Sprachverarbeitung in Information und Dokumentation" historisch und systematisch einführen. Da das Gebiet "Information und Dokumentation" wenig stabil ist, kann eine solche Einführung immer nur einen subjektiven Charakter haben. Die Instabilität wird schon an der Gebietsbezeichnung selber deutlich. Der in den siebziger Jahren geprägte und bald geläufig gewordene Doppelbegriff "Information und Dokumentation", in der Regel dann abgekürzt als "IuD", sollte in Ablösung des bis dahin vorherrschenden Dokumentationsbegriffs auf den dynamischeren Informationsprozeß hinweisen. Nicht zuletzt geschah dies unter dem Eindruck der rapide sich entwickelnden Informations- und Kommunikationstechnologien und wohl auch angesichts des auch von politischer Seite immer stärker artikulierten Stellenwerts von Information als wesentlicher Faktor ökonomisch definierter Innovation.

Aus Gründen, denen hier nicht weiter nachgegangen werden muß - ich verweise hier lediglich auf die einschlägigen Gutachten des Bundesrechnungshofs von 1983 (BRH:1983) und des Wissenschaftsrates von 1984 (WRG:1984) -, ist zu Anfang der achtziger Jahr die Bezeichnung "IuD" in politischen Mißkredit geraten. Deshalb spricht das BMFT mit seinem für "Information und Dokumentation" federführendem Referat 424 heute eher von Fachinformation. Der dem IuD-Programm von 1974-1977 folgende BMFT-, also ressort-spezifische Leistungsplan (1982-1984) hieß "Fachinformation". Der Begriff wird dort operationell festgelegt (LFI:1982,S.4), und das geplante neue Programm der Bundesregierung soll ebenfalls die Bezeichnung "Fachinformation" enthalten.

Mit der Begriffsprägung ist das Problem, den Förderbereich oder gar die wissenschaftlichen Aktivitäten auf einen engeren Bereich als "Information an sich" zu beschränken, kaum gelöst. Fachinformation als die Teilmenge von Wissen, die in professionellen Umgebungen zur Lösung von Problemen oder zur Rationalisierung von Handeln benötigt wird, ist in der Realität schwierig von Alltagsinformation oder den Informationen der Massenmedien abzusetzen. Verfahren, mit denen der Bürger in Bildschirmtext zu einer gewünschten Information über Theateraufführungen kommt, der Bankfachmann Kredit-Entscheidungen fällt, der Hochleistungssportler seinen Trainingsplan zusammenstellt, Journalisten ihre Artikel recherchieren und verifizieren, gehören genauso zur "Fach"information wie solche, die der Wissenschaftler für seine Arbeit braucht oder mit denen Verwaltungsfachleute oder Politiker ihre Planungen und Entscheidungen absichern.

Neue Gebiete wie wissensbasierte Informationssysteme (Hahn et al:1984), elektronisches Publizieren (Müller-Heiden:1985), Neue Medien oder Büro-Automation (Seddon:1984) sorgen dafür, daß sich das Gebiet der Fachinformation auch weiter laufend modifizieren wird (Schuck-Wersig/Wersig/Windel:1985).

Es soll darauf verzichtet werden, eine ähnliche Diskussion mit Bezug auf "Sprachverarbeitung" zu führen. Hier liegen einige Arbeiten vor, welche die Identität dieses Gebietes in seinen Ausprägungen, z.B. als Linguistische Datenverarbeitung, Computerlinguistik, Informationslinguistik, diskutieren (Hayes/Carbonell:1983; Bátori/Krause/Lutz(Hg.):1982; Kuhlen:1978,1984c). Wie immer man auch die Aufgabe der Sprachverarbeitung für informationelle Zwecke bestimmen will, man sollte sich bewußt sein, daß mit der Konzentration auf Sprachverarbeitung nur ein kleiner, wenn auch wohl methodisch wichtiger Teilbereich der Informationswissenschaft angesprochen ist.

1.2 Informationswissenschaft und informationelle Sprachverarbeitung

Als guter Indikator für Tendenzen der Informationswissenschaft ist das Inhalts-
verzeichnis der "Annual Review of Information Science" zu nehmen. Für 1984 ist dort
aufgeführt

1 The economics of information and organization (Donald M.Lamberton)

2 Psychological research in human-computer interaction (Christine L.Borgman)

3 Computer-based information storage technologies (Charles M.Goldstein)

4 Programming languages for text and knowledge processing (Michael Lesk)

5 Machine translation: A contemporary view (Allen B.Tucker,Jr.; Sergei Nirenburg)

6 Machine-readable dictionaries (Robert A.Amsler)

7 Full-text databases (Carol Tenopir)

8 Microcomputers in libraries (Allan D.Pratt)

9 Visual arts resources and computers (Karen Markey)

10 Business information systems and databases (Steven K.Sieck)

Die Kapitel 4-7, ansatzweise auch 2, gehen direkt auf Sprachverarbeitung ein.
Damit setzt sich implizit eine Tradition fort, die von ARIST seit dem ersten Band
1966 gepflegt wurde. Kein anderer Bereich hat eine entsprechende Kontinuität
aufzuweisen. Zwischen 1966 und 1981 gibt es in ARIST acht selbständige
Abhandlungen unter der Überschrift "Automated Language Processing" von den folgenden
Autoren:

> 1966 Robert F.Simmons
> 1967 D.G.Bobrow; J.B.Fraser; M.R.Quillian
> 1968 Gerard Salton
> 1969 Christine M.Montgomery
> 1971 Martin Kay; Karen Sparck Jones
> 1973 Donald E.Walker
> 1976 Fred J.Damerau
> 1981 David Becker

Gehen wir kurz auf diese für das Thema "Sprachverarbeitung und
Information und Dokumentation" zentralen Aufsätze ein. Automatische
Sprachverarbeitung bezog sich bis Mitte der siebziger Jahre direkt auf den
theoretischen Stand der Linguistik, wobei syntaktische und semantische
Theoriebildung im Vordergrund stand (Simmons:1966; Bobrow et al: 1967;
Salton:1968; Montgomery:1969). Auch noch Kay/Sparck Jones:1971 und Walker:1973
reflektieren direkt den theoretischen Stand der Linguistik. Bei Damerau:1976 ist

Linguistik lediglich an dritter Stelle nach Künstlicher Intelligenz und Kognitiver Psychologie plaziert, und Becker:1981 orientiert sich nur noch an möglichen Anwendungsgebieten. Daraus mag die These der sukzessiven Funktionalisierung, eventuell auch Ent-Theoretisierung von "Sprachverarbeitung in Information und Dokumentation" eine gewisse Unterstützung finden.

Die spätestens mit Damerau:1976 vollzogene Wende zur Künstlichen-Intelligenz-Forschung, dann explizit formuliert in dem Übersichtsartikel "Artificial intelligence applications in information systems" von Linda C.Smith (in ARIST 1980), findet bemerkenswerte Vorläufer in verschiedenen Psycholinguistik-Artikeln (Simmons:1966; Bobrow et al:1967; Montgomery:1969; Walker:1973).

Die größte methodische Aufmerksamkeit wird Parsing-Techniken, in erster Linie unter dem Gesichtspunkt der syntaktischen Analyse, gewidmet (Simmons:1966; Bobrow et al:1967; Salton:1968; Montgomery:1969; Walker:1973; Damerau:1976). Diese Tendenz setzt sich bis heute auch in der allgemeinen Computerlinguistik fort (cf. COLING-84).

Bei den Anwendungsthemen steht neben dem Retrieval die automatische Übersetzung im Vordergrund (Simmons:1966; Montgomery:1969; Kay/Sparck Jones:1971; Walker:1973; Damerau:1976), wobei noch zu berücksichtigen ist, daß es zuweilen in ARIST spezielle Kapitel zur automatischen Übersetzung gibt, z.B. Tucker/Nirenburg:1984. Auch diese Aussage gilt neuerdings wieder für die allgemeine Computerlinguistik (COLING-84; Kuhlen: 1984d).

Ausgesprochene Informationssystem-Ansätze, d.h. automatische Sprachverarbeitung gesehen aus der Perspektive des Information Retrieval, vertreten Salton:1968; Montgomery:1969; Kay/Sparck Jones:1971; partiell Walker:1973; vielleicht noch Becker:1981. Darüberhinaus steht Information Retrieval auch sonst im Zentrum, zum Teil unter der allgemeineren Bezeichnung "question answering", so bei Simmons:1966. Erst ab Ende der sechziger Jahre werden "question answering und retrieval" (vermutlich durch die vor allem durch Marktinteressen bestimmte Begrenzung des Information Retrieval auf Dokument/Referenz-Retrieval) als zwei selbständige Gebiete angesehen. Bei Montgomery:1969 sind sie noch unter "information request and retrieval systems" zusammen; bei Kay/Sparck Jones:1971 gibt es schon zwei Sektionen "question answering" und "information retrieval".

Statistische bzw. mathematische Verfahren werden zwar durchweg miterwähnt, aber lediglich Salton:1968 stellt sie, unter der Perspektive "automated language processing", verhältnismäßig stark in den Vordergrund. Das breiteste Spektrum bietet Walker:1973. Neben den schon erwähnten Themen geht er auch auf Soziolinguistik, "speech understanding" (bemerkenswerterweise sonst gar nicht explizit Gegenstand anderer Artikel), mathematische Modelle und Wörterbücher ein. Bei Montgomery:1969 und Kay/Sparck Jones:1971 werden die geisteswissenschaftlichen Bezüge unter "linguistics/computing and the humanities" diskutiert. Danach ist dafür kein Platz mehr (vgl. allerdings Rabe/Burton:1981). Textverarbeitung wird ganz am Anfang von Simmons:1966 und zuletzt wieder von Becker:1981 behandelt.

2. Eine semiotische Begründung informationswissenschaftlicher Verfahren

Informationswissenschaft und -praxis setzen sich mit Daten auseinander, die Sprachdaten sein können, aber es nicht sein müssen, z.B. Bilder, Zeitreihen, Meßdaten. Sie können durch ihre formalen syntaktischen Eigenschaften definiert werden, wobei also festgelegt wird, welche Elemente im Objektbereich zugelassen und wie sie untereinander relationiert sind.

Sind deren semantische Eigenschaften angesprochen, die Modelle über Objektbereiche definieren, so spricht man von Wissen. Auch Wissen wird offensichtlich nicht nur in Sprache formuliert und ebenso nicht ausschließlich mit Hilfe von sprachlichen Mitteln repräsentiert. Und das gleiche gilt für die aus Wissen erarbeiteten handlungsrelevanten Informationen. Sie müssen nicht ausschließlich in sprachlicher Form bereitgestellt und genutzt werden.

Entsprechend unterscheiden wir in der Konstanzer Informationswissenschaft systematisch zwischen Methoden der Datenverarbeitung, der Wissensrepräsentation und der Informationserarbeitung (Kuhlen:1984a und b). Dieser Zusammenhang stellt sich wie folgt dar:

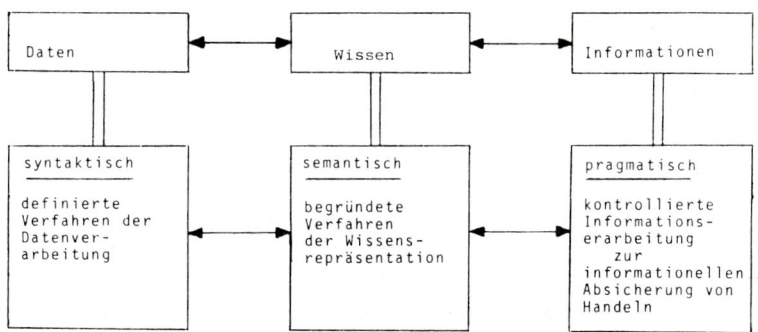

Abbildung 1 Semiotischer Zusammenhang zwischen Daten, Wissen, Information

Informationssysteme werden sich auf alle drei Methodentypen abstützen müssen. Nach unserem Verständnis von Information sollten Informationssysteme aber erst dann als solche bezeichnet werden, wenn sie in der Lage sind, aus Wissen Information zu machen. D.h. sie sollten die Teilmenge von Wissen bereitstellen oder durch entsprechende Operationen erstellen können, die in einer problematischen Situation unter Berücksichtigung der individuellen . Informationsverarbeitungskapazität und den eher objektiven Rahmenbedingungen der problematischen Situation aktuell gebraucht wird. Zu letzteren gehören z.B. organisationelle oder politische Zielvorgaben, aber auch Kosten- oder Zeitdruck.

Informationssysteme müssen Informationserarbeitungs-, nicht bloß -bereitstellungs- systeme sein. Informationssysteme sollten keine anonym in den Markt produzierende Angebotssysteme, sondern die Nachfrage und das Verhalten berücksichtigende Wissenstransformationssysteme sein. Wissen wird damit als potentielle Information verstanden.

Dieser Prozeß der Umformung von Wissen in Information soll durch die folgende Abbildung verdeutlicht werden:

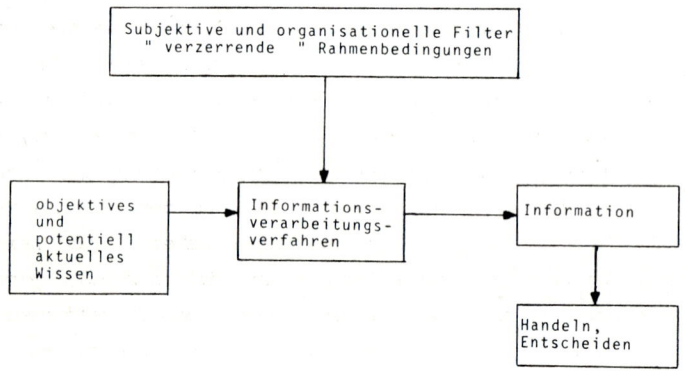

Abbildung 2   Transformation von Wissen in Information

Systeme, die nicht dafür Sorge tragen, daß pragmatische Komponenten, z.B. Benutzermodelle und Problemerkennungsverfahren, Teile des Gesamtsystems sind, haben Schwierigkeiten, von Endbenutzern akzeptiert zu werden. Traditionelle Information- Retrieval-Systeme tragen dem dadurch Rechnung, daß sie das Fehlen von pragmatischen Komponenten durch zwischengeschaltete menschliche Informationsvermittler kompen- sieren. Oder aber der Endbenutzer am Terminal leistet dies, indem er - nicht das System - bei der heute durchgängigen Interaktionsform aus den "Antworten" lernt.

Sicherlich lagen auch dem Entwurf von Retrievalsystemen pragmatische Vorstellungen zugrunde, zumindest implizit. Es existieren gewisse Vorstellungen darüber, welchen Typ an Information z.B. Wissenschaftler benötigen und wie sie üblicherweise Literatur auswerten und verarbeiten (cf. Kuhlen:1983). Die danach konzipierten maschinellen Systemteile verwenden diese Modellbildung in der Regel jedoch nicht weiter.

Richtet man einfache Referenz-Retrieval-Systeme, die nur schwache Wissens-repräsentations- und so gut wie keine expliziten pragmatischen Komponenten haben, unmittelbar auf Endbenutzer, zumal auf solche, die den implizit vorhandenen Wissenschaftler-Modellen nicht entsprechen, so tritt regelmäßig die Situation ein, daß das an sich in den Systemen vorhandene Informationspotential gar nicht oder zumindest nur sehr unzureichend genutzt wird. Dies ist eines der Gründe dafür, daß die umfangreich öffentlich geförderten Online-Informationsbanken gerade von den Benutzergruppen, die auf die informationelle Absicherung ihrer Tätigkeiten am ehesten angewiesen sind, z.B. Manager in Wirtschaftsunternehmen jeder Größe, Journalisten, Politiker, Spezialisten der planenden und ausführenden Verwaltung, sehr unzulänglich direkt beansprucht werden.

Dies muß man sich vergegenwärtigen, wenn - wie es häufig genug geschieht - versucht wird, bestehende Referenz-Retrieval-Systeme durch Automatisierung des Input (automatische Indexierung) in syntaktischer und semantischer Hinsicht zu suboptimieren. Damit soll keineswegs die Berechtigung dieser linguistischen und/oder statistischen Arbeit abgestritten werden; jedoch ist damit ein gewisses Erklärungsmuster dafür gegeben, weshalb in der Vergangenheit in real existierende Informationssysteme syntaktische und semantische Verfahren der Sprachverarbeitung nur in relativ bescheidenem Umfang Eingang gefunden haben. Der Beitrag zur Gesamtleistung - Information bereitzustellen - ist möglicherweise verschwindend klein, so daß es sich nicht lohnt, die vorherrschenden ad-hoc-Verfahren - z.B. Trankierung anstelle morphologischer Reduktion, Kontextoperatoren anstelle syntaktischen Parsings, mechanische Volltextinvertierung anstelle semantisch-terminologischer Kontrolle - durch linguistisch begründete zu ersetzen. Selten genug wird versucht, pragmatischen Ansprüchen zu genügen, also z. B. Benutzer bei der Konzeption von Retrieval-Verfahren zu berücksichtigen (Lustig/Knorz:1983).

Wir kommen später auf die systematische Unterscheidung von Wissensrepräsentation und Informationserarbeitung noch zurück. Vorher soll noch auf einen nicht uninteressanten Aspekt der semiotischen Verallgemeinerung hingewiesen werden. Wie oben erwähnt, müssen Daten, Wissen und Information nicht unbedingt sprachlich basiert und repräsentiert sein. Beschäftigt man sich jedoch mit der Verarbeitung, d.h. der Repräsentation und der Transformation, von nicht-sprachlichen Strukturen, so fällt auf, daß die entsprechenden Verfahren zu einem großen Teil die gleichen sind, wie sie bei der Verarbeitung sprachlicher Daten üblich sind. Bei Beschreibungssprachen zum Zwecke der Büroautomation werden z.B. die beim Parsing bekannten "Augmented Transition Networks" (ATN) zu Petri-Netzen in Beziehung gesetzt (Zisman:1978). Ein anderes Beispiel ist die Übertragung des ebenfalls beim Parsing verwendeten Aktor-Modells (Hewitt/Bishop/Steiger:1973) auf eine Sprache zur Büromodellierung, wobei ein Büro verstanden wird als das Zusammenspiel von einzelnen Agenten (Aiello et al:1984). Verfahren zur Benutzermodellierung, z.B. im Grundy-System von Elaine Rich, stützen sich auf Stereotypen (Rich:1979,1983), andere auf Frame-Datenmodelle ab (Hammwöhner/Thiel:1984), die - aus der kognitiven Psychologie stammend - bekanntlich erfolgreich zur Repräsentation der Wissensstruktur sprachlicher Daten eingesetzt werden (Hahn et al:1984). Verfahren der semantischen Modellierung zum Entwurf von in der Regel formatierten Datenbanken sind theoretischen Ansätzen relationierter Begriffsbildung verwandt (vgl. Ortner:1985). Und Inferenzen in Expertensystemen, z.B. bei DENDRAL aus dem Bereich der organischen Chemie, die formale, auf numerischer Information beruhende Regeln zur Wissensbasis haben (vgl. Buchanan/Feigenbaum:1978), sind die gleichen, wie sie in natürlichsprachigen Frage-Antwort-Systemen zum Einsatz kommen.

Dies scheint mir ein wichtiger Hinweis darauf zu sein, daß Linguisten, die ihr methodisches Handwerkzeug im Umgang mit Sprachdaten gelernt haben, durchaus die geeigneten Personen sein können, Informationssysteme - und damit Objektbereiche ganz anderer Art - zu modellieren und zu realisieren, zumal dann, wenn sie sich in ihrer Ausbildung schon auf andere (Applikations)Fächer eingelassen haben und wenn sie bereit sind, sich die empirischen Daten über die jweiligen Anwendungsfelder zu beschaffen. Die Sensibilität für sprachliche Daten muß dann durch die Sensibilität z.B. für Benutzererwartungen oder für Verwaltungsabläufe, einschließlich ihrer informationellen Ressourcen, ersetzt bzw. durch empirische Arbeit untermauert werden. Das methodische Instrumentarium kann dabei in großem Umfang übertragen werden. Linguisten, vielleicht noch eher als DV-Spezialisten, kommt dabei zugute, daß sie gewohnt sind, mit im Objektbereich schwach-strukturierten Vorgängen umzugehen. Dies ist bei Informationssystemen neueren Typs, z.B. im Bürobereich (vgl. Ellis:1983), durchweg der Fall.

3. Syntaktische, semantische und pragmatische Aspekte des (erweiterten) Information Retrieval

Aus der bisherigen Analyse folgt, daß Theorie und Praxis des Information Retrieval im Zentrum informationswissenschaftlicher Tätigkeit anzusiedeln ist. Dabei versuchen wir in Konstanz an einen Begriff des Information Retrieval anzuknüpfen

(Kuhlen:1978;1979; Hahn:1985), wie er zu Anfang, d.h. in den späten fünfziger Jahren noch präsent war, später aber durch die Einengung auf Referenz/ Dokument-Retrieval (Vickery:1965; Salton: 1975,S.115f) vergessen wurde (vgl. Kuhlen:1979,S.15ff). Information Retrieval bedeutete ursprünglich das weitgehend rechnergestützte Bereitstellen von Informationen, nicht von bloßen Referenzen auf sie. Wesentlich für das Information Retrieval ist das Zusammenspiel der beiden Komponenten der Inhaltserschließung, einschließlich der dadurch entstandenen internen Wissensrepräsentationsstruktur, und des Retrieval, das als Transformation bzw. Operation über die vorhandenen Wissensrepräsentationsstrukturen verstanden werden muß.

Als Grundmodell des Information Retrieval soll die folgende Abbildung dienen:

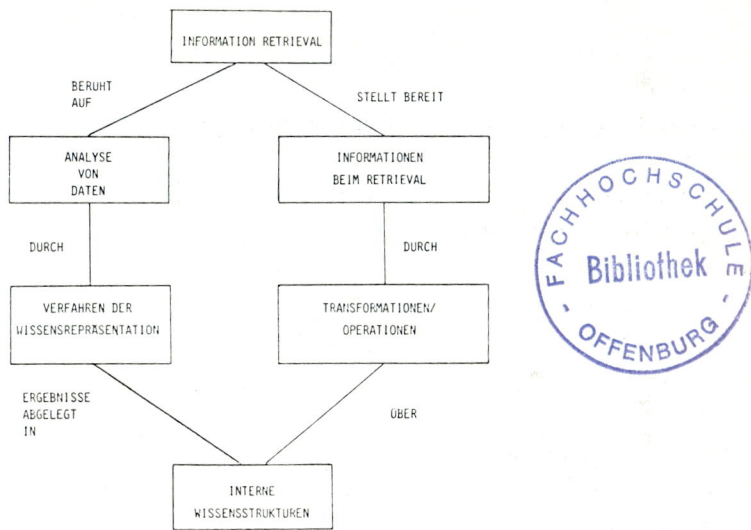

Abbildung 3   Grundmodell des Information Retrieval

Die Situation des Referenzretrieval wird durch die folgende Modifizierung des Modells dargestellt. Eine Zusammenstellung von informationslinguistischen Forschungsaufgaben für das Referenzretrieval findet sich in (Kuhlen:1980,S.692).

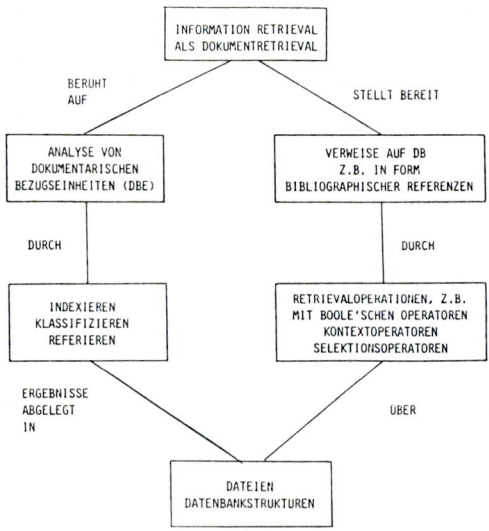

Abbildung 4   Modell des Referenz/Dokument-Retrieval

Die Situation des Faktenretrieval wird durch die zweite Modifizierung des Modells dargestellt (vgl. Staud:1985).

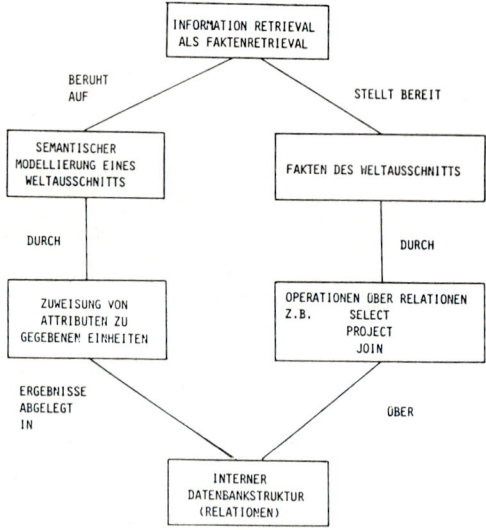

Abbildung 5   Modell des Fakten-Retrieval

Die Situation des Expertensystems wird durch die dritte Modifizierung des Modells dargestellt (vgl. Raulefs:1982; Appelrath:1983; Yaghmai/Maxin:1984).

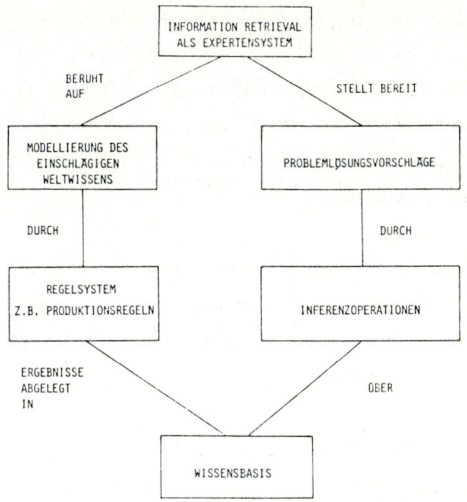

Abbildung 6   Expertensystem-Modell

Diese drei Modelle sind nicht als sich historisch ablösende oder systematisch sich ausschließende, sondern eher als alternative Modelle anzusehen, denen unterschiedliche Benutzerinteressen und Problemsituationen entsprechen.

4. Prospektive Rahmenbedingungen der Sprachverarbeitung in Information und Dokumentation

Ich vollziehe nun im folgenden einen Perspektivenwechsel von der informationswissenschaftlichen Forschung zur Informationspraxis. Welches sind die Rahmenbedingungen für einen Einsatz von Verfahren der Sprachverarbeitung in realen Informationssystemen?

a) Traditionell ist informationswissenschaftliche Tätigkeit mit einem Quantitätsargument unter dem Stichwort "Informationslawine" begründet worden. Für uns ist hier relevant, daß Sprachverarbeitung in Information und Dokumentation mit großen und ständig anwachsenden Textmengen zu tun hat. Informationsbanken, von denen es weltweit inzwischen weit über 2000 gibt, haben in größeren Fachgebieten durchaus Zuwachsraten von 200 - 500.000 Einheiten pro Jahr. Dies muß Konsequenzen sowohl für die Analyse- als auch für die Retrievalseite haben.

b) Ebenso traditionell ist die Funktionalität der Sprachverarbeitung herausgestellt worden, z.B. ist Indexieren eine Funktion des Retrieval. Nicht die immanente Systemleistung oder die kognitive Plausibilität zählt, sondern die reale Performanz. Informationssysteme simulieren nicht menschliche Intelligenz, wobei allerdings nach wie vor die Hoffnung besteht, daß die Performanz um so besser wird, je intelligenter das System wird.

c) Aus beiden Argumenten folgt - ist jedoch als wichtiger Punkt gesondert zu beachten - die Kostenabhängigkeit. Sprachverarbeitung ist ein Faktor in der Gesamtkalkulation eines Informationssystems, das Information als Ware auf dem Markt erfolgreich vertreiben muß.

d) Informationssysteme sind in der Regel eingebunden in einen organisationellen Kontext, dessen Ziele und Zwecke als wesentliche Determinanten wirken.

Angesichts dieser Kriterien wird die Feststellung verständlich, daß der Beitrag der Linguistischen Sprachverarbeitung oder der Künstlichen Intelligenz zu realen Systemen nach wie vor verschwindend gering ist. Diese Aussage ist im Verlauf der Geschichte des Wechselspiels von Linguistik, Linguistischer Datenverarbeitung und Informationspraxis immer wieder getroffen worden. In der Regel wurde diese negative Analyse verbunden mit der Hoffnung, der jeweils jetzt erreichte Stand von Hardware, Software und vor allem von methodischem Wissen lasse vermuten, daß die oft beschworene "language complexity bareer" bald durchbrochen werden könne. Die Automatisierung des Indexing und Retrieval stehe unmittelbar bevor.

Aus Anwendersicht gibt es jedoch seit ca. 15 Jahren kaum methodische Verbesserungen; die Systeme sind durch Fortschritte in der Hardware und der Telekommunikation lediglich zunehmend stabiler geworden.

In Karlgren/Walker:1983, bei der Diskussion ihres POLYTEXT-Systems, finden sich einige Hinweise darauf, daß die zur Zeit laufenden Retrieval-Systeme sich nach wie vor auf die Technologie der End-Fünfziger Jahre abstützen, ja, daß sogar die Systemphilosophie im Grunde nichts anderes sei als die Übertragung alter Bibliotheksleistungen (referentielle Katalogkarten) auf mechanisierte Dateien. Auch der Durchbruch zu den Volltextdatenbanken erbringt keine prinzipiell neue Systemleistung. Im Gegenteil, die theoretisch offenkundige Unzulänglichkeit von Freitextsystemen verschärft sich bei den Volltextsystemen noch:

- Versagen der terminologischen Kontrolle bei bloßer Invertierung

- Aufgabe jeder syntaktischen Bezüge auf Satz- und Textebene trotz vermehrten Einsatzes von Kontextoperatoren

- Verlust der textinternen Argumentationsstruktur (Kohäsion und Kohärenz)

- Ausklammern der sprachunabhängigen Textinformation (Graphiken, Tabellen etc.), zumindest beim Retrievalvorgang

- vermehrte Verlustraten durch einfache Schreibfehler

- Abschieben der Relevanzeinschätzung auf den Endbenutzer

Isolierte linguistische oder statistische Verfahren (automatische Fehlerkontrolle, morphologische Reduktionsalgorithmen, partielles Parsing zur Nominalgruppen-Erkennung, Unterstützung der semantischen Kontrolle durch statistische Assoziationsrelationen,...) haben bislang keine Chance, Eingang in existierende Systeme zu finden, auch wenn die Überlegenheit der jeweiligen Verfahren unter Berücksichtigung der gängigen Bewertungsparameter theoretisch-experimentell nachgewiesen wurde (Fuhr/Knorz:1984). Karlgren/Walker ziehen daraus den Schluß, daß nicht Optimierung im Detail hilft, also z.B. Ersetzung eines Kontextoperators durch partielles Parsing, sondern lediglich die gänzliche Neukonzeption zeitgemäßer Retrievalsysteme. Solche Projekte gibt es nicht, jedenfalls keine mit realer Zeitplanung und realem Anwendungsbezug.

Interessanterweise sind die einzigen größeren Verbesserungen in realen Retrievalsystemen solche, die den Zugriff erleichtern, z.B. die allerdings auch nicht mit durchgängigem Erfolg beschiedene Einführung einer standardisiertem Retrievalsprache ("common command language" innerhalb von EURONET (Lukas: 1980)). Auch der Versuch von EASYNET (Collier: 1984), dem Benutzer die Auswahl der einschlägigen Hosts und Datenbanken durch einen automatischen Distributionsmechanismus (das System schließt aus der auf einfachsten Prinzipien beruhenden Frageformulierung, zu welchem Host und zu welcher Datenbank die Frage zu leiten ist) zu erleichtern bzw. abzunehmen, ist in diesem Kontext zu sehen.

Für die weitere Diskussion müssen wir zwei Wege unterscheiden. Der eine besteht in dem Versuch, im Rahmen der bisherigen Leistung bestehender Systeme eine Automatisierung auf linguistischer Basis voranzutreiben, der andere, Systeme grundsätzlich intelligenter zu machen.

a) Wir haben oben unsere Skepsis bezüglich einer Suboptimierung bestehender Systeme schon geäußert. Auch das Aufsetzen intelligenterer Leistungen auf "dumme" Systeme, z.B. natürlichsprachiges "front-end" zu Datenbanksystemen, scheint nach den bisherigen Erfahrungen zweifelhaft zu sein. Die jahrelangen entsprechenden Forschungen bei SDC, Projekt EUFID (Templeton/Burger:1983), haben ergeben, daß die natürlichsprachige Schnittstelle zu Datenbanken für Benutzer nicht unbedingt ein Fortschritt zu sein scheint, zum einen deshalb, weil die Frageformulierung in ihrer "natürlichen" Form zu umständlich war, und zum andern, weil sie dem Benutzer eine Systemintelligenz vorspiegelte, über die das System, über die Analyse der Retrievalfrage hinaus, nicht verfügte (vgl. Marburger/Morik/Nebel:1984). Die semantische und die pragmatische Struktur des Gesamtsystems blieb ja unverändert.

Ähnlich problematisch dürfte es sein, die Retrievalsprache lediglich um eine graphische Komponente zu erweitern, wie es bei dem an der ETH-Zürich entwickelten CALIBAN-System versucht wurde (Frei/Jauslin:1983). Auch hier bleibt die Referenzleistung und damit der pragmatische Charakter des Gesamtsystems unverändert. Die Wissensstruktur beruht auf einem manuell erstellten Thesaurus, die Suchtechniken auf den eingeführten mengentheoretischen Operationen.

Diese skeptischen Bemerkungen sollen keineswegs von entsprechenden Forschungen abhalten - wir brauchen Aussagen zur Akzeptanz des natürlichsprachigen oder graphik-unterstützten Zugriffs auf Datenbanken; sie sollen lediglich das Bewußtsein dafür schärfen, daß mit syntaktischen und semantischen Verfahren allein keine entscheidenden Systemmodifikationen bzw. -leistungen erzielt werden können. Ein Retrieval- oder Indexierungssystem auf der Basis von SMART-Prinzipien, erweitert um einfache linguistische Prozeduren, verändert prinzipiell nichts an der Systemleistung, wohl aber möglicherweise an der Wirtschaftlichkeit des gesamten Informationssystems (oder an der Arbeitsmarktsituation wissenschaftlicher Dokumentare).

b) Die eigentlich intelligente Leistung, nämlich die Relevanz der nachgewiesenen Information für ein bestimmtes Individuum oder für eine problematische Situation (was oben die Transformation von Wissen in Information genannt worden ist), bleibt in der Zuständigkeit des Systembenutzers. Um über solche pragmatischen Fähigkeiten verfügen zu können, müßten Systeme z.B. in der Lage sein,

- durch Interpretation der Retrieval-Sitzung-Historie zu lernen
- durch vorgegebene individuelle oder klassenbildende Benutzermodelle aus den gegebenen Wissensbeständen zu selektieren
- durch Analyse von problematischen Situationen einen quasi-objektiven Informationsbedarf ableiten zu können

- eine flexible Staffelung der Ausgabeintensität, einschließlich des Zugriffs auf die Originaltexte, entsprechend den Erwartungen unterschiedlicher Benutzer, anzubieten
- eine Koordination verteilter Wissensressourcen vornehmen zu können

Die Realisierung solcher pragmatischen Ansprüche ist aber nur möglich, wenn die Systeme selber auch in syntaktischer und semantischer Hinsicht komplexer werden. Es ist sinnlos, differenzierte Benutzermodelle auf einfache Referenz-Systeme anwenden zu wollen. Der Analysefähigkeit zur Erkennung von Handlungsmustern und Plänen muß eine entsprechende differenzierte interne Wissensstruktur entgegenkommen. Pragmatische Leistungen beruhen auf komplexen Wissensstrukturen. An diesen fehlt es im etablierten Information Retrieval, nicht so sehr an syntaktischen Verfahren. Nach wie vor beruht deren Semantik auf der Nullstufe der Invertierung oder der Schwundstufe der konzeptionellen Relationen-Semantik der Thesauruslehre. Intensive Forschungsanstrengungen sind daher auf eine Operationalisierung der theoretisch entwickelten Semantik-Modelle (z.B. Frame-Sprachen) zu richten, nicht zuletzt auch, um Informationspraktiker zu motivieren, neue Informationssprachen zum Einsatz zu bringen, die Leistungen oberhalb des coordinate-indexing-Niveaus erreichen können.

Auch entsprechend pragmatische Verfahren stehen erst in den allerersten Anfängen. Die zum Einsatz kommenden Benutzermodelle - von den frühen GRUNDY-Stereotypen (vgl. Rich:1983) bis zu den Modellen in HAM-ANS (vgl. Morik in in diesem Band) - leiden sowohl an unzureichender empirischer Absicherung als auch an unzureichender Modellierungstechnik bzw. an der Unzulänglichkeit der eingesetzten Datenmodelle.

Die semantischen und pragmatischen Strukturen (bzw. ihre Modelle) von Gebieten der Fachkommunikation sind in der Regel komplexer, d.h. differenzierter und umfänglicher, als solche aus häufig konstruierten Linguistik- oder Künstliche-Intelligenz-Beispielen.

Fassen wir zusammen:

Es besteht kein Zweifel daran, daß in der Forschung der Künstlichen Intelligenz und Informationswissenschaft die Bedeutung des pragmatischen Primats erkannt worden ist.

Beispiele dafür sind:

- Ansätze der topic-comment-Analyse im POLYTEXT-System (Karlgren/Walker:1983)

- Skimming-Verfahren d.i. die interessenprofil-gebundene Grobanalyse von Texten mit nachfolgender Feinanalyse bei einschlägigen Passagen (DeJong:1979; Eimermacher:1983)

- Prinzip des kaskadierten Textkondensierens, d.h. der graphik-gestützten flexiblen Ausgabe von Wissens- und Textfragmenten aufgrund antizipierter implizierter Nutzererwartungen (vgl. Kuhlen:1984e; Hahn et al:1984)

- Berücksichtigung Grice'scher Konversationsmaximen beim Entwurf von Dialog-strategien (Habel/Rollinger:1980; Kobsa/Trost/Trappl:1983)

- Einbringen individueller und generalisierter Benutzermodelle in Frage-Antwort-Systeme (Wahlster:1985; Morik in diesem Band)

- Modellierung von komplexen Planungs- und Entscheidungssituationen

- Automatisierte Textdistributionssysteme in großen Verwaltungen auf Grund intel-ligenter semantischer Textanalyse und entsprechender individueller Sach-bearbeiterprofile

Angesichts des starken Anteils kognitiver Komponenten bei diesen Verfahren scheint die Rolle der LDV nicht unbedingt zentral zu sein. Jedoch sind nach wie vor überwiegend Texte und Dialoge davon betroffen, so daß bei der verstärkten Zuwendung zu "realen Texten" und "realen Dialogen" (Fach-, Volltexte, Rundfunk- und Fernsehsendungen, Mensch-Maschine-Dialoge, Konferenz-"Dialoge") linguistisches Wissen unverzichtbar bleibt. Elektronisches Publizieren und Distribuieren, neue Publikumsmedien und Büro-Informations-Systeme werden ständig neue Text- und Dialogsorten produzieren und damit neues Material zur Analyse von Fachkommuni-kationen bereitstellen.

Hierbei sollte aus infomationswissenschaftlicher Sicht als erfolgversprechende Forschungsstrategie nicht unbedingt immer "depth-first", also die theoretische und formale Absicherung einzelner Phänomene, sondern mehr "breadth-first", also die breite empirische Analyse, im Vordergrund stehen. Einige mögliche Forschungs-schwerpunkte auf Grund der zu erwartenden Entwicklungen in der Informationspraxis sind in Abbildung 7 zusammengestellt.

	SYNTAKTISCHE VERFAHREN	SEMANTISCHE VERFAHREN	PRAGMATISCHE VERFAHREN
INFORMATION RETRIEVAL	TEXTANALYSE TEXTFRAGMEN- TIERUNG	WISSENSREPRÄ- SENTATION VON VOLLTEXTEN	INFERENZVERFAHREN BENUTZERMODELLE PROBLEMANALYSE
ELEKTRONISCHES PUBLIZIEREN/ DISTRIBUIEREN	ORGANISATION VON VOLLTEXT- DATENBANKEN	WISSENSREPRÄ- SENTATION VON VOLLTEXTEN	ZIELGRUPPENSPEZI- FISCHE DISTRIBU- TIONSSYSTEME
NEUE MEDIEN/ BILDSCHIRMTEXT	VERBESSERUNG DER GRAPHISCHEN PRÄSENTATION	ERWEITERUNG DER ZUGRIFFS- TECHNIKEN SEMANTISCHER BESTANDSKON- TROLLE	DIENSTLEISTUNGEN ZUR ZIELGRUPPEN- SPEZIFISCHEN BERATUNG
BÜROAUTOMATION	KOMFORTABLE EDITIERSYSTEME, FEHLERKORREK- TUREN, MODELLIERUNG TÄTIGKEITS- ABLÄUFE	RETRIEVAL VON BÜRO-DOKUMENTEN DURCH ARBEITS- PLATZBEZOGENE WISSENSSTRUKTU- REN	"DECISION-SUPPORT"- SYSTEME

Abbildung 7   Schwerpunkte der Forschung aufgrund der neueren Entwicklungen

Die Nähe von LDV und Informationswissenschaft und -praxis wird auch unter sich wandelnden Rahmenbedingungen bestehen bleiben. Der hohe theoretische Stand von LDV, Informatik und Künstlicher Intelligenz einerseits und die aktuellen Bedürfnisse im InformatDionsgebiet andererseits, verbunden mit dem politischen Erwartungsdruck und der angezeigten Förderbereitschaft, sollten jedoch gute Produkte der informa- tionellen Sprachverarbeitung möglich machen.

Literaturhinweise

(Aiello et al:1984)
    Aiello, L. / Nardi, D. / Ponti, M.: Modeling the Office Structure: A First Step
    Towards the Office Expert System. In: C.A. Ellis (Hg.): Second ACM-SIGOA
    Conference on Office Information Systems, June 25-27, 1984, Toronto, S. 25-32.

(Appelrath:1983)
    Appelrath, H.-J.: Wissensbereitstellung in Expertensystemen. Inferenzmechanismen
    auf relationalen Datenbanken. Diss., Univ. Dortmund, Mai 1983.

(Batori/Krause/Lutz (Hg.):1982)
    Batori, I. / Krause, J. / Lutz, H.D. (Hrsg.): Linguistische Datenverarbei-
    tung. Versuch einer Standortbestimmung im Umfeld von Informationslinguistik und
    Künstlicher Intelligenz. Tübingen: Niemeyer, 1982.

(Becker:1981)
    Becker, D.: Automated Language Processing. In: Annual Review of Information
    Science and Technology, Vol. 16, 1981, S. 113-138.

(Bobrow et al:1967)
    Bobrow, D.G. / Fraser, J.B. / Quillian, M.R.: Automated Language Processing.
    In: Annual Review of Information Science and Technology, Vol. 2, 1967, S.
    161-186.

(BRH:1983)
    Der Präsident des Bundesrechnungshofes: Gutachten über die Fachinformation in der
    Bundesrepublik Deutschland. April 1983. VII 1-90-30-02.

(Buchanan/Feigenbaum:1978)
    Buchanan, B.G. / Feigenbaum, E.A.: DENDRAL and Meta-DENDRAL: Their Applications
    Dimension. In: Artificial Intelligence 11 (1978), S. 5-24.

(COLING-84)
    COLING-84: Proceedings of the 10th International Conference on Computational
    Linguistics, 2-6 July 1984, Stanford, CA.

(Collier:1984)
    Collier, H.: Telebase, Easynet and the hunt for the untrained user. In:
    Information World Review, No. 15, Nov. 1984, S. 8-9.

(Damerau:1976)
    Damerau, F.J.: Automated Language Processing. In: Annual Review of Information
    Science and Technology, Vol. 11, 1976, S. 107-161.

(DeJong:1979)
    DeJong, G.F.: Skimming Stories in Real Time: An Experiment in Integrated
    Understanding. Ph.D.Thesis, Yale Univ., May 1979.

(Eimermacher:1983)
    Eimermacher, M.: Textverstehen im Projekt KIT: Kognitive Verfahren zur Infor-
    mationsextraktion und Zusammenfassung aus Texten. In: Deutscher Dokumentartag
    1982, 27.9.-30.9.1982, Lübeck-Travemünde. München etc.: Saur, 1983, S.
    327-344.

(Ellis:1983)
    Ellis, C.A.: Formal and Informal Models of Office Activities. In: R.E.A. Mason
    (Hg.): Information Processing 83. Amsterdam etc.: North-Holland, 1983, S.
    11-22.

(Frei/Jauslin:1983)
   Frei, H.P. / Jauslin, J.F.: Graphical Presentation of Information and Services:
   A User-oriented Interface. In: Information Technology: Research and Development,
   2 (1983), S. 23-42.

(Fuhr/Knorz:1984)
   Fuhr, N. / Knorz, G.: Retrieval Test Evaluation of a Rule Based Automatic
   Indexing. In: C.J. van Rijsbergen (Hrsg.): Research and Development in
   Information Retrieval. Cambridge etc.: Cambridge Univ. Pr., 1984, S. 391-408.

(Habel/Rollinger:1983)
   Habel, C. / Rollinger, C.-R.: Konversationsmaxime für die Frage-Beantwortung.
   In: G. Tschauder / E. Weigand (Hrsg.): Perspektive. Textintern. Tübingen:
   Niemeyer, 1983.

(Hahn:1985)
   Hahn, U.: Expertensysteme als intelligente Informationssysteme. Konzepte für die
   funktionale Erweiterung des Information Retrieval.   In: Nachrichten für
   Dokumentation 36 (1985) 1, S. 2-12.

(Hahn et al:1984)
   Hahn, U. / Hammwöhner, R. / Kuhlen, R. / Reimer, U. / Thiel, U.: TOPIC II /
   TOPOGRAPHIC II: Automatische Textkondensierung und text-orientiertes Infor-
   mationsmanagment. Projektziele. State-of-the-Art. Universität Konstanz, Informationswissenschaft, Dezember 1984 (Bericht TOPIC-12/84 & TOPOGRAPHIC-3/84).

(Hammwöhner/Thiel:1984)
   Hammwöhner, R. / Thiel, U.: Graphische Kommunikations- und Präsentationsformen
   für komplexe Wissens- und Textstrukturen: Zur Konzeption eines graphischen
   Interface für ein wissenbasiertes Textkondensierungssystem.   Universität
   Konstanz, Informationswissenschaft, August 1984 (Bericht TOPOGRAPHIC-1/84).

(Hayes/Carbonell:1983)
   Hayes, P.J. / Carbonell, J.G.: A Tutorial on Techniques and Applications for
   Natural Language Processing. Pittsburgh, PA: Carnegie-Mellon University, Dept.
   of Computer Science, 17 Oct 1983. Report CMU-CS-83-158.

(Hewitt/Bishop/Steiger:1973)
   Hewitt, C. / Bishop, P. / Steiger, R.: A Universal Modular Actor Formalism for
   AI. In: Proceedings IJCAI 73, Stanford, CA, August 1973, S. 235-245.

(Karlgren/Walker:1983)
   Karlgren, H. / Walker, D.E.: The Polytext System - A new Design for a Text
   Retrieval System. In: F. Kiefer (Hrsg.): Questions and Answers. Dordrecht etc.:
   Reidel, 1983.

(Kay/Sparck Jones:1971)
   Kay, Martin / Sparck Jones, Karen: Automated Language Processing.   In: Annual
   Review of Information Science and Technology, Vol. 6, 1971, S. 141-166.

(Kobsa/Trost/Trappl:1983)
   Kobsa, A. / Trost, H. / Trappl, R.: Ist benutzerangepaßtes Dialogverhalten auch
   ohne Dialogpartnermodell möglich? In: Angewandte Informatik (1983) 9, S. 383-387.

(Kuhlen:1978)
   Kuhlen, R.: Methodische Probleme der automatischen Sprachverarbeitung.
   Information Retrieval. In: Universität Bielefeld: Methodological Problems in
   Automatic Text Processing. Proceedings, Bielefeld, 6.4.-15.4.1978. Bielefeld,
   1978, S. 25-105.

(Kuhlen:1979)
   Kuhlen, R.: Einleitende Bemerkungen zur Praxis des Information Retrieval. In:
   Datenbasen - Datenbanken - Netzwerke. Bd 1: Aufbau von Datenbasen. München etc:
   1979. S. 11-25.

(Kuhlen:1980)
   Kuhlen, R.: Linguistische Grundlagen. In: K. Laisiepen / E. Lutterbeck /
   K.-H. Meyer-Uhlenried: Grundlagen der praktischen Information und Dokumen-
   tation. München etc.: Saur, 1980 (2.Aufl.), S. 675-732.

(Kuhlen:1983)
   Kuhlen, R.: Das Informationsverhalten an der Universität Konstanz bei der Nutzung
   von Datenbanken. Ergebnisse einer gesamtuniversitären Befragung. Universität
   Konstanz, Informationswissenschaft, März 1983 (Bericht 1/83).

(Kuhlen:1984a)
   Kuhlen, R.: Informationsverarbeitung in Organisationen. Zur Rekonstruktion eines
   Informationsmanagements in öffentlichen Verwaltungen und privaten Unterneh-
   mungen. In: R. Kuhlen (Hrsg.): Koordination von Informationen. IX. Verwal-
   tungsseminar, Konstanz, 5.-7. Mai 1983. Berlin etc: Springer, 1984, S. 1-25.

(Kuhlen:1984b)
   Kuhlen, R.: Kommunikationstechnologien und Organisationsstruktur. In: Deutsche
   Gesellschaft für Dokumentation (DGD) (Hrsg.): Deutscher Dokumentartag 1983,
   3.-7.10.1983, Göttingen. München etc.: Saur, 1984, S. 68-104.

(Kuhlen:1984c)
   Kuhlen, R.: An International Delphi Poll on Future Trends in "Information
   Linguistics". In: COLING-84: Proceedings of the 10th International Conference on
   Computational Linguistics, 2-6 July 1984, Stanford, Ca.

(Kuhlen:1984d)
   Kuhlen, R.: Verfahren und Systeme der Automatischen Übersetzung. In: Nachrichten
   für Dokumentation 35 (1984) 4/5, S. 221-223. Vollständige Version in: Rundbrief
   des Fachausschusses 1.2. Künstliche Intelligenz & Mustererkennung der
   Gesellschaft für Informatik, Nr. 34, Juni 1984, S. 23-46.

(Kuhlen:1984e)
   Kuhlen, R.: A Knowledge-Based Text Analysis System for the Graphically Supported
   Production of Cascaded Text Condensates. Universität Konstanz, Informations-
   wissenschaft, Mai 1984 (Bericht TOPIC-8/84).

(LFI:1982)
   Bundesministerium für Forschung und Technologie (BMFT): BMFT-Leistungsplan
   Fachinformation. Planperiode 1982-1984. Bonn 1982.

(Lukas:1980)
   Lukas, E.: Zur Frage der Vereinheitlichung von Information-Retrieval-Sprachen.
   Ein Vergleich der Dialogfunktionen von DIR3, DOMESTIC und GOLEM 3.0 mit der
   Common Command Language. In: R. Kuhlen (Hrsg.): Datenbasen - Datenbanken -
   Netzwerke. Bd.3. München etc.: Saur, 1980, S. 231-273.

(Lustig/Knorz:1983)
   Lustig, G. / Knorz, G.: Verfahren für das kooperative Retrieval - Konzeption und
   Planung. Interner Bericht (DV II 83-5). TH Darmstadt, FB Informatik, Fachgebiet
   Datenverwaltungssysteme, 1983.

(Marburger/Morik/Nebel:1984)
   Marburger, H. / Morik, K. / Nebel, B.: HAM-ANS on Tour: Bericht über eine
   USA-Reise. Universität Hamburg, Forschungsstelle für Informationswissenschaft
   und Künstliche Intelligenz, Dezember 1984 (Memo ANS-24).

(Montgomery:1969)
   Montgomery, C.M.: Automated Language Processing. In: Annual Review of Information Science and Technology, Vol. 4, 1969, S. 145-174.

(Müller-Heiden:1985)
   Müller-Heiden, B.: Informationsmarkt: Elektronisches Publizieren. Skript und Kursmaterialien. SS 1984. Universität Konstanz, Informationswissenschaft, Februar 1985 (Bericht 5/85).

(Ortner:1985)
   Ortner, E.: Semantische Modellierung - Datenbanknutzung auf der Ebene der Benutzer. In: Informatik-Spektrum 8 (1985) 1, S. 20-28.

(Raben/Burton:1981)
   Raben, J. / Burton, S.K.: Information Systems and Services in the Arts and Humanities. In: Annual Review of Information Science and Technology, Vol. 16, 1981, S. 247-266.

(Raulefs:1982)
   Raulefs, P.: Expertensysteme. In: W. Bibel / J.H. Siekmann (Hrsg.): Künstliche Intelligenz. Frühjahrsschule, Teisendorf, 15.-24. März 1982. Berlin etc.: Springer, 1982, S. 61-98.

(Rich:1979)
   Rich, E.: User Modeling via Stereotypes. In: Cognitive Science 3 (1979), S. 329-354.

(Rich:1983)
   Rich, E.: Users are Individuals: Individualizing User Models. In: International Journal on Man-Machine-Studies 18 (1983), S. 199-214.

(Salton:1968)
   Salton, G.: Automated Language Processing. In: Annual Review of Information Science and Technology, Vol. 3, 1968, S. 169-199.

(Salton:1975)
   Salton, G.: Dynamic Information and Library Processing. Englewood Cliffs,NJ: Prentice-Hall, 1975.

(Schuck-Wersig/Wersig/Windel:1985)
   Schuck-Wersig, P. / Wersig, G. / Windel, G.: Informationskultur und Kommunikation. Endbericht des Projektes "Die Veränderung der Fachinformation als Kulturfaktor". FU Berlin, Projekt INSTRAT, März 1985 (INSTRAT 2/12).

(Seddon:1984)
   Seddon, G.: Information Retrieval as the Kernel of Office Automation. In: Journal of Information Science 8, 1984, S. 67-80.

(Simmons:1966)
   Simmons, R.F.: Automated Language Processing. In: Annual Review of Information Science and Technology, Vol. 1, 1966, S. 137-169.

(Smith:1980)
   Smith, L.: Artificial Intelligence Applications in Information Systems. In: Annual Review of Information Science and Technology, Vol. 15, 1980, S. 67-105.

(Staud:1985)
   Staud, J.L.: Statistische Datenbanken. Beschreibung, Retrieval, Benutzerschnittstelle. Universität Konstanz, Informationswissenschaft, Januar 1985 (Bericht 2/85).

(Templeton/Burger:1983)
Templeton, M.P. / Burger, J.: Considerations for the Development of Natural-Language Interfaces to Database Management Information Systems. Santa Monica, CA: Systems Development Corporation, 1983.

(Tucker/Nirenburg:1984)
Tucker, A.B. Jr. / Nirenburg, S.: Machine Translation: a Contemporary View. In: Annual Review of Information Science and Technology, Vol. 19, 1984, S. 129-160.

(Vickery:1965)
Vickery, B.C.: On Retrieval Systems Theory. London: Butterworth, 1965 (2.ed.).

(Wahlster:1985)
Wahlster, W.: User Models in Dialog Systems. Invited Lecture at COLING-84. In: Computational Linguistics 1985.

(Walker:1973)
Walker, D.E.: Automated Language Processing. In: Annual Review of Information Science and Technology, Vol. 8, 1973, S. 69-119.

(WRG:1984)
Wissenschaftsrat: Stellungnahme zur Gesellschaft für Information und Dokumentation. Berlin 16.11.1984. Drs. 6726/84.

(Yaghmai/Maxin:1984)
Yaghmai, N.S. / Maxin, J.A.: Expert Systems: A Tutorial. In: Journal of the American Society for Information Science 35 (1984) 5, S. 297-305.

(Zisman:1978)
Zisman, M.D.: Use of Production Systems for Modeling Asynchronous, Concurrent Processes. In: D.A. Waterman / F. Hayes-Roth (Hg.): Pattern-directed Inference Systems. New York: Academic Pr., 1978.

Eine konzeptionelle Basis für natürlichsprachliche Systeme

Manfred Thiel

Sonderforschungsbereich 100
"Elektronische Sprachforschung"
Universität des Saarlandes, Saarbrücken/BRD

Abstract

Die vorgestellte konzeptionelle Grundlage für Natürlichsprachliche Systeme integriert linguistisches Wissen und Metawissen zu einem Netz von interagierenden Komponenten, deren Schnittstellen exakt definiert sind. Das Objektwissen enthält (Teil-) Grammatiken und Regeln, das Metawissen umfaßt strategische und bewertende Restriktionen und die explizite Kenntnis des Systems über sein eigenes Wissen. Objekt- und Metawissen können sowohl prozedural als auch deklarativ repräsentiert sein.

1. Problemstellung

Nachdem Analyse und Übersetzung natürlicher Sprache durch einen Rechner zum Thema wissenschaftlicher Forschung geworden sind, entstanden etliche Systeme mit unterschiedlicher Zielsetzung, mit oft sehr unterschiedlichen zugrundeliegenden Ideen. Wen wundert's? Hat sich Problem doch als äußerst hartnäckig erwiesen. Die Gründe hierfür sind vielfältig. Einer der wichtigsten ist wohl darin zu finden, daß die Analyse natürlicher Sprache in Teilprobleme zerlegt werden kann,

a) deren Eigenschaften sehr verschieden sind und
b) die in komplexer Weise miteinander interagieren.

Die Verschiedenartigkeit der Eigenschaften der Teilprobleme wird sofort bei der Betrachtung folgender unstrukturierter Liste deutlich

- linguistisches Wissen: Grammatik
                         Wörterbuch
                         Syntax
                         Semantik
                         Pragmatik

- Analysestrategie, Kontrolle der Regelanwendung
- Datenstruktur (z.B. zu welchem Zeitpunkt der Analyse steht welcher Ausschnitt der Datenstruktur zur Verfügung?)
- Einschränkung der Grammatik durch den Texttyp
- deterministische vs. nichtdeterministische Strategie
- Wie wird linguistisches Wissen repräsentiert, d.h. wie sieht die Sprache aus, in der linguistisches Wissen beschrieben wird?
- Sollte es mehrere dieser Sprachen geben?
- usw.

Da die Lösungen dieser Teilprobleme untereinander vernetzt sind, stellt das Gesamt-problem "Natürlichsprachliche Systeme" mehr als nur die Addition der Einzelprobleme dar.

Im folgenden wird davon ausgegangen, daß dem Linguisten ein System angeboten werden muß, das ihm erlaubt, sein Wissen auf mehrere verschiedene Arten zu formulieren. Mit anderen Worten: ihm muß ein höchst flexibler Zugang zu dem System gewährt werden.

1.1. Die Repräsentation linguistischen Wissens

Zur Simulation des Verstehen natürlicher Sprache - beispielsweise in der Maschinellen Übersetzung - ist eine möglichst tiefe semantische Repräsentation notwendig. Aber auch pragmatisches und Weltwissen sind zur Lösung vieler Problemfälle unerläß-lich. Auf dem Gebiet der Maschinellen Übersetzung sind weltwissensgestützte Ansätze selten auszumachen, wohl weil solche Systeme von vorne herein nicht auf einen engen Diskursbereich eingeschränkt werden können. In diesem Zusammenhang ist aber auf Entwicklungen in Japan (vgl. KINOSHITA/MIYAZAKI/ YASUHARA (1983), NOMURA (1983)) zu verweisen.

Der Schwerpunkt der folgenden Überlegungen liegt auf der Repräsentation linguisti-schen Wissens, da dies m.E. eine notwendige Ausgangslage für weitergehende Entwick-lungen ist.

Es soll unterschieden werden zwischen der prozeduralen und der deklarativen Reprä-sentation von linguistischem Wissen. Auf die Diskussion dieser Dichotomie soll an dieser Stelle nicht weiter eingegangen. In der KI-Literatur aus den vergangenen 10 Jahren ist hierüber genügend nachzulesen. Die Konsequenz aus dieser Diskussion soll aber wiederholt werden: Weder die eine noch die andere Repräsentation ist für sich allein befriedigend. Folglich werden beide Arten integriert. Für Natürlichsprachliche Systeme bedeutet dies, daß sich der Linguist jeweils der Repräsentation bedienen kann, die sich für seine Problemstellung am adäquatesten erweist.

In diesem Zusammenhang wird von verschiedenen Wissensbasen ausgegangen, die diesen Forderungen genügen.

Die prozedurale Wissensbasis enthält Regeln und Grammatiken. Eine Regel besteht aus einem Bedingungsteil und einem Anweisungsteil. Sie ermöglicht die Beschreibung von Baumtransduktionen, stellt also eine Abbildung (einer Folge) von Bäumen auf (eine Folge von) Bäume(n) dar.

Eine Grammatik faßt eine oder mehrere Regeln zu einer Einheit zusammen. Die linguistische Wissensbasis umfaßt im Normalfall mehrere Grammatiken zur Beschreibung einer natürlichen Sprache. Dieser Begriff der 'Grammatik' unterscheidet sich also von der traditionellen Auffassung und ist eher im Sinne von 'Teilgrammatik' zu verstehen. Eine Grammatik enthält zusätzlich zu den Regelaufrufen einen Bedingungsteil, einen Filter und Interpretationsparameter. Der Bedingungsteil definiert eine Klasse von Pfaden in der aktuellen Datenbasis. Auf diesen Pfaden arbeiten die Regeln dieser Grammatiken. Der Filter kontrolliert die Ergebnisse der Grammatik, ob sie den Erwartungen entsprechen. Falls dies nicht der Fall ist, können diese (Zwischen-)Ergebnisse gelöscht werden. Die Interpretationsparameter legen den Anwendungsmodus und die Wirkungsweise der Regeln fest. Es stehen zur Verfügung:

> Regelanwendung: - sequentiell
>   - parallel
>   - iterativ
>   - präferentiell
>   - stratifikationell
> Regelwirkung: - additiv
>   - substitutiv

Die Grammatik

```
grammar HAVE_FORMS:
    1 HA : WOL1 = have;
    2 VR : MS   = ptz;
    delete
    preferential;
        use HAS_DONE;
        use HAVE_DONE;
    end
```

identifiziert und benennt zwei Objekte, HA und VR, die den Bedingungen 'Stamm hat die Form 'have'' und 'Wortklasse ist Partizip' genügen, respektive. Auf alle Instantiierungen dieses Musters werden die Regeln HAS_DONE und HAVE_DONE angewandt. Diese Regeln arbeiten präferentiell, d.h. die zweite wird nicht mehr angewandt, wenn die erste erfolgreich war. Der Teilgraph, über dem die Grammatik gearbeitet hat, wird als gelöscht markiert.

Die deklarative Wissensbasis besteht aus mehreren verschiedenen Basen, Wissensquellen, die jeweils die Beschreibung der Fakten eines eingeschränkten Bereichs aus dem Objektwissen enthalten. Diese Wissensbasen können von den Prozeduren, in unserem Fall durch die Grammatiken, angefordert werden können. Typische Kandidaten für eine deklarative Wissensbasis sind z.B. Verbalgruppen und die Definition der Symbole, mit denen ein System arbeiten soll. Deklarative Wissensbasen sind in einer frameartigen Sprache geschrieben.

1.2. Metawissensbasis: Strategie und Kontrollstruktur

Darüber hinaus müssen Natürlichsprachliche Systeme, um problemadäquat arbeiten zu können, auch über Heuristiken und Strategien verfügen, die in nichtdeterministischen Entscheidungssituationen eine optimale Suchstrategie, z.B. eine Best-first-Strategie, ermöglichen. Um eine Best-first-Strategie zu realisieren, ist es notwendig, daß sowohl die Kontrollstruktur des Systems durch den Linguisten formuliert werden kann, als auch die Wege durch die Kontrollstruktur bewertbar sind. Falls dies nicht der Fall ist, z.B. bei der Benutzung eines vorgegebenen Parsingalgorithmus, wird für alle verarbeiteten linguistischen Modelle jeweils die im Algorithmus implementierte Strategie verfolgt, woraus im Einzelfall eher zufälligerweise eine optimale Strategie resultiert. Dies trifft z.B. für die q-Systeme zu. Auch dort kann der Linguist die Strategie nicht im Einzelfall festlegen. Der Algorithmus der q-Systeme arbeitet kombinatorisch und explodiert sehr schnell. Umfangreiche q-Systeme neigen als Folge der durch das System vorgegebenen Abarbeitung der Regeln dazu, leicht außer Kontrolle zu geraten.

Die gleiche Problematik kann bei den KI-Programmiersprachen PLANNER (HEWITT (1971), SUSSMAN/WINOGRAD/CHARNIAK (1971)) und CONNIVER (SUSSMANN/ McDERMOTT (1972)) nachvollzogen werden. PLANNER verfügt über automatisches Backtracking, und zwar über ein blindes, exhaustives Suchen. In der Nachfolge wurde CONNIVER entwickelt, das dem Programmierer die Steuerung des Backtracking erlaubt. Hierdurch nimmt das Programm an Effizienz und Intelligenz zu. Der General Syntactic Processor (GSP) von KAPLAN stellt eine Ausnahme dar, indem er Scheduling-Regeln zuläßt, die die Abarbeitung der Agenda steuert und so sowohl eine Breite-zuerst- als auch eine Tiefe-zuerst-Suche erlaubt.

Aufgrund der Vorteile, selbst die Strategie definieren zu können, soll hier ein Ansatz verfolgt werden, der Kontrollwissen getrennt von dem sonstigen Wissen in einer eigenen Wissensbasis zusammenfaßt. Auf der Konzeptionsebene könnte auch von einem zweiten Produktionssystem gesprochen werden, das das Strategieproblem bearbeitet. Es stehen also zwei Ebenen zur Verfügung, auf der die Lösung des Problems der Verarbeitung natürlicher Sprache beschrieben werden kann. Einerseits die Objektebene, auf der das Objektwissen, d.h. das deklarative oder prozedurale Wissen über den Anwendungsbereich formuliert ist, und andererseits die Metaebene, auf der das Wissen über das Objektwissen, wiederum mit den potentiellen Ausprägungen 'deklarativ' und 'prozedural' formuliert ist. Dieses Wissen gibt z.B. Aukunft über die Struktur der im System benutzten Objektwissensbasen, wodurch das System an Selbsterklärung zunimmt. Das folgende Diagramm gibt den Zusammenhang zwischen der Art und Weise der Repräsentation und der Ebene des Wissens wieder:

| | | Ebene | |
		Objekt	Meta
Repräsentation	prozedural		
	deklarativ		

Die Trennung in Meta- und Objektwissen wurde von DAVIS/BUCHANAN (1977) für Expertensysteme vorgeschlagen. Deren Argumentation trifft in gleichem Maße für Natürlichsprachliche Systeme zu:

- Effiziente Behandlung nichtdeterministischer Entscheidungssituationen.
- Gewährleistung einer möglichst optimalen Analysestrategie (effizient und zielgerichtet).
- Formulierung der Strategie durch den Linguisten. (Langfristig sollte aber der Weg offenbleiben für eine automatische Generierung der Strategie durch das System selbst.)

Dabei sollen Randbedingungen erfüllt sein wie:

- Alles Metawissen soll an einer Stelle vereint sein.
- Das Metawissen soll vom Objektwissen getrennt sein.

In der Konzeption, die im folgenden vorgestellt wird, umfaßt das Metawissen mehr als nur strategisches Wissen. Es sind vorerst zwei verschiedene Wissensbasen vorgesehen:

1. Die Strategie. Sie wird in den sog. Prozessen beschrieben. Dies geschieht in einer prozeduralen Notation.
2. Die Kontrollstruktur. Sie enthält die Namen aller Regeln, Grammatiken und Prozesse in einer Baumstruktur. Die Knoten des Baumes können mit Gewichten markiert werden. Dies geschieht in einer deklarativen Notation.

Die Definition der Strategie der Anwendung linguistischen Wissens erfolgt in den sog. Prozessen. Da die Anwendung linguistischen Wissens im prozeduralen Teil der Objektwissensbasis erfolgt, liegt nur die prozedurale Wissensbasis im Skopus der Prozesse. Die Prozesse in der Metawissensbasis kontrollieren die Anwendung des linguistischen Wissens in der prozeduralen Wissensbasis, indem sie die Kontrollstruktur über den Grammatiken und Regeln definieren. Dies kann in folgendem Bild demonstriert werden:

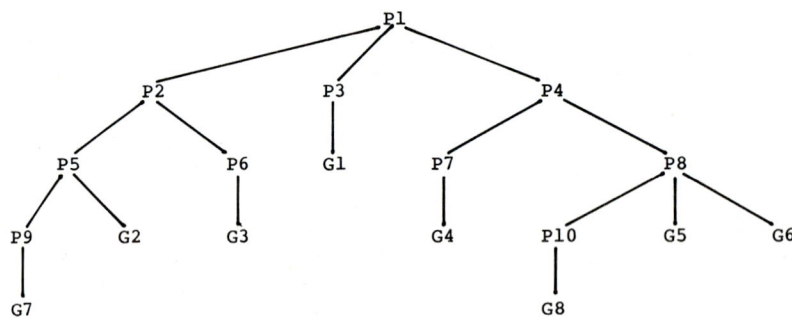

Mit anderen Worten, Prozesse stoßen andere Prozesse oder Grammatiken an. Die Prozeßdefinition enthält Eingangsbedingungen, Filter und Interpretationsparameter. Filter und Interpretationsparameter arbeiten ebenso wie in den Grammatiken. Die Eingangsbedingung legt fest, auf welchen Teilgraphen (d.h. auf welchem Bündel von Pfaden) die angegebenen Subprozesse bzw. Grammatiken operieren sollen. D.h. sie legt die aktuelle Datenbasis fest. Die in der Kontrollstruktur tiefer liegenden Prozesse können eine Datenstruktur immer weiter einschränken, niemals aber über die Grenzen eines höheren Prozesses hinausgehen. Dem Wurzelprozeß der Kontrollstruktur steht somit die gesamte Datenbasis zur Verfügung. Der Prozess

```
process VZS_SATZ:
    expectations first P1 : MS = PHVB;
                 mid    P2 : MS = GN;
                 last   P3 : MS = VZS;
```

```
                right P4 : MS = SEN;
          goal P5 : MS = PHVB;
          do PHVB_RECHTSERWEITERN
             VZS_GRAMMATIK;
     end
```

operiert über allen Teilgraphen, die den Bedingungen in 'expectations' genügen. Das erste Objekt in den Teilgraphen muß zur morphosyntaktischen Klasse PHVB gehören (first), das letzte muß ein Verbzusatz sein (last). Dazwischen dürfen beliebig viele und nur Nominalgruppen stehen (mid). Rechts außerhalb der Teilgraphen ist das Satzende verlangt (right). Der Prozess VZS_SATZ instantiiert den Prozess PHVB_-RECHTSERWEITERN und die Grammatik VZS_GRAMMATIK. Deren Ergebnis muß die Zielvorstellung 'morphosyntaktische Kategorie PHVB' erfüllen (goal).

Neben der Definition der Prozesse enthält die Metawissensbasis auch die deklarative Beschreibung der Hierarchie der Prozesse, Grammatiken und Regeln. Diese Hierarchie wird Kontrollstruktur genannt.

Um eine effiziente und auch texttypangepaßte Grammatik realisieren zu können, werden darüber hinaus Gewichte (Bewertungen) an den Knoten der Kontrollstruktur eingeführt (vgl. THIEL (in Vorb.)). Eine der umfangreichsten Anwendungen von Gewichtungen liegt in den maschinellen Übersetzungssystemen SUSY, mehr aber noch in METAL (SLOCUM (1984)) vor. METAL benutzt einen Plausibilitätsfaktor, um die beste der möglichen Interpretationen eines mehrdeutigen Satzes auszuwählen, wobei die Gewichte sowohl lexikalische als auch grammatische Phänomene betreffen. Anstatt eine Regel einfach entweder zu akzeptieren oder zurückzuweisen, kann sie mit der Zuweisung einer Plausibilität der Korrektheit akzeptiert werden. In Expertensystemen sind Gewichtungsfunktionen häufiger anzutreffen, und zwar naturgemäß vor allem dort, wo die Sprache FUZZY benützt wird.

Im Sinne des Metawissens stellen Gewichte einen Teil des Wissens über das Objektwissen dar. Neutral formuliert sind also Aussagen folgender Art dort zu finden: "Für den Texttyp 'Titel' ist es wenig wahrscheinlich, daß komplexe Verbalgruppen auftreten." Die Gewichte werden in den Prozessen, Grammatiken und Regeln benutzt, um Entscheidungen zu optimieren.

1.3. Zusammenfassende Darstellung

Bisher wurden einzelne und auch nicht alle Aspekte des Konzeptes betrachtet, nun sollen sie im Zusammenhang dargestellt werden.

Es wird von Wissensbasen ausgegangen, die das linguistische Wissen in deklarativer (Kb-d) und prozeduraler (Kb-p) Repräsentation enthalten (mit den dazu gehörenden Sprachen (Formalismen) L-d und L-p). Zur Erstellung der Wissensbasen stehen Editoren (E-d und E-p) zur Verfügung.

Daneben definiert der Linguist in der Metawissensbasis (Kb-m) mit Hilfe der Sprache L-m die Strategie. Aus der Strategie, den Grammatiken und Regeln der Kb-p wird automatisch die Kontrollstruktur als Teil der Metawissensbasis abgeleitet.

Das folgende Bild gibt den Zusammenhang, soweit er bis hierhin entwickelt wurde, wieder:

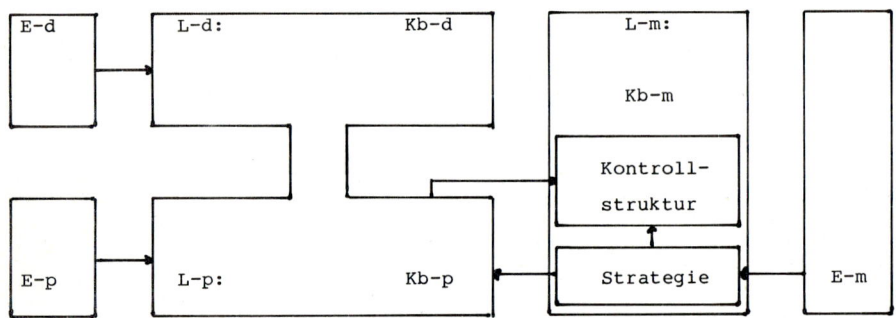

Dem Linguisten stehen nach dieser Theorie also mehrere Ebenen zur Verfügung, auf denen er sein Wissen über die Sprache in das System einbringt.

Von besonderem Interesse ist die Schnittstelle zwischen der prozeduralen und deklarativen Wissensbasis. In KI-Systemen wird die objektbezogene Anknüpfung von Prozeduren durch das sog. 'procedural attachment' geleistet. Im vorliegenden Fall stellt sich der Zusammenhang exakt umgekehrt dar: Einheiten der deklarativen Wissensbasis werden an Prozeduren angehängt, wodurch diejenigen Produktionen erzeugt werden, mit denen de facto geparst wird. Analog zu dem 'procedural attachment' wird also ein 'declarative attachment' eingeführt. Der theoretische Hintergrund hierfür ist in den 2-stufigen Grammatiken zu sehen, wie sie von VAN WIJNGAARDEN entwickelt worden sind.

Das gesamte Konzept ist charakterisiert durch folgende Punkte:

1. Es stellt mehrere Ebenen zur Formulierung linguistischen Wissens zur Verfügung.
2. Diese Ebenen sind von der Meta- zur Objektebene hin durchlässig. Die Schnittstellen sind exakt festgelegt.

3. Es wird das Konzept des Metawissens zur Verfügung gestellt.

4. Die Probleme 'Wörterbuch' und 'Grammatik' im traditionellen Sinne lassen sich in diesem Rahmen theoretisch lösen, da sie in die Ebenen der Wissensrepräsentation integriert sind. Sie treten lediglich im Modell als mögliche Realisierung auf.

5. Dieser Ansatz erlaubt dem Systementwickler einen sehr flexiblen Zugang.

6. Dem Linguisten wird nicht der Gebrauch einer bestimmten Grammatiktheorie vorgeschrieben.

7. Es kann neben grammatischem auch strategisches Wissen in das System eingebracht werden.

Das oben vorgestellte Konzept ist Teil der im Projekts A2 des Sonderforschungsbereichs 100 entwickelten theoretischen Grundlagen für Natürlichsprachliche Systeme und damit auch für maschinelle Übersetzungssysteme. In diesem Vortrag konnten einige wichtige Komponenten der Konzeption, wie z.B. die Werkzeuge zum Generieren spezieller Parser, nicht erwähnt werden. Der Zusammenhang zu dem im Projekt A2 entwickelten System SUSY II ist im folgenden Diagramm dargestellt:

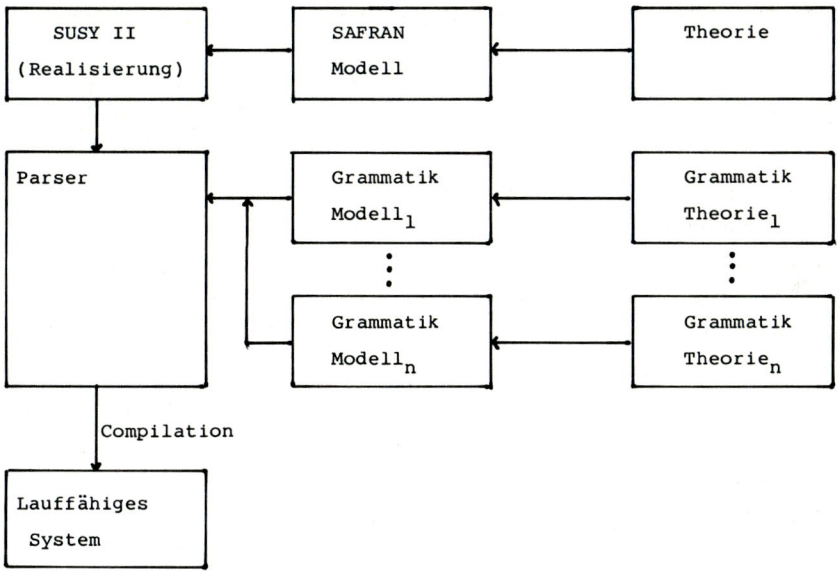

SAFRAN steht für "Software system and formalism for the representation and analysis of natural language".

Von den vorgestellten Komponenten des Konzepts sind im Rahmen des Projekts A2 mit Hilfe von SUSY II bisher realisiert bzw. im Experimentierstadium:

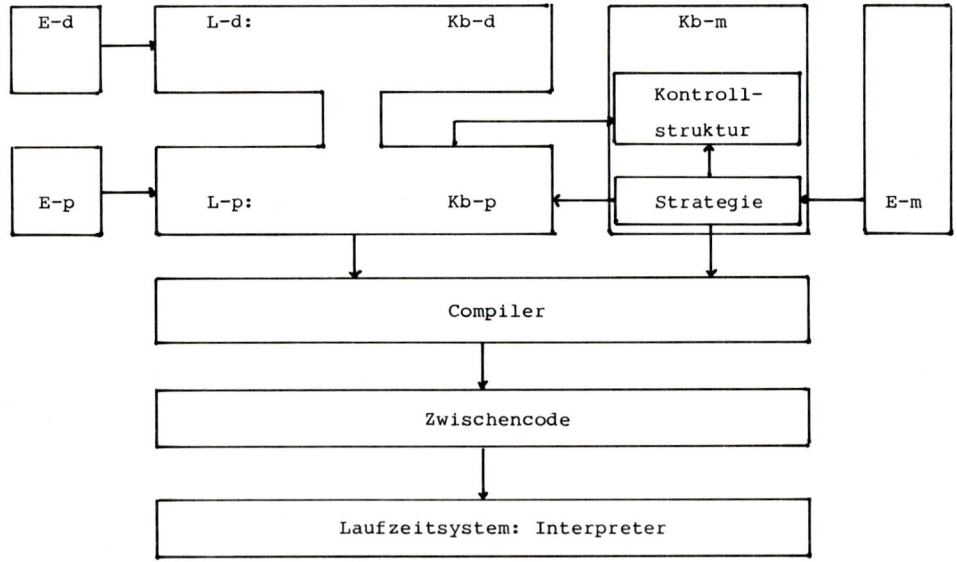

Zur Zeit arbeitet das System mit 30 Prozessen, 70 Grammatiken und 130 Regeln.

Literatur:

BOBROW,D.G./COLLINS, A. (Hrsg.) (1975): Representing and understanding: studies in cognitive science. New York.

DAVIS, R./BUCHANAN, B.G. (1977): Meta-level knowledge: overview and applications. In: IJCAI-77, 5th joint conf. on AI, Proceedings of the conf., MIT. Vol. III. S. 920-927.

DAVIS, R./BUCHANAN, B.G./SHORTLIFFE, E. (1977): Production Rules as a Representation for a Knowledge Based Consultation Program. In: Artificial Intelligence, Vol. 8.

HEWITT, C. (1971): Description and theoretical analysis (using schemas) of PLANNER: A language for proving theorems and manipulating models in an robot. Doctoral diss. AI Lab. MIT.

KAPLAN, R.M. (1973): A General Syntactic Processor. In: RUSTIN (1973).

KINOSHITA, T./MIYZAKI, T./YASUHARA, H. (1983): A Japanese Language Analysis aimed at a Japanese to English Machine Translation. Masch. Tokyo.

KLENK, U. (in Vorb): Kontextfreie Syntaxen und verwandte Systeme. Linguistische Arbeiten, Tübingen.

LE FAIVRE, R.A. (1977): FUZZY reference manual. Computer Science Dep. Rutgers Univ.

LUCKHARDT, H.-D. (1982): SUSY - Capabilities and Range of Application. In: Multilingua 1-4, S. 213-219.

MAAS, H.-D. (in Vorb.): The SUSY MT system. Vortrag Tutorial on Machine Translation Lugano 1984.

MAAS, H.-D. (in Vorb.): Struktur und Steuerung der Regeln in der Analyse des Deutschen. In: KLENK (in Vorb.).

NOMURA, H. (1983): Towards a High Ability Machine Translation. Paper EUROTRA Joint Japanese - European Workshop. Brüssel.

RUSTIN, R. (1973): Natural Language Processing. New York.

SLOCUM, J. (1984): METAL: The LRC Machine Translation System. Linguistics Research Center Univ. of Texas, Working Paper LRC-84-2.

SUSSMAN, G.J./WINOGRAD, T./CHARNIAK, E. (1971): MICRO-PLANNER reference manual. AI Memo 203A, AI Lab, MIT.

SUSSMAN, G.J./McDERMOTT. D.V. (1972): Why conniving is better than planning. AI Memo 255A, AI Lab, MIT.

THIEL, M. (in Vorb.): Weighted Parsing. In: Parsing Natural Language, hrsgg. v. L. BOLC, Symbolic Computation. Berlin/Heidelberg/New York.

VAN WIJNGAARDEN, A. et al. (1974): Revised Report on the Algorithmic Language, ALGOL 68. Acta Informatica 51, S. 1-236.

WINOGRAD, T. (1975): Frame Representations and Declarative/Procedural Controversy. In: BOBROW/COLLINS (1975)

Vorbemerkungen zu einer computerunterstützten Lösung
für die Lexikographie im Verlag als Beitrag zur praktischen SDV

Raimund Drewek

Ernst Klett Dienste/Stuttgart

Zusammenfassung

Dieser Beitrag gibt grundlegende Gedanken zur computerunterstützten Lexikographie und zeigt, wie mit Hilfe von erweiterten Übergangsnetzwerken Wörterbuchdatenbanken formal beschrieben und manipuliert werden können. Veränderungen der Arbeit des Lexikographen mit den Methoden des Electronic Publishing werden ansatzweise problematisiert.

1. Motivation

Die Herausgabe eines Wörterbuchs erfordert nicht nur den langen Atem mehrjähriger Sammel-, Struktur- und Schreibarbeit, nicht nur Sensibilität für das Tempo diachronen Wandels und weitverzweigte Sensoren in jedem Feld aktueller Rede, sondern sie ist - besonders in der mehrsprachigen Ausrichtung - ein hochgradig arbeitsteiliger Prozeß geworden, der vermehrte Kommunikation und somit Organisation aller Beteiligten ebenso verlangt, wie eine sorgfältige investive Planung menschlicher, maschineller und finanzieller Ressourcen.

Die Einführung maschineller Hilfestellung in solcherart verstandene Lexikographie kann daher nicht einseitig auf die "Algorithmisierung einer linguistischen Fragestellung" begrenzt werden und somit Aufgabe der akademischen Sprachdatenverarbeitung sein. Das soziale und ökonomische Umfeld ist ja realiter zu verändern, statt Pragmatik ist Praxis gefordert.

Das *Medium* der konventionellen Lexikographie ist das Papier, Werkzeuge sind Bleistift und Radiergummi, ansonsten wirken Verstand und Gedächtnis. Der Übergang dieser eher natürlich empfundenen Umgebung in Richtung Bildschirm und Tastatur, Programmsystem und Datenbank, wird von Betroffenen oft als inhuman, undurchschaubar und sogar menschenfeindlich apostrophiert. Die Reorganisation von Kontext, Medien und Instrumenten disziplinierter geistiger Arbeit kann leicht qualitätsmindernde Störgrößen hervorrufen, die nur durch behutsames Lernen und frühzeitigen Einbezug der Betroffenen vermeidbar sind.

Die *Quantität* ist eine Seite der Wörterbucharbeit. Sie tritt zeitproportional als Projektdauer hervor, die bis zur Drucklegung eines Wörterbuchs verstreicht. Sie ist fixiert an Hunderte von Seiten, oft an mehrere Bände, die das Resultat - bis zur nächsten Bearbeitung - speichern. Kommerziell begegnet sie uns direkt als Argument der Wörterbuchwerbung ("Anzahl der Einträge"), indirekt als Kostenfaktor, schlußendlich als Preis. Von den zuletzt genannten zwei Größen erwarten wir, daß sie sinkende Tendenz aufweisen.

Qualität ist in der Lexikographie nicht verbindlich festgelegt. Die Wörterbuchkritik hingegen wendet oft Kriterien an, die an den Begriffen Vollständigkeit, Aktualität, Präzision, Konsistenz, Konzepttreue und Gestaltung festgemacht wird. Hinzu tritt eine kontrastierende Gegenüberstellung der - wenn überhaupt existierend - als vergleichbar empfundenen Wörterbücher oder der früheren Werke derselben Reihe.

Wörterbuchschreibung ist *Weltdarstellung*. Die schriftliche Anordnung der Zeichensysteme einer Sprache bedeutet Auswahl und Akzentuierung zugleich, sie schafft ein neues Zeichensystem als Ganzes. Dieses soll Spiegelbild einer sprachlichen Wirklichkeit - Teil oder Ganzes - in einem historisch bestimmbaren Moment oder über die Zeit hinweg sein.

Abschreiben ist ein etablierter Algorithmus, Kopierprogramme sind in Datenverarbeitung und Lexikographie, mit oder ohne Lizenz und Vervielfältigungsrechte, keine unbekannte Größe. Welcher Algorithmus überwacht das Maß der Unterschiedlichkeit bei Produktion und Reproduktion?

Schreiben ist die Sisyphosarbeit und doch der harte Kern der Lexiko-Graphie. Sicher führt der Geist den Griffel, doch welches sind seine Prozeduren, Regeln, Konventionen. Die Logik der Wörterbuchschreibung, gesehen als Textgenese, bestimmt Form und Inhalt. Die Textgrammatiken der Wörterbücher kann ein Sprachwissenschaftler beschreiben, dann ist es aber eine Maschine, die vielleicht hilft, den Stein bergan zu rollen. Welche Algorithmen sind dazu notwendig? Welcher Grad an Wissen über den Gegenstand ist als Programm dergestalt organisierbar, daß ein Wörterbuch entsteht?

2. Kleine Texttheorie des Wörterbuchs

Das Nachdenken über den Aufbau eines Wörterbuches kann sich von außen nach innen bewegen: vom möglichen Benutzer, seinen Intentionen und Fragen, vom Herausgeber und dem festgelegten Zweck, von den Autoren und ihrer Sprachkompetenz bis hin zur Gestalt der Publikation, ihrem Umfang und Aufbau, bis hin zur Art, wie jeder einzelne Wörterbuchartikel geschrieben ist und typographisch dargestellt ist.

Für die algorithmische Bearbeitung eines Wörterbuchs ist die innere Struktur jedes Eintrags ebenso maßgebend wie die Organisation der Einträge, Wörterbuchteile und dann die Struktur des gesamten Wörterbuchs. Es ist vielleicht einfacher, mit der kleinsten Einheit zu beginnen:

Dieses "Atom" besitzt zwei Eigenschaften, es

  - ist ein wie immer geartetes Stück Text oder Bild,
  - kann mit einem Namen bezeichnet werden.

In vielen Wörterbüchern steht es fett gedruckt: das 'Stichwort', 'Eintragswort', das 'Lemma'. Typographie und Funktion korrelieren, drei verschiedene Bezeichnungen benennen eben dieses "am-Anfang-war-das-Wort".

Dann folgen andere Textteile, z. B. die 'phonetische Umschreibung', 'Flexionsendungen', mehrere 'Übersetzungen' in die Zielsprache des zwei- oder mehrsprachigen Wörterbuchs, ein 'Beispielssatz', eine 'idiomatische Wendung' und so fort. Diese Atome sind also leicht mit dem Namen ihrer Funktion zu versehen. Ändert sich die Aufgabe eines kleinen Textstücks, wird uns mit 'vlg' bedeutet, diese oder jene Übersetzung sei vulgär, dann haben wir eine 'Stilbezeichnung' vor uns.

Die explizite und konsistente Bezeichnung jedes Textstücks in einem Wörterbuch ist die Basis für jede weitere Verarbeitung mit der EDV. Verschiedene Projekte haben gezeigt, daß in beschränktem Maße typographische und positionsbezogene Hinweise, Prüfung von Kookkurrenzen und Abgleich mit Listen vordefinierter Elemente die Möglichkeit bieten, "rohes" maschinenlesbares Wörterbuchmaterial teilautomatisch zu segmentieren und zu klassifizieren. Intellektuelle Nacharbeit war aber in erheblichem Umfang die Folge, um zu korrekt klassifizierten Daten zu gelangen.

Jedes sprachliche Objekt, nicht nur der Wörterbuchtext, dessen Textteile auf die geschilderte Art etikettiert werden können, nennen wir hernach einen markierten Text. Kurz und englisch gesprochen unterscheiden wir 'tag' und 'text', Etikette und Textstück.

Ein Wörterbucheintrag läßt sich nun verhältnismäßig einfach als eine geordnete Menge von tag- & text-Elementen vorstellen. Die Ordnung - besser Anordnung - zeigt sich an der geschriebenen Oberfläche als lineare, doch wissen Lexikographen, daß jedem Eintrag Hierarchien zugrunde liegen. Die phonetische Umschrift gehört enger zum Stichwort, ebenso die Angaben zur Flexion. Eine Stilangabe warnt vor dem Gebrauch einer bestimmten Phrase in vornehmen Kreisen. Oder: zu einem Stichwort lassen sich mehrere Bedeutungen übersetzen. Deshalb ist es berechtigt anzunehmen, daß jedem Eintrag eine Baumstruktur zugewiesen werden kann, die solche Hierarchien beschreibt. Dem Linguisten kommt dies als Parsing-Problem wohlbekannt vor.

Im folgenden ein Beispiel für die Baumstruktur eines zweisprachigen Eintrags:

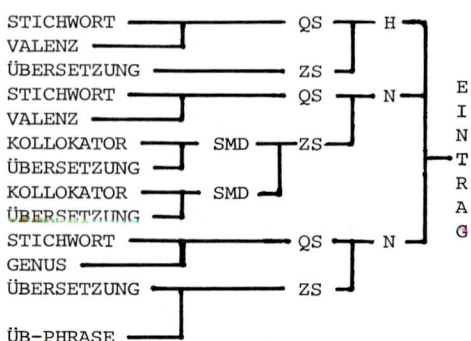

QS = Quellsprache, ZS = Zielsprache, H = Hauptstichwort,
SMD = Semantische Differenzierung, N = (Nebenstichwort-) Nest

Ein Blick in ein beliebiges Wörterbuch zeigt, daß zunächst jeder Eintrag anders aufgebaut zu sein scheint. Lexikographen stehen der Vielgestalt der von ihnen geschriebenen Einträge verblüffend unbewußt gegenüber und neigen zur Behauptung, daß eine
100prozentige Regularität oder Logik nicht existiere. Entsprechend chaotisch sehen
Wörterbuchmanuskripte, die in einer Redaktion eintreffen, oft aus. Der Wörterbuchre-
dakteur verfaßt zwar wiederum buchdicke Schreibanweisungen, deren Einhaltung zu kontrollieren aber unendliche Mühe bereitet.

Eine Syntax des Wörterbucheintrags dürfte hier erst die zuverlässige Reduktion von
Komplexität ermöglichen. Produktionsregeln kontrollieren das Schreiben der Einträge,
Zerlegungsregeln analysieren den fertigen Eintrag auf seine formale Richtigkeit. Die
Grammatik eines Wörterbuchs, in der Syntaxregeln und lexikalische Kategorien (STICH-
WORT, KOLLOKATOR, GENUS, etc.) definiert sind, garantiert erst ein logisch kohärentes
Design eines Wörterbuchprodukts. Dies sollte nicht zuletzt dem Benutzer zugute kommen,
aber das erfolgreiche Nachschlagen im Wörterbuch und das Verstehen der dort gefundenen
Information ist wohl so etwas, was unter "Wörterbuchpragmatik" abgehandelt werden
müßte.

Eine Texttheorie für Wörterbücher baut auf dem zuvor Gesagten auf. Sie beschreibt die
Vertextungsmuster, nach welchem Einträge angeordnet werden, wie sie gestaltet werden,
ebenso die Integration von Bild und Text. Ein typisches Phänomen auf der Textebene
bilden die Verweise, die eine Relation zwischen Einträgen oder Teilen davon aufbauen.
Ein Thesaurus ist daher als weitgehend textuell verflochtenes Gebilde einzustufen.
Nicht zu vergessen sind Benutzeranleitung, Werbetexte und Platzfüller, die als spezielle Subtexte in ein Wörterbuch integriert sein können.

Die gezielte linguistische Durchleuchtung der Lexikographie zeigt eigentlich nicht
unerwartete Parallelen zur Entstehung von Texten natürlicher Sprache. Das Spezifische
der Textsorte 'Wörterbuch' ist in der Verwendung spezialisierter lexikalischer Kategorien und in einer deutlich ärmeren Syntax zu sehen. Daß Wörterbücher Texte über die
natürliche Sprache selbst sind - die sogar mit der Intention abgefaßt wurden, die ver-
zeichnete Sprache (nicht nur jedoch) aus dem Wörterbuch zu lernen, sollte eigentlich
keine Verwirrung stiften.

3. Veränderung der Lexikographie

Die konventionelle Lexikographie mit Zettelkasten, Hirn und Bleistift, organisiert in
Redakteure, Autorengruppen, Fachspezialisten und Typographen, wird durch die Rationa-
lisierung mittels Computereinsatz massiv umgestaltet. Der Linguist, der die explizite
Struktur eines Wörterbuches greifbar macht, ist Schrittmacher bei diesem Prozeß. Indem

er die Markierung jedes Stückchen Texts ebenso verficht wie die syntaktische Kontrolle des Wörterbuchmaterials, ebnet er den Weg für den Einsatz von Datenbanken und Satzelektronik.

Die atomisierte Sprache im Wörterbuch bleibt nicht länger _individuell_ verfügbares Sprachwissen des Einzelnen, sie wird über elektronische Transferwege kollektiv greifbar. Wörterbuchautoren werden zu Sammlern aktueller Sprachverwendung, Redakteure zu Verwaltern und korrigierender Instanz mit Datenbankzugriffsberechtigung, Typographen zu bloß kurzfristig beratenden Layoutexperten.

Die andere Seite der Münze ist, daß erstmals in der Geschichte der Lexikographie die Zeit zwischen der Erfassung eines Sprachzustands und der Drucklegung eines Lexikons merklich verkürzt wird. Das Werk selbst ist logisch sauber von A bis Z durchstrukturiert, so daß Wörterbuchkritiker sich eher auf den Inhalt konzentrieren können als auf das Herausfischen unaufgelöster Querverweise oder andere formale Fehler. Kleinere Spezialvokabulare sind leichter als Folgeprodukt zu realisieren, ohne daß vieles noch einmal von vorn geschrieben werden muß. Neue Sprachpaare nutzen die Struktur- und Informationsvorgaben bestehender monolingualer Wörterbuchfundi. Und schließlich: Jedes maschinenlesbare Material ist Ausgangspunkt wertvoller Vergleiche mit anderen Beständen, die manuell niemals ausgeführt worden wären. Der Rückgriff auf Fachwortthesauri, auf Register in special interest Publikationen und auf Volltextauswertungen der Sprachdatenverarbeitung führen eine neue Qualität in der Lexikographie ein.

Die Introspektion des Lexikographen wird durch empirisch statistisch gestützte Verfahren ergänzt. Damit findet individuell begrenzte Sprachkompetenz eine Ausdehnung durch korpusorientierte Erfahrungsbreite. Computergestützt kann das Material des Wörterbuchs selber auf die verschiedensten Zusammenhänge hin untersucht werden, z. B. die Komplexität der Einträge, das vollständige Vorhandensein des definitorischen Vokabulars oder die Konsistenz der Verweise. Auch der müßige Streit, wieviel Einträge bestimmter Sachgebiete nun in einem Lexikon enthalten sind, kann schnell mit klaren Zahlen beendet und mit gezielten Aufträgen an die Autoren in der Ursache behoben werden. Teilmengen eines Wörterbuchs werden automatisch extrahierbar und führen zu neuen Produkten. Layoutfehler oder ein neues Erscheinungsbild sind jederzeit spielerisch aus der Datenbasis zu erzeugen, Umfangsberechnungen unterstützen diejenigen, welche kalkulieren müssen. Das gesammelte und gespeicherte Wissen überdauert in der Zeit und überschreitet in der Quantität die Grenzen eines Individuums.

Aus dem zuletzt Gesagten folgt aber auch ein schwerwiegender besitzrechtlicher Sachverhalt: Wissen, das früher im Kopf behalten und in privaten Dateien gespeichert wurde, konnte man mitnehmen und dort zu Markte tragen, wo der persönliche Nutzen optimal gewährleistet schien. Einmal in einen computerisierten Fundus eingespeichert, gestaltet sich dieser Vorgang weitaus problematischer. Dies wird mittelfristig juristische Folgen für das Urheberrecht wie auch bei den individuellen Besitzansprüchen zeitigen.

4. Systemkomponenten

Ein datenverarbeitendes System für die Lexikographie reicht von der außerhalb der
EDV liegenden Vorbereitung des Materials über die Erfassung und Auswertung maschinenlesbarer Quellen, über die Speicherung in datenbankorientierter Form und deren interaktive Bearbeitung bis hin zur typographisch aufbereiteten Ausgabe und zu quantitativen Qualitätskontrollen.

4.1 Non-Computing-Components

Die Vorbereitung des Wörterbuchmaterials war bislang dem Schreiben eines Buchmanu-
skripts vergleichbar, auch wenn hierfür redaktionelle Vorgaben existierten. Einige
Wörterbuchverlage verwenden auch seit Jahren Formulare, die gewisse Teile eines Eintrags in Standardfeldern unterbringen, aber auch Freiraum für variable Texte lassen.
Solche "Eintrag-Slips" stellen die Minimalvorgabe für einen markierten Text dar, sind
aber meist zu unflexibel. Dies aus mehreren Gründen:

            - die Formularfelder sind zu klein,
            - für bestimmte Textstücke existiert kein Feld,
            - Blankofelder sind nicht ausreichend,
            - der Aufbau des Formulars kann die geplante Abfolge
              der Information nicht erfassen,
            - Formulare sind für jeden Eintrag gleich,
            - bei Korrekturen muß oft das ganze Formular neu
              geschrieben werden...

Durch intensives Erproben mit den Lexikographen ist ein "Slip" entstanden, der eine
Alternative zum Bildschirm darstellt und zugleich die Arbeitsgänge der Redaktion erheblich vereinfacht.

Die durchgehende Atomisierung eines Eintrags ist nicht ohne Probleme für die auf engste
Verdichtung des Materials bedachte Redaktion. Hierzu ein kleines Beispiel:

PROJEKT	D -> I, Kompaktwörterbuch
STICHWORT	Vanilleeis
GENUS	n
ÜBERSETZUNG	gelato # di (o. alla) vaniglia
GENUS	m

Die italienische Übersetzung enthielt nach den bisherigen Schreibkonventionen eine
eingestreute Genusangabe, weil das Kompositum durch mehrere Worte in der Zielsprache
übersetzt wird und das Genus sich auf das erste Wort der Phrase bezieht. Dadurch waren
zwei verschieden zu etikettierende Textstücke - ÜBERSETZUNG und GENUS - ineinander
vermengt. Typographisch wurde dies durch kursive Auszeichnung des 'm' deutlich gemacht.
Die logisch sauberere Auftrennung konnte nur dadurch 'gerettet' werden, daß GENUS nach-
gestellt und in ÜBERSETZUNG ein Platzhalter '#' als Metazeichen verwendet wird, das

als eigentlich nicht zum Text gehörig betrachtet wird.

Offen bleibt aber trotzdem, wie die Variante mit '(o. alla)' zu verstehen ist, die alternativ zu 'di' gilt. Auch hier sind eigentlich zwei Textvarianten des gleichen Typs ÜBERSETZUNG noch ineinander verschränkt.

Die italienische Übersetzung ist vorgängig und nachfolgend mit einem Textstück GENUS umgeben. Auf Anhieb ist nicht klar, welches GENUS zu welchem Stück Text gehört. Nicht jeder weiß auch, daß das Italienische kein Neutrum kennt. Erst die syntaktische Analyse der linearen Abfolge von Kategorien kann hier die jeweiligen Zuordnungen treffen.

Dies sind nur drei kleine Probleme aus der zweijährigen Diskussion mit Lexikographen über den Aufbau von Einträgen und die optimale Schreibform im Hinblick auf Datenbasen.

4.2 Datenbasis

Ein Wörterbuchsystem braucht eine Datenbasis, die extrem umfangreiches Textmaterial speichert und nach beliebigen Zugriffswegen wieder zur Verfügung stellen kann. Hier beginnt die Problematik mit der Auswahl eines geeigneten Database Management Systems (DBMS). Der kommerziell orientierte Markt bietet hier wenig, von den Universitäten sind ein paar 'handgestrickte' Lösungen bekannt.

Einige unumgängliche Anforderungen seien auch hier genannt:

- Textfelder dürfen keiner Längenbeschränkung unterliegen,
- der Datentyp eines Textstücks muß mitgespeichert werden,
- jeder noch so unterschiedlich zusammengesetzte Eintrag muß als Einheit zugreifbar sein,
- Textstücke müssen auch in ihren, jeweils linguistisch definierbaren, Bestandteilen (z. B. Wörter, Phrasen oder Suffixe) beliebig recherchierbar sein,
- Zeichensätze sollten im Hinblick auf den multilingualen Einsatz keiner Restriktion unterliegen,
- die Datenbasis muß beliebig viele Wörterbücher unterschiedlicher Art speichern und verwalten können,
- Zugriffsberechtigungen sind zur Wahrung des Copyrights bis auf die Ebene eines Eintrags zu organisieren,
- die Struktur (Syntax) eines Eintrags muß ebenso manipulierbar sein, wie seine konkreten Bestandteile.

Jede dieser Anforderungen stellt eigentlich ein Kapitel für sich dar. Manche Punkte betreffen unmittelbar die Implementation des DBMS, andere wiederum nur die Mächtigkeit der Datenmanipulationssprache. Daß aufgrund vieler Überlegungen ein relationales DBMS einzusetzen ist, dürfte kaum noch ein Streitpunkt sein.

4.3 Fundus

Eine essentielle Forderung von lexikographischer Seite ist das fundusorientierte

Arbeiten, daher zunächst eine Definition:

Fundus

Eine Menge wohlstrukturierter Information zu Elementen einer Sprache (z. B. Wörter, Phrasen, etc.), die es dem Lexikographen ermöglicht, in auswählender Bearbeitung Wörterbucheinträge herzustellen. Ein Fundus ist monolingual orientiert.

Die Information eines Fundus wird entweder durch Auswertung von Textkorpora zu einer Sprache gewonnen oder durch intellektuelle Bearbeitung. Auch die Übernahme bestehender lexikographischer Datenbasen ist möglich. Die Struktur eines Fundus besteht aus namentlich qualifizierten Eigenschaften und Eigenschaftsausprägungen, die gegebenenfalls mit Fundstellensiglen an ihren Ursprung zurückverfolgbar sind. Fundus-Information sollte mit Hilfe der Datenbanktechnik manipulierbar sein.

Beispiel:

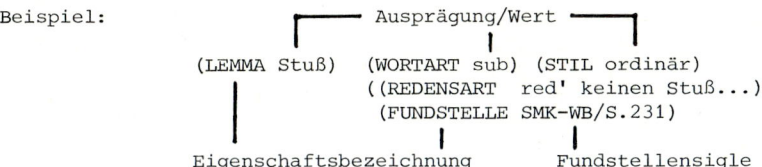

Der Fundus organisiert und behält langfristig das Wissen eines oder mehrerer Lexikographen, ist also so etwas wie eine Wissensbasis. Aus ihm können einsprachige Wörterbücher erstellt werden, aber auch Auszüge im Hinblick auf mehrsprachige Produkte werden aus dieser Quelle bezogen. Dem Fundus ist also eine (bilinguale) Wörterbuchbasis nachgeschaltet, die der eigentliche (elektronische) Schreibtisch des Lexikographen ist. Hier fügen sich Quell- und Zielsprache zusammen, werden Fundusinformationen ausgewählt oder verworfen und notiert, was eine Chance hat, wirklich in einem Wörterbuchprodukt abgedruckt zu werden. So kann aus der Wörterbuchbasis eine Kompakt-, Global- oder Maximalversion mehr oder minder automatisch abgeleitet werden.

Ein solches Stufenkonzept, das über Teilmengenrelationen verschiedene Datenbestände miteinander verbindet, kann nur mit Hilfe eines leistungsfähigen DBMS verwirklicht werden. Es zeigt sich schon hier, daß viele Wörterbuchprojekte, die in den letzten Jahren in Forschung und Verlagen unternommen worden sind, nur allzu eng auf und um ein einziges Produkt herum fixiert worden sind.

4.4 Netzwerkprozessor

Lexikographische Daten wollen gehandhabt und gedruckt sein. DBMS-Sprachen sind hierzu nur beschränkt geeignet, weil das database publishing von Wörterbüchern nicht mit der Reportgenerierung kommerzieller DBMS vergleichbar ist.

Eine brauchbare Datenmanipulationssprache könnte NET/1 (Drewek, 1984) sein. Mit ihr lassen sich alle notwendigen Datenmanipulationen formulieren. Diese Sprache ist objektorientiert, weil sie die Gegenstände der lexikographischen, typographischen und computerlinguistischen Arbeitsgänge ansprechen kann, ohne daß (neue) Computerprogramme geschrieben werden müssen.

NET/1 leistet beim Abruf von Einträgen aus der Datenbasis ein Parsing, dessen Ergebnis die Baumstruktur des Eintrags ist. Das in der Hierarchie gespeicherte Metawissen ermöglicht erst intelligente Operationen wie z. B. die korrekte Umstülpung von Quell- und Zielsprache, das Aufbrechen von Nestern oder die korrekte Auflösung von Tilden. Aber auch der Inhalt der Textstücke eines Eintrags kann mit allen gängigen Textbearbeitungsfunktionen verändert werden.

Ein Beispiel ist die Rekonstruktion der in den Text eingestreuten Genusangabe (vgl. obiges Beispiel 'Vanilleeis'):

NET/1 Befehle (auszugsweise)

```
ZS1  ->    TAG is ÜBERSETZUNG, CATCH it in ÜTEXT, TO ZS2
 *   ->    ERROR 'Übersetzung fehlt',            TO ...
ZS2  ->    TAG is GENUS, CATCH it in GTEXT, JUMP TO ZS3
 *   ->    JUMP                                  TO ...
ZS3  ->    NOTEXT in ÜTEXT is FALSE,
           AHEAD  put <ITALIC> at GTEXT,
           BEHIND put <ITALIC-OFF> at GTEXT,
           REPLACE '#' by GTEXT in ÜTEXT,
           PRINT ÜTEXT,                          TO ...
```

Auf den Kanten der Zustände ZS1 bis ZS3 befinden sich zunächst einige Tests auf die Datenkategorie (TAG = Wood's CAT), die - wenn sie erfolgreich sind - zu Aktionen führen, wie beispielsweise das Behalten des Textstückes im Gedächtnis (CATCH = Wood's SETR) zwecks späterer Verwendung. Mit TO wird auf den nächsten Zustand traversiert und - wenn nicht JUMP befohlen ist - ein neues tag & text-Atom aus der Datenbasis gelesen. In ZS3 wird vor und hinter die in GTEXT abgelegte Genusangabe ein symbolischer Satzbefehl für kursive Auszeichnung gesetzt. (Es könnte aber auch der konkrete Befehl für eine Setzmaschine sein). REPLACE ersetzt den Platzhalter '#' und PRINT schreibt das Ergebnis auf ein Satzband.

Dieses Verfahren ist im Kern die vollautomatische Verbindung von Datenbank und Satztechnologie, die eine korrekt gedruckte Ausgabe von Millionen von Textsegmenten ermöglicht, ohne daß menschliche Kontrolle oder gar Dateneingabe erforderlich ist.

Der Netzwerkprozessor ist ein durch Pseudocode gesteuerter Interpreter. Er verarbeitet Zeichenketten beliebiger Länge und kann auch rechnen oder zählen. Zudem verfügt er über eine Font-abhängige Längenfunktion, womit eine Antizipation des Umbruchs ansatzweise möglich ist. Eine umfangreiche Durchlaufstatistik ist zur Optimierung verschiedener Netze ebenso hilfreich wie eine Trace und Dump Vorrichtung, die bei unklarem Netzwerkdurchlauf oder bei Fehlern in den Daten den Ablauf transparent macht. Die Implementation ist in portablen PL1 Modulen erfolgt, so daß NET/1 wie eine logische Erweiterung der Programmiersprache gehandhabt werden kann und auch auf diesem Niveau mit den Datenbankinterfaces verknüpfbar ist. (Eine Abbildung der Analyse zweier Wörterbucheinträge nach der NET/1 Logik befindet sich am Ende dieses Beitrages.)

4.5 Unterstützende Sprachdatenverarbeitung

Die 'klassischen' Verfahren der LDV begleiten die Arbeit des Lexikographen auf mannigfache Art und Weise. Das KWI-Auswertungsystem aus dem LDVLIB-Paket (Drewek, 1975)
leistet bei der Volltextauswertung die Erstellung von Konkordanzen, Häufigkeitswörterbücher und Indizes. Lexikographen können Beispielsätze nach verschiedenen Kriterien
zur Wörterbuchschreibung heranziehen. Konkordanzzeilen in zentrierter Form schlüsseln
die Verwendung bestimmter Wortfelder auf.

Ein spezielles Interface zum Netzwerkprozessor erlaubt die Erstellung einer Strukturkonkordanz, aus der die Abfolge der tags jedes Eintrags sichtbar wird. Dies ist für
die Designphase eines neuen Wörterbuchs wichtig, bis zu dem Moment, wo eine Syntax
geschrieben ist.

```
References KATEGORIENSEQUENZANALYSE                                      Page  7
PPP EEEEEEEEEEEEE                    H(A):   H(R):    STICHWORT :
----------------------------------------------------------------------------------
                                      1 / 0.055%     EX
117 Lama                    E-NR PROJEKT TEIL STICH EX  PHON FLEX GENUS STICH-ZI GENUS-ZI.

                                    102 / 5.611%     FLEX

 72 Veranstaltung   E-NR PROJEKT TEIL STICH PHON FLEX GENUS ARAB  FLEX  BED STICH-ZI GENUS-ZI STICH-ZI GENUS-ZI
 67 Veranlassung            E-NR PROJEKT TEIL STICH PHON  FLEX  GENUS ARAB BED STICH-ZI GENUS-ZI STICH-
 94 Verbannung              E-NR PROJEKT TEIL STICH PHON  FLEX  GENUS ARAB BED STICH-ZI GENUS-ZI STICH-
 99 Verbesserung           E-NR PROJEKT TEIL STICH PHON  FLEX  GENUS ARAB BED STICH-ZI GENUS-ZI ARAB B
114 Klappe                 E-NR PROJEKT TEIL STICH PHON  FLEX  GENUS ARAB BED STICH-ZI GENUS-ZI WEND S
108 Verbindlichkeit         E-NR PROJEKT TEIL STICH  FLEX  GENUS ARAB BED STICH-ZI GENUS-ZI GENUS-ZI
109 Verbindung              E-NR PROJEKT TEIL STICH  FLEX  GENUS ARAB BED STICH-ZI GENUS-ZI SYNT S
121 Verblendung             E-NR PROJEKT TEIL STICH  FLEX  GENUS ARAB BED STICH-ZI GENUS-ZI ARAB B
 72 Veranstaltung           E-NR PROJEKT TEIL STICH PHON  FLEX  GENUS ARAB FLEX BED STICH-ZI GENUS-ZI S
 65 Veranlagung             E-NR PROJEKT TEIL STICH PHON  FLEX  GENUS ROEM ARAB SACH STICH-ZI GENUS-ZI
 13 Variete*2               E-NR PROJEKT TEIL STICH PHON  FLEX  GENUS SACH STICH-ZI GENUS-ZI ARAB A
 41 Ventil                  E-NR PROJEKT TEIL STICH PHON  FLEX  GENUS STICH FLEX GENUS STICH-ZI GENUS-Z
111 Expertin                E-NR PROJEKT TEIL STICH PHON  FLEX  GENUS STICH FLEX GENUS STICH-ZI GENUS-Z
  1 Vagabund(in)            E-NR PROJEKT TEIL STICH PHON  FLEX  GENUS STICH-ZI GENUS-ZI.
  4 Vakuum                  E-NR PROJEKT TEIL STICH PHON  FLEX  GENUS STICH-ZI GENUS-ZI.
  5 Valuta                  E-NR PROJEKT TEIL STICH PHON  FLEX  GENUS STICH-ZI GENUS-ZI.
  7 Vamp                    E-NR PROJEKT TEIL STICH PHON  FLEX  GENUS STICH-ZI GENUS-ZI.
  8 Vanille                 E-NR PROJEKT TEIL STICH PHON  FLEX  GENUS STICH-ZI GENUS-ZI.
 11 Variante                E-NR PROJEKT TEIL STICH PHON  FLEX  GENUS STICH-ZI GENUS-ZI.
 12 Variation               E-NR PROJEKT TEIL STICH PHON  FLEX  GENUS STICH-ZI GENUS-ZI.
 16 Vase                    E-NR PROJEKT TEIL STICH PHON  FLEX  GENUS STICH-ZI GENUS-ZI.
 17 Vater                   E-NR PROJEKT TEIL STICH PHON  FLEX  GENUS STICH-ZI GENUS-ZI.
 28 Vaterschaft             E-NR PROJEKT TEIL STICH PHON  FLEX  GENUS STICH-ZI GENUS-ZI KOM.
 30 Vaterunser              E-NR PROJEKT TEIL STICH PHON  FLEX  GENUS STICH-ZI GENUS-ZI.
 33 Vegetarier(in)          E-NR PROJEKT TEIL STICH PHON  FLEX  GENUS STICH-ZI GENUS-ZI WEND WEND-ZIE.
 35 Vegetation              E-NR PROJEKT TEIL STICH PHON  FLEX  GENUS STICH-ZI GENUS-ZI.
 39 Vene               KOM E-NR PROJEKT TEIL STICH PHON  FLEX  GENUS STICH-ZI GENUS-ZI.
 42 Ventilation             E-NR PROJEKT TEIL STICH PHON  FLEX  GENUS STICH-ZI GENUS-ZI.
 43 Ventilator              E-NR PROJEKT TEIL STICH PHON  FLEX  GENUS STICH-ZI GENUS-ZI.
 52 Verachtung              E-NR PROJEKT TEIL STICH PHON  FLEX  GENUS STICH-ZI GENUS-ZI STICH-ZI GENUS-
 54 Verallgemeiner          E-NR PROJEKT TEIL STICH PHON  FLEX  GENUS STICH-ZI GENUS-ZI.
 57 Veranda                 E-NR PROJEKT TEIL STICH PHON  FLEX  GENUS STICH-ZI GENUS-ZI.
 60 Veränderung             E-NR PROJEKT TEIL STICH PHON  FLEX  GENUS STICH-ZI GENUS-ZI STICH-ZI GENUS-
 71 Veranstalter(in)        E-NR PROJEKT TEIL STICH PHON  FLEX  GENUS STICH-ZI GENUS-ZI.
 75 Verantwortlich          E-NR PROJEKT TEIL STICH PHON  FLEX  GENUS STICH-ZI GENUS-ZI.
 76 Verantwortung           E-NR PROJEKT TEIL STICH PHON  FLEX  GENUS STICH-ZI GENUS-ZI SYNT SYNT-ZIE W
 82 Verarmung               E-NR PROJEKT TEIL STICH PHON  FLEX  GENUS STICH-ZI GENUS-ZI.
 84 Verästelung             E-NR PROJEKT TEIL STICH PHON  FLEX  GENUS STICH-ZI GENUS-ZI.
101 Verbeugung              E-NR PROJEKT TEIL STICH PHON  FLEX  GENUS STICH-ZI GENUS-ZI WEND WEND-ZIE.
102 Cromargan          E-NR PROJEKT TEIL STICH WZ PHON  FLEX  GENUS STICH-ZI GENUS-ZI.
111 Expertin      E-NR PROJEKT TEIL STICH PHON FLEX GENUS STICH  FLEX  GENUS STICH-ZI GENUS-ZI STICH-ZI GENUS-
116 Laborant(in)            E-NR PROJEKT TEIL STICH PHON  FLEX  GENUS STICH-ZI GENUS-ZI.
117 Lama                    E-NR PROJEKT TEIL STICH EX PHON  FLEX  GENUS STICH-ZI GENUS-ZI.
111 Verbindungsman          E-NR PROJEKT TEIL STICH  FLEX  GENUS STICH-ZI GENUS-ZI STICH-ZI GENUS-
114 Verbissenheit           E-NR PROJEKT TEIL STICH  FLEX  GENUS STICH-ZI GENUS-ZI STICH-ZI GENUS-
118 Verbleib                E-NR PROJEKT TEIL STICH  FLEX  GENUS STICH-ZI GENUS-ZI WEND STIL WEND-
 15 Vasall                  E-NR PROJEKT TEIL STICH PHON  FLEX  GENUS STICH-ZI
```

Auszug aus einer Strukturkonkordanz, erstellt mit LDVLIB-KWI

5. Nachwort

Die computerunterstützte Lexikographie befindet sich in einem frühen, auf Erprobung gerichteten Stadium. In der konsequenten Ausrichtung auf die Produktion, im sozialen Umfeld eines Verlages, im Spannungsfeld zwischen Innovation und Rationalisierung verliert die Elfenbeinturm-LDV ihre Unschuld, wenn sie ihre Tauglichkeit beweisen muß.

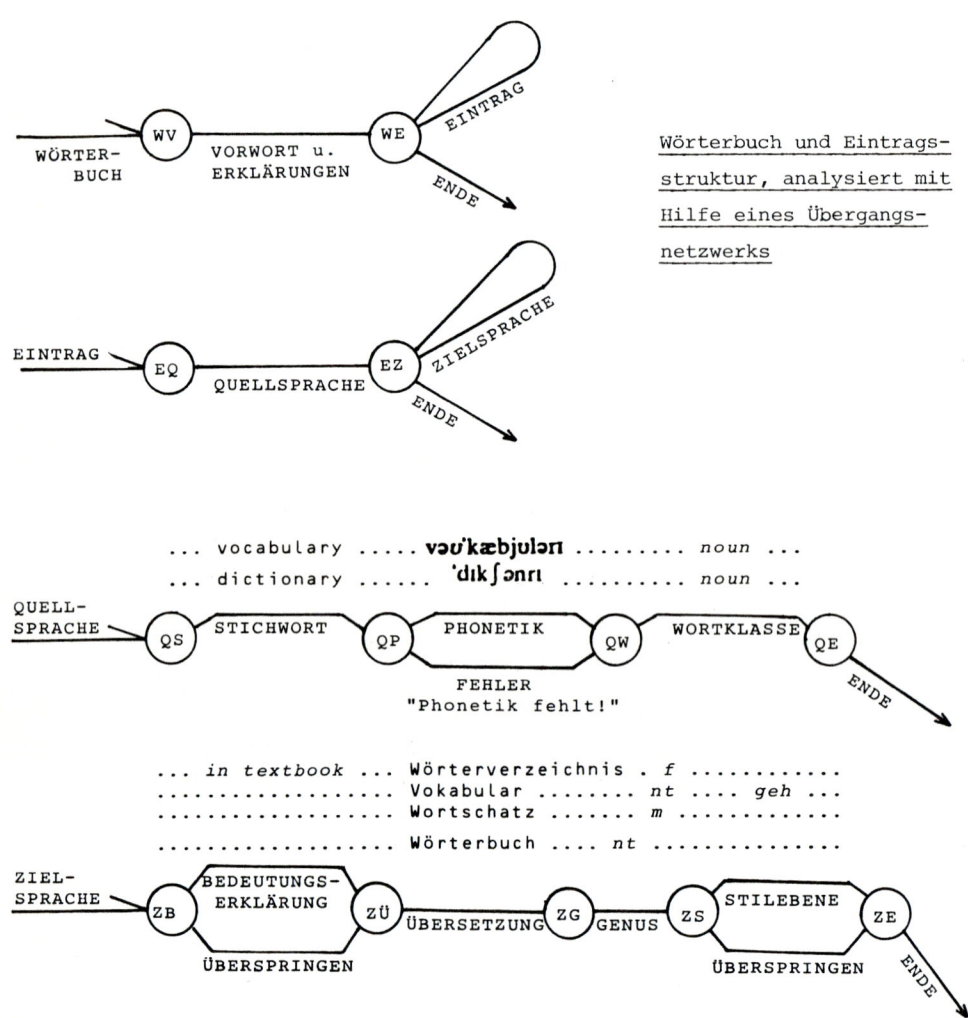

Wörterbuch und Eintragsstruktur, analysiert mit Hilfe eines Übergangsnetzwerks

dictionary [ˈdɪkʃənrɪ] *n* Wörterbuch *nt*.

vocabulary [vəʊˈkæbjʊlərɪ] *n* Wortschatz *m*, Vokabular *nt* (*geh*); (*in textbook*) Wörterverzeichnis *f*.

6. Bibliographie

Drewek, Raimund: LDVLIB - Dokumentation der Programme zur computerunterstützten Textanalyse. Zürich 1975 (Rechenzentrum der Universität Zürich, Computerprint on Demand)

Drewek, Raimund: NET/1 - Netzwerkerzeugte Typographie für Wörterbücher, Register und
Kataloge. Zürich und Stuttgart 1984 (unveröffentlichter Lehrtext, für den firmen-
internen Gebrauch).

Generierung von Deutsch aus einer semantischen Repräsentation
Zu Stand und Perspektiven des Projekts SEMSYN

Dietmar Rösner
Projekt SEMSYN, Institut für Informatik
Universität Stuttgart, Herdweg 51
D-7000 Stuttgart 1

Zusammenfassung

Der Beitrag beschreibt die Rahmenbedingungen und den aktuellen Stand des SEMSYN-Projekts. Die Phasen der Generierung - von der aus Japanisch gewonnenen semantischen Repräsentation bis zur deutschen Oberfläche - werden erläutert und mit Beispielen illustriert.

1. Der Rahmen des Projekts

Forschungsziel des Projekts **SEMSYN** (ein Akronym für semantische Synthese) ist es, eine Komponente zu entwickeln, mit der **deutsche Texte aus einer semantischen Repräsentation** generiert werden können. In der aktuellen, ersten Projektphase (Förderung durch den BMFT von 7-83 bis 6-85) wird dieser Ansatz zunächst für einen Korpus von ca. 2000 **Titeln japanischer wissenschaftlicher Arbeiten** aus dem Bereich "Informationstechnologie" untersucht.

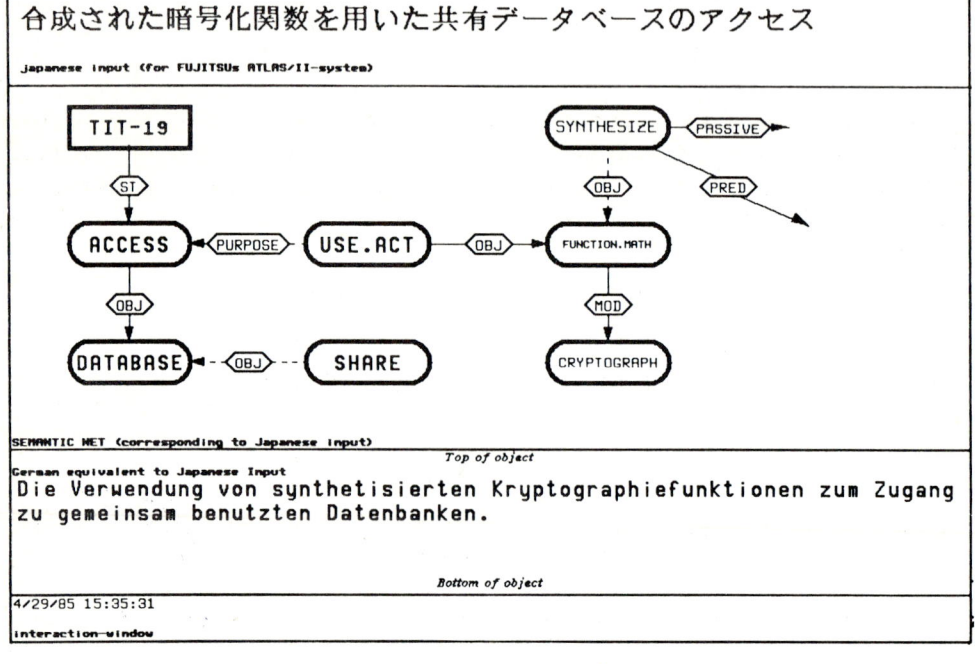

Der japanische Computerhersteller **FUJITSU** ist dabei **Kooperations-partner**: Bei FUJITSU wird an dem Übersetzungssystem **ATLAS/II** gearbeitet, das mit einer semantischen Repräsentation als "Interlingua" von Japanisch nach Englisch (und umgekehrt) und in andere Sprachen übersetzt (UCHIDA/SUGIYAMA, 1980). Im Rahmen der deutsch-japanischen Kooperation auf den Gebieten Information und Doku-mentation sowie Computerlinguistik liefert FUJITSU an SEMSYN die Zwischenstrukturen, die der Analyseteil von ATLAS/II aus den japanischen Titeln produziert. Diese semantischen Netze sind derzeit der Ausgangspunkt für SEMSYNs Generierung.

2. Die Phasen der Generierung

Bei SEMSYNs Generierung lassen sich **drei Hauptschritte** unterscheiden:
In Phase 1 wandeln wir das von FUJITSU gelieferte semantische Netz in unsere eigene Repräsentationssprache um (IKBS = Instantiated Knowledge Base Schema). In Phase 2 wird aus den IKBS-Strukturen eine funktionale Beschreibung dessen gewonnen (IRS = Instantiated Realization Schema), was Phase 3, das Generator-Front-End, dann als syntaktisch und morphologisch korrektes Deutsch produzieren soll.

Diese Architektur haben wir entwickelt bei detaillierten Analysen einer repräsentativen Auswahl von semantischen Netzen und durch Beob-achtung unseres eigenen Vorgehens bei der intellektuellen Generierung von Deutsch aus diesen Strukturen (LAUBSCH et al., 1984).

2.1 Vom Netz zur Frame-Struktur

In Phase 1 wandeln wir zunächst die Zwischenstrukturen, die wir von FUJITSU geliefert bekommen, in unsere eigene frame-orientierte semantische Repräsentation um. ATLAS/II stellt die Analyse der japanischen Eingabe - das semantische Netz - nämlich als Liste von (Knoten --Kante-➤ Knoten)-Tripeln dar (s. Abb.).

```
((SYNTHESIZE --PASSIVE-> *NIL)
 (SYNTHESIZE --PRED-> *NIL)
 (FUNCTION.MATH --MOD-> CRYPTOGRAPH)
 (SYNTHESIZE --OBJ-> FUNCTION.MATH)
 (USE.ACT --OBJ-> FUNCTION.MATH)
 (SHARE --OBJ-> DATABASE)
 (ACCESS --OBJ-> DATABASE)
 (USE.ACT --PURPOSE-> ACCESS)
 (*NIL --ST-> ACCESS))
```

Abb.: SEMSYNs Schnittstelle zu ATLAS/II

Die **Knotennamen** sind dabei als sogenannte **semantische Symbole** zu lesen, die auf Lexikoneinträge beliebiger Sprachen verweisen können.

Die **Kanten** haben sehr unterschiedliche Funktionen:
 i) sie bezeichnen **Kasusrollen** (wie OBJect, AGENT usw.)
 ii) sie bezeichnen **Relationen** zwischen Symbolen oder Teilstrukturen
(z.B. PURPOSE = " ... zum Zweck von ... ")
 iii) als "unäre" (d.h. auf *NIL verweisende) Kanten modifizieren sie
den markierten Knoten oder geben Zusatzinformationen (z.B. drückt
--PRED➔ aus, daß das damit markierte semantische Symbol als Kasusrahmen aufzufassen und bevorzugt als Verb zu realisieren ist).

Die Transformationen der ersten Phase tragen diesen unterschiedlichen
Funktionen Rechnung und produzieren die IKBS-Beschreibung, bei der die
im Netz nur implizit gegebenen **Frame-Strukturen herausgearbeitet** sind
(vgl. Abb.). Von dieser Struktur geht dann Phase 2, der eigentliche
Generierungsschritt, aus.

```
(THE
 :PURPOSE
 FROM
 (A
  PURPOSE-REL
  (:MEANS
   (AN
    USE.ACT
    (:OBJECT
     (THE :OBJECT
          FROM
          (A SYNTHESIZE
             (:OBJECT (A FUNCTION.MATH
                         (:SPECIALIZE (A CRYPTOGRAPH))))))))))
  (:PURPOSE (AN ACCESS
               (:OBJECT (THE :OBJECT
                             FROM
                             (A SHARE
                                (:OBJECT (A DATABASE))))))))))
```
Abb.: IKBS-Beschreibung zu TIT-19

Die Vorteile dieses Vorgehens:
 i) Beim Übergang vom Netz zum IKBS können wir Artefakte aus dem
Japanischen in der semantischen Repräsentation "ausblenden". Im
Beispiel wird die Teilstruktur SPECIFY --OBJ➔ SPECIFICATION (also
etwa: "Spezifizieren einer Spezifikation") zu einem SPECIFY in der
IKBS-Beschreibung "verkürzt" (vgl. Abb.).

 ii) Die eigentliche Generierung ist nicht von den Besonderheiten der
FUJITSU-Daten abhängig. Ohne größere Probleme können wir auch aus
anderen frame-artigen Strukturen generieren. Unser Modul könnte also
auch für z.B. Erklärungskomponenten, Hilfesysteme oder andere natürlichsprachliche Schnittstellen verwendet werden.

2.2 Frame-basierte Generierung

In der zweiten Phase, dem eigentlichen Schritt der Generierung, wird

```
書換え規則によるデータベースの仕様記述

   SEMANTISCHES NETZ :

(--ST-> SPECIFY
     (--OBJ-> SPECIFICATION (--CONCERN-> DATABASE))
     (--METHOD-> RULE (<-METHOD-- REWRITE)))

   IKBS-BESCHREIBUNG :

(A SPECIFY
   WITH
   (:METHOD = (THE :METHOD FROM (A REWRITE WITH (:METHOD = (A RULE)))))
   (:OBJECT = (A DATABASE)))

Die Spezifikation von Datenbanken mit einer Rewrite-Regel.

Abb.: Ausblenden von Artefakten des Japanischen
```

die Verarbeitung von den IKBS-Frames gesteuert. Wir haben derzeit drei Hauptklassen:

- **Case-Schemata** für Verb-Konzepte oder Aktionen
  (im Beispiel: USE.ACT, ACCESS, SHARE, SYNTHESIZE)

- **Concept-Schemata** für Nomen-Konzepte oder "picture producers"
  (im Beispiel: DATABASE, FUNCTION.MATH, CRYPTOGRAPH)

- **Relation-Schemata** (z.B. ENUMERATION, PURPOSE-RELATION, SCOPE-RE-
LATION, ...).

Mit diesen Schemata ist **Wissen über mögliche Realisierungen** verbunden. Ein IKBS kann ja meist zu mehr als einer deutschen Oberflächenstruktur führen. Für unsere Beispielstruktur gehören dazu u.a. die in der Abbildung aufgelisteten, vom System generierten Formen.

```
   TITEL-DEFAULT :

Die Verwendung von synthetisierten Kryptographiefunktionen zum Zugang zu
gemeinsam benutzten Datenbanken.

   SATZ :

Eine synthetisierte Kryptographiefunktion wird zum Zugang zu gemeinsam
benutzten Datenbanken verwendet.

   SATZ MIT FOKUS :

Zum Zugang zu gemeinsam benutzten Datenbanken wird eine synthetisierte
Kryptographiefunktion verwendet.

   SATZ MIT ANONYMEM AGENT :

Man verwendet zum Zugang zu gemeinsam benutzten Datenbanken eine
synthetisierte Kryptographiefunktion.

Abb.: Alternative Realisierungen zu TIT-19
```

Welches der mit einem Frame verbundenen **Realisierungsschemata** gewählt wird, wird einerseits durch globale Voreinstellungen bestimmt (für Titel versuchen wir als Default zunächst, eine Nominalgruppe zu generieren), andererseits können z.B. die tatsächlich vorhandenen Kasusrollen, deren Filler, der Kontext, usw. in die Entscheidung einfließen. Wollen wir etwa eine Clause realisieren (in Titeln meist für einen Relativsatz) und hat der betrachtete Kasusrahmen zwar eine :OBJECT-, aber keine :AGENT-Rolle, so werden wir einen Passivsatz realisieren, es sei denn, stilistische Präferenzen legen einen Aktivsatz mit anonymem Agenten "man" nahe.

Weiter wird durch die Frames entschieden, wie sich innerhalb eines Realisierungsschemas dann die Filler einzelner Kasusrollen realisieren sollen. Diese Filler können selbst wieder ganze Strukturen sein, die in rekursiver Weise mit sich und ihren Rollen verfahren. Die bei der Rollenrealisierung entstandenen Teilstrukturen müssen dann - z.B. mit einer geeigneten Präposition als Präpositionalgruppe - in die IRS-Struktur des aktuellen Frame eingebettet werden. Dabei sind ggf. auch syntaktische Merkmale zu inferieren.

Bei der **Implementation** von Phase 2 mit dem **FLAVOR-System** der Lispmaschine wurden Realisierungsschemata und Rollenrealisierungen so als **Flavor-Methoden** realisiert, daß die Subklassen der IKBS-Heterarchie möglichst viel von den drei allgemeinen Klassen (s.o.) ererben und nur das jeweils für die Subklasse spezifische Wissen neu zum System hinzugefügt werden muß.

```
(defmethod (case-schema :PROCESS-AGENT&dirOBJ-IN-NG-FOR-CASE)
           (&optional (dirobj :object))
  (cond ((AND (ME :FILLED-DESCR-P :AGENT)(ME :FILLED-DESCR-P dirobj))
         ;;;***********************************************************************
         ;;; "GENERIERUNG VON DEUTSCH DURCH SEMSYN"
         ;;;***********************************************************************
         (let ((AGENT-real (copylist (me :role-realization :AGENT))))
           (IRS-JOIN-AS :CLASSIFIER
              '(:pg (:prep DURCH)(:pobj ,AGENT-real)) IRS-DESCRIPTION)
           (IRS-JOIN-AS :POSSATTR
              (ME :POSSATTR-FROM-dirOBJ dirobj) IRS-DESCRIPTION)))
        ((me :filled-descr-p :AGENT)
         ;;;***********************************************************************
         ;;; "GENERIERUNG DURCH SEMSYN"
         ;;;***********************************************************************
         (let ((AGENT-real (copylist (me :role-realization :AGENT))))
           (IRS-JOIN-AS :POSSATTR
              (cond ((ZERO-DET-P AGENT-real)
                     '(:pg (:prep DURCH)(:pobj ,AGENT-real)))
                    (t AGENT-real))
              IRS-DESCRIPTION)))
        ((me :filled-descr-p dirobj)
         ;;;***********************************************************************
         ;;; "GENERIERUNG VON DEUTSCH "
         ;;;***********************************************************************
         (IRS-JOIN-AS :POSSATTR
            (ME :POSSATTR-FROM-dirOBJ dirobj) IRS-DESCRIPTION))))
```

Abb.: Eine Generierungsmethode

Ergebnis von Phase 2 ist ein **Instantiated Realization Schema** (IRS, s.

Abb.). Als Terminale dieser funktionalen Struktur sind bereits die Grundformen der in der beabsichtigten Äußerung enthaltenen deutschen Worte eingetragen.

```
(:NG
 (:HEAD VERWENDUNG)
 (:FEATURES (:DET DEF) (:NUM SG))
 (:POSSATTR (:PG (:PREP VON)
                 (:POBJ (:NG (:HEAD (:*NC KRYPTOGRAPHIE FUNKTION))
                             (:QUALIFIERS SYNTHETISIERT)
                             (:FEATURES (:DET ZERO) (:NUM PL))))))
 (:QUALIFIERS
  (:PG (:PREP ZU)
       (:POBJ (:NG (:HEAD ZUGANG)
                   (:FEATURES (:DET DEF) (:NUM SG) (:KASUS DAT))
                   (:POSSATTR (:PG (:PREP ZU)
                                   (:POBJ (:NG (:HEAD DATENBANK)
                                               (:QUALIFIERS (:ADV GEMEINSAM)
                                                            BENUTZT)
                                               (:FEATURES (:KASUS DAT)
                                                          (:NUM PL))))))))))
Abb.: IRS zu TIT-19
```

Für die **Lexikalisierung** von semantischen Symbolen in Phase 2 gibt es zwei Mechanismen:
   i) kontextabhängige Lexikalisierungsregeln
  ii) Zugriff auf das semantisch-deutsche Lexikon **SLEX**.

Ersteres ist - zumindest bei unserem derzeitigen Datenbestand - die grosse Ausnahme: Das semantische Symbol COMPUTER wird z.B. als "Informatik" lexikalisiert, wenn es als Filler der :OBJECT-Rolle eines Kasusrahmen der Klasse "Ausbilden" verwendet wird, in anderen Kontexten aber als "Computer".

```
#| DIES IST DER STAND VON:
4/29/85 20:03:21

|#
#<EQ-HASH-TABLE 62237327> is a hash-table with 1318 entries out of a possible 3688

...

ABSORB → ((:NOUN (ABSORBTION)) (:VERB (ABSORBIEREN (VTYP V.T))))
ABSTRACT → ((:NOUN (ABSTRAKTION)) (:ADJ (ABSTRAKT)))
ACCELERATE → ((:NOUN (BESCHLEUNIGUNG))
              (:VERB (BESCHLEUNIGEN (VTYP V.T))))
ACCESS → ((:NOUN (ZUGANG (:OBJ-PREP (ZU . DAT)))
          (ZUGRIFF (:OBJ-PREP (AUF . AKK))))
         (:VERB (ZUGREIF (:OBJ-PREP (AUF . AKK)))
          ((:VG (:VERB HAB) (:DIROBJ (:NG (:HEAD ZUGANG) (:FEATURES (:DET ZERO)))))
           (:OBJ-PREP (ZU . DAT)))))
ACCESS-METHOD → ((:NOUN (ZUGRIFFSMETHODE)))
ACCIDENT → ((:NOUN (UNFALL)))
ACCOMPANY → ((:NOUN (BEGLEITUNG)) (:VERB (BEGLEITEN (VTYP V.T))))
ACID → ((:NOUN (SAEURE)))

...

Abb.: Ausschnitt aus dem semantisch/deutschen Lexikon SLEX
```

SLEX ordnet den semantischen Symbolen die möglichen Lexikalisierungen als deutsches Verb, Nomen, Adjektiv oder auch als ganze Teilphrase zu (vgl. Abb.). Ergänzend kann es weitere Information enthalten, wie z.B.

über Präpositionen für PP-Realisierungen von Rollen, mit denen das semantische Symbol auftreten kann. Je nach gewähltem Realisierungsschema wird dann zugegriffen: Im Beispiel wird der Kasusrahmen USE.ACT etwa als Nomen "Verwendung" lexikalisiert, der Kasusrahmen SYNTHESIZE als Partizip Perfekt "synthetisiert". SLEX enthält derzeit ca. 1300 Einträge.

2.3 Das Generator-Front-End SUTRA-S

Als **Generator-Front-End** verwenden wir **SUTRA-S**, eine von uns für Zeta-Lisp umgeschriebene und für spezielle Bedürfnisse der Titelübersetzung erweiterte Version von Busemanns **SUTRA** aus dem HAM-ANS-Projekt (BUSEMANN, 1982). Dieses Modul ist verantwortlich für morphologisch korrekte deutsche Deklinations-, Konjugations-, Komparationsformen usw., für syntaktische Korrektheit (z.B. Subjekt-Verb-Übereinstimmung) und zum Teil für die Wort- und Konstituentenordnung.

Zu den **Erweiterungen**, die speziell für die Titelgenerierung notwendig waren, gehören (EMELE & MOMMA, 1985):
- Formalismen zur Behandlung komplexer Nominalgruppen,
- Behandlung von Eigennamen,
- dynamische Erzeugung von Nominalkomposita.

Auch im Hinblick auf die **Generierung von Sätzen** ist der Leistungsumfang von SUTRA-S erweitert:
- die Konstituentenordnung im Satz ist jetzt steuerbar (z.B. für Fokussierung),
- Modalverben und Infinitivkonstruktionen sind realisierbar,
- neben Entscheidungs- können auch W-Fragen erzeugt werden.
(Für einige dieser Optionen fehlen derzeit noch die semantischen Strukturen).

Das **Lexikon** mit deutschen **Grundformen** wurde für SUTRA-S komplett reorganisiert (derzeit ca. 2300 Einträge). Zu den Verbesserungen in der Datenhaltung - z.B. "Verpointerung" zusammengesetzter Verben über das Präfix - kommen dann noch die Werkzeuge zur bequemen Lexikonpflege und -erweiterung mit Menus.

3. Inferieren syntaktischer Merkmale

Im Japanischen werden bestimmte Angaben, so zu Numerus und Definitheit bei Nomen oder zu Tempus bei Verben nur in Ausnahmefällen explizit gegeben, sie müssen normalerweise vom Leser/Hörer erschlossen werden. Dise Angaben fehlen daher auch meist in der uns gelieferten semantischen Repräsentation. Für akzeptables Deutsch sind korrekte

Artikel aber unerlässlich. Wir haben daher Heuristiken entwickelt, um die fehlenden Informationen zu (re-)konstruieren.

Einige Beispiele:
 - Realisiere einen nominalisierten Kasusrahmen mit definitem Artikel im Singular.
 z.B. "<u>DIE</u> GENERIERUNG DEUTSCHER SPRACHE ... "

 - Realisiere die :OBJECT-Rolle eines nominalisierten Kasusrahmen indefinit und plural,
 z.B. "DIE GENERIERUNG <u>VON TITELN</u> ... "
es sei denn, es liegt in SLEX eine Ausnahmeinformation vor,
 z.B. "DIE WARTUNG <u>VON SOFTWARE</u> ... ".

 - Realisiere Konzepte, die eine :NAME-Rolle besitzen, definit.
 z.B. "DAS SEMSYN-PROJEKT ZUR GENERIERUNG ... "
   versus
     "EIN PROJEKT ZUR GENERIERUNG ... ".

4. Aktuelle Aufgaben, mögliche Perspektiven

Das jetzige SEMSYN-System ist immer noch ein Prototyp. Das System ist aber in eine eigens entwickelte Software-Umgebung eingebettet, die uns bei der laufenden Weiterentwicklung und den dazu nötigen Experimenten vielfältig unterstützt (RÖSNER, 1984). So können z.B. alternative Realisierungsmöglichkeiten bequem interaktiv entwickelt und erprobt werden.

Der derzeitige Datenbestand (April 1985) unfasst ca. 1.000 Titel sowie etwa ein Dutzend, meist aus drei bis fünf Sätzen bestehende Abstracts. Mit letzteren haben wir bereits im Hinblick auf ein (beantragtes) Folgeprojekt zur Generierung von Abstracts experimentiert.

Weitere 1.000 Titel werden im Mai und Juni 1985 geliefert werden, was uns eine **Evaluation des derzeitigen Systems** erlauben wird:
 - Wie robust verhält sich das System?
 - Wie groß wird der Aufwand bei der Erweiterung der Lexika sein?
 - Inwieweit sind die Lexikalisierungsregeln zu verfeinern?
 - Wie müssen ggf. die Heuristiken für das Inferieren syntaktischer Information verfeinert werden?

Für das Folgeprojekt, in das wir das jetzige System als Basis einbringen würden, ergäben sich dann weitere Aufgaben:

 - Wie sich bei unseren Voruntersuchungen zeigte, werden Arbeiten zur

Planung der Texte nötig werden. Die Repräsentation eines japanischen Abstracts ist gegeben als Folge von semantischen Netzen der aufeinanderfolgenden japanischen Sätze. Nicht jedem japanischen Satz wird nun immer genau ein generierter deutscher Satz entsprechen (und umgekehrt). So werden sehr "große" Netze ggf. zu segmentieren sein, weil ihr Inhalt erst mit zwei (oder mehr) Sätzen akzeptabel in Deutsch formuliert werden kann.

- Stilistische Entscheidungen werden derzeit meist über globale Schalter geregelt. So ziehen wir in Titeln Formulierungen wie
     "EIN VERFAHREN ZUR GENERIERUNG ... "
der ebenfalls generierbaren Variante mit Relativsatz vor, wie
     "EIN VERFAHREN, MIT DEM ... GENERIERT WIRD".
In Texten können für solche Entscheidungen **verfeinerte Stilregeln** formuliert werden, die z.B. die Art der bereits verwendeten Konstruktionen, die Einbettungstiefe in andere Relativsätze usw. berücksichtigen können.

- Ergänzend sollte der derzeitige Prototyp einer **kritischen Revision** unterzogen werden. Die Motivation dafür: Die experimentell gefundenen Generierungsregeln und Heuristiken zu abstrahieren und einheitlich darzustellen, um schließlich zu einer Beschreibungssprache für unsere **"Generierungsgrammatik"** zu kommen, mit der das darin enthaltene Wissen unabhängig von der aktuellen Implementation dargestellt werden kann.

Literatur

BUSEMANN, S. (1982) Probleme der automatischen Generierung deutscher Sprache. HAM-ANS Memo 8, Univ. Hamburg

EMELE, M. & MOMMA, St. (in Vorbereitung) SUTRA-S - Erweiterungen eines Generator-Front-Ends für das SEMSYN-Projekt. Studienarbeit, IfI Uni Stuttgart.

LAUBSCH, RÖSNER, HANAKATA, LESNIEWSKI (1984) Language Generation from Conceptual Structure: Synthesis of German in a Japanese/German MT Project
in: COLING-84, Proceedings, Stanford

RÖSNER, D. (1984) SEM-NET-GRAPHICS - zum Einsatz einer Graphikkomponente in einem Projekt zur maschinellen Sprachübersetzung
in: GI-Fachtagung "MICROGRAPHICS", Tagungsband, Bonn

UCHIDA, H. & SUGIYAMA, K. (1980) A machine translation system from Japanese into English based on conceptual structure
in: COLING-80, Proceedings, Tokyo

KONZEPTUALISIERUNG UND TRAINING FÜR

NATÜRLICHSPRACHLICHE FAS

Zur Reinterpretation des empirischen Materials des
"Advanced Language Project"

M. Jarke

New York University

Graduate School of Business

Administration

100 Trinity Place

New York 10006 / USA

J. Krause

Universität Regensburg

Ling. Informationswiss.

Universitätsstr. 31

8400 Regensburg

Zusammenfassung

Das Advanced Language Project an der New York University (1981-1984) ist das vorläufig letzte in einer Kette von Experimenten zur empirischen Evaluierung der Machbarkeit und Nützlichkeit natürlichsprachlicher Datenbankschnittstellen. Die quantitative Analyse der Beobachtungsdaten hatte zu eher entmutigenden Ergebnissen geführt,
die z.T. mit den Resultaten der vorherigen Studie im Widerspruch zu stehen schienen.
Diese Arbeit stellt den quantitativen Auswertungen einige neue qualitativ-interpre-
tative Untersuchungen der Protokolle gegenüber, um die scheinbar vorgefundenen Wider-
sprüche aufzulösen. Gleichzeitig ergeben sich einige generell gültige Aussagen über
den notwendigen Aufbau natürlichsprachlicher Frage-Antwort-Systeme, seien sie wissensbasiert oder subsetorientiert.

1. Einleitung

Die Notwendigkeit empirischer, nicht nur theoretischer, Beurteilung von Datenbankschnittstellen wird nicht mehr bestritten. Dies gilt insbesondere auch für natürlichsprachliche Schnittstellen. Allerdings ist hier zu beachten, daß viele derzeitige
Systeme noch nicht einen Zustand erreicht haben, in dem sie rigorosen Vergleichs-
und Praktikabilitätstests ausgesetzt werden können. Für solche Evaluierungsstudien
scheint sich ein dreistufiges Schema herauszubilden. In der ersten Stufe gehen die
Systementwickler nach einer Reihe von Funktionalitätstests dazu über, exemplarisch
verschiedene Anwendungssituationen zu simulieren. Nachdem das System auf diese Weise
mehr oder weniger stabilisiert wurde, können externe Feldstudien mit anspruchsvollerer

Auswertungsmethodik beginnen.

Diese Studien der zweiten Stufe konzentrieren sich in der Regel auf qualitative Aspekte. Hilfreich ist vor allem eine detaillierte Fehleranalyse und -zuordnung. Haben die Analysen der Stufe zwei eine gewisse Reife des Systems nachgewiesen, kann es in der abschließenden dritten Stufe quantitativen Untersuchungen und Vergleichen mit konkurrierenden Schnittstellen ausgesetzt werden. Beginnt man solche quantitativen Studien allerdings vorzeitig (was beim heutigen Entwicklungsstand natürlichsprachlicher Systeme fast unvermeidbar ist), sollten sie durch parallele qualitative Untersuchungen ergänzt werden. Ein derartiger Vergleich zwischen qualitativen und quantitativen Untersuchungen ist Gegenstand der vorliegenden Arbeit. Grundlage der Untersuchung sind Materialien, die im Verlauf der bisher wohl umfangreichsten Gruppe von Evaluierungsstudien natürlichsprachlicher Systeme, den USL-Studien in Heidelberg, Regensburg und New York (cf. als Überblick Jarke/Krause/Vassiliou 1986) mit insgesamt etwa 100 Benutzern und 12 000 Anfragen angefallen sind. Einerseits interessiert uns, wie es zu den sehr unterschiedlichen quantitativen Ergebnissen der beiden Feldstudien im KFG- (Krause 1980) und im ALP-Projekt (Jarke et al. 1985) gekommen ist. Andererseits zeigte sich sehr früh, daß die Materialien eine empirische Stützung genereller Thesen zur Architektur natürlichsprachlicher Frage-Antwort-Systeme zulassen. So ist die Annahme, daß sich für begrenzte Anwendungsgebiete ein hinreichend stabiler Subset der natürlichen Sprache mit vertretbarem Aufwand und in relativ kurzer Zeit definieren läßt, Ausgangsthese derzeitiger natürlichsprachlicher Systeme, seien sie wissens- oder syntaxbasiert. Die Akzeptanz dieser Ausgangsthese wird u.E. entscheidend dafür sein, ob natürlichsprachliche Systeme ohne aufwendige Lernkomponenten in der Praxis über die derzeitigen, sehr begrenzten Anfangserfolge hinausgelangen können. Die vorliegende Arbeit untersucht die Ausgangsthese vorwiegend am Beispiel der Materialien des Advanced Language Projects (ALP) an der New York University, dessen Ergebnisse der These auf den ersten Blick zu widersprechen scheinen. Einleitend hierzu gibt Abschnitt zwei einen knappen Überblick über das untersuchte System, den Versuchsaufbau des ALP-Projekts im Vergleich zu anderen Evaluierungsstudien, insbesondere zum KFG-Projekt (Krause 1982), und faßt die wichtigsten quantitativen Ergebnisse zusammen. Es zeigt sich, daß die Ergebnisse bezüglich der Ausgangsthese recht widersprüchliche Schlußfolgerungen zulassen. In Abschnitt drei werden daher die Ergebnisse einiger qualitativer Untersuchungen beschrieben, die zur Klärung der offengebliebenen Fragen dienen sollten. Sie wurden im Rahmen einer Kooperation zwischen der New York University und der Universität Regensburg durchgeführt. Der Aufsatz schließt mit einem Ausblick auf weitere, in Arbeit befindliche Anschlußuntersuchungen.

2. Entwurf der ALP-Experimente und Ergebnisse

2.1 Zugrundeliegendes Interface und Testaufbau von ALP

Das zugrundeliegende natürlichsprachliche Interface ist USL (User Speciality Languages),
das seit Anfang der 70iger Jahre am Wissenschaftlichen Zentrum der IBM in Heidelberg
entwickelt wurde (Lehmann 1978; Ott und Zoeppritz 1979, Krause und Lehmann 1980). Es
bietet Datenbankschnittstellen in mehreren natürlichen Sprachen an. Damit ist bereits
angedeutet, daß Portabilität ein Hauptentwicklungsziel des Systems war. Da sowohl auf
anwendungsspezifische Wissensbasen (abgesehen von Datenbanksicht-Definitionen) als
auch auf Klärungsdialoge weitgehend verzichtet wurde, stützt sich das System vor allem
auf die intensive Nutzung der systematischen Zusammenhänge zwischen Syntax und Semantik. Als Benutzer sind Anwendungsspezialisten vorgesehen.
Die empirische Untersuchung des Systems verlief entsprechend der in der Einleitung
angedeuteten Grundmethodik in drei Stufen. Allerdings wurden die ersten beiden Stufen mit der ursprünglichen deutschen Version, die quantitativen formalen Analysen
von ALP dagegen mit einer bis dahin wenig getesteten englischen Version ausgeführt.
ALP bestand aus zwei kontrollierten Laborexperimenten mit acht bzw. 61 Teilnehmern
(Turner et al. 1984; Vassiliou et al. 1983) und einer teilkontrollierten Feldstudie
von etwa acht Monaten Dauer mit acht Teilnehmern (Jarke et al. 1985). Alle Benutzer
arbeiteten mit einer Anwendung aus der Universitätsverwaltung (Alumni-Spendensystem),
deren Wortschatz und Anwendungsgrammatik vom ALP-Team mit bewußt begrenzter Unterstützung durch das Systementwicklungsteam aufgebaut worden war.
Ein wesentliches Merkmal von ALP war, daß alle Studien als vergleichende Untersuchungen -- natürliche Sprache gegen formale Anfragesprache (SQL) -- organisiert waren.
Eine Vielzahl von Kontrollen wurde installiert, um externe Faktoren aus dem Sprach-
vergleich weitgehend auszuschließen. Dazu zählen u.a. die Verwendung bezahlter Teilnehmer, deren regelmäßiger Teilnahme am Experiment man sich sicher sein konnte; ein
paariger Entwurf, in welchem alle Arbeitsaufträge in beiden Sprachen zu erledigen
waren; die hierarchische Anordnung von Untersuchungskriterien nach Arbeitsauftrag,
Terminalsitzung und Anfrage; und die Umschulung der Teilnehmer nach der Hälfte der
Projektzeit auf die jeweils andere Sprache, damit die Wirkungen unterschiedlicher
individueller Fähigkeiten und Ordnungseffekte besser erkannt und weitgehend ausge-
schaltet werden konnten.
In dieser Beziehung war der Entwurf erfolgreich: Trotz großer, nicht mit der Sprache
zusammenhängender Probleme blieb es möglich, die Spracheffekte weitgehend zu isolieren (Jarke et al. 1985). Allerdings war damit nur die relative, nicht die absolute
Praktikabilität von natürlicher Sprache als Anfragesprache für Datenbanken zu messen
-- einer der Anlässe für weitergehende qualitative Untersuchungen des gesammelten
Materials.

2.2 Überblick über die quantitativen Ergebnisse

Die Methodik der ALP-Messungen entsprach der einer Kosten-Nutzen-Analyse (Jarke und Vassiliou 1985). Der Erfolg der beiden Systeme bei der Problemlösung und Anfragebeantwortung wurde dem dafür notwendigen Aufwand (gemessen als Länge der Eingabe und als Interaktionszeit) gegenübergestellt. Im Falle eines erfolglosen Problemlösungsversuchs wurden darüberhinaus Statistiken für die Hauptgründe des Scheiterns erstellt, sowohl aus Sicht der Benutzer selbst (Fragebogen) als auch aus der Analyse von Sitzungsprotokollen.

Diese Analysemethoden ähnelten einander in allen drei Experimenten, waren aber in der Feldstudie erheblich ausgefeilter, da die Benutzer hier Fehler aufgrund des (begrenzten) Systemfeedbacks korrigieren konnten, während die Laborexperimente mit Papier und Bleistift durchgeführt wurden. Auf der anderen Seite beantworteten in den Laborexperimenten mehr als zehn Benutzer jede Anfrage, so daß Abweichungen sich ausmitteln konnten, während es bei der Feldstudie oft nur ein Benutzer je Sprache war.

Auf der Aufwandsseite bestätigten die Ergebnisse der drei Teilstudien die Vermutung früherer USL-Studien, daß natürliche Sprache knapperen Ausdruck und kürzere Formulierungszeiten erlaubt (siehe Krause 1980). So wurden in der Feldstudie etwa dreimal so viele Tokens (Worte, Zahlen, Sonderzeichen) für die SQL-Formulierung einer Anfrage benötigt wie für die natürlichsprachliche (34.2 zu 10.6 Tokens).

Dagegen waren die Ergebnisse auf der Erfolgsseite widersprüchlich. In den Laborexperimenten wurde kein wesentlicher Unterschied zwischen beiden Sprachen gefunden. Dagegen war in der Feldstudie eine deutliche Überlegenheit der formalen Anfragesprache festzustellen (siehe Tabelle 1). Darüberhinaus lag die Gesamterfolgsquote in beiden Sprachen deutlich unter dem für praktische Anwendbarkeit erforderlichen -- und aufgrund früherer Laborergebnisse erwarteten -- Wert.

	nat.Sprache	form.Sprache
% erfolgreiche Problemlösung	30.0	50.0
% korrekte Anfragen (Feldstudie)	22.3	45.6
% korrekte Anfragen (Labor/Training)	44.6	53.3
% korrekte Anfragen (ohne Training)	4.1	

Tabelle 1: Erfolgsmessung ALP-Feldstudie

Als Hauptgründe des Scheiterns von Problemlösungsversuchen wurden im Falle der natürlichsprachlichen Schnittstelle technische Probleme (34.3 %) und Mängel des Sprachsystems (28.5 %) ermittelt; bei der formalen Anfragesprache lag dagegen die "Schuld" eher beim Benutzer (55.7 %), von welchem in diesem Falle mehr Wissen und Präzision erwartet werden muß. Im Falle von USL deuteten die Ergebnisse darauf hin, daß auch hier ein vorbereitendes Training nötig sei.

Nach den quantitativen Ergebnissen der Feldstudie war daher die Ausgangsthese kaum zu stützen.

Zusammenfassend kann gesagt werden, daß die quantitative Analyse der ALP-Daten zwar wertvolle Aufschlüsse ergeben hat, aber eine Reihe wichtiger Fragen offenblieben. Dazu zählten vor allem die Ursachen der gegenüber der deutschen KFG-Studie (Fehlerquote auf Anfrageebene nur etwa 7 %) wesentlich schlechteren Feldstudienergebnisse. In (Jarke/Krause/Vassiliou 1986) ermittelten wir folgende möglichen Ursachen für diese Unterschiede:

a) Sprachabhängigkeit (Englisch gegenüber Deutsch);

b) Datenbankabhängigkeit (Größe und Komplexität);

c) individuelle Unterschiede (nur ein Benutzer in der KFG-Studie);

d) Mängel in der ALP-Systementwicklung (weniger Unterstützung und Vortests in ALP); und

e) die schlechtere Systemumgebung (Terminalqualität und Systembelastung durch Parallelbenutzer).

Die statistischen Analysen allein konnten nicht zwischen diesen Erklärungsansätzen entscheiden. Sie geben zudem keine Hinweise auf die notwendige generelle Architektur natürlichsprachlicher Interfaces. Daher wurde eine detaillierte qualitative Fehler- und Wortanalyse nach dem Muster der KFG-Studie angeschlossen, deren erste Ergebnisse in Abschnitt drei vorgestellt werden.

3. Konzeptualisierung und Training

3.1 Vorabdefinition von Vokabular und Relationierung

Bei der Frage, ob ein experimentelles natürlichsprachliches Interface als Software-produkt Erfolg verspricht, spielt die Überlegung eine entscheidende Rolle, in welchem Maße die zugrundeliegenden Prinzipien Portabilität zulassen. Bei USL ist die Übertragbarkeit sehr weit gefaßt: die zugrundeliegende Datenbanksoftware, die Sprache und die Anwendungsgebiete wurden und werden variiert. Sieht man die Portabilitäts-forderung im Kontext der bisher entwickelten natürlichsprachlichen FAS, bleibt die Forderung, rasch und kostengünstig auf die verschiedensten Einsatzgebiete mit jeweils speziellen Datenbankinhalten überzugehen, der Kernpunkt. Von Einzelfällen ab-gesehen, scheint nur so der potentielle Benutzerkreis groß genug, die aufwendige Ent-wicklung dieser Systeme zu rechtfertigen.

Es spielt u.E. dabei keine Rolle, ob sog. wissensbasierte Systeme oder sog. Subsetsysteme untersucht werden (cf. Krause 1984). Portabilität wird von beiden verlangt. Für beide bedeutet dies in der Regel:

a) Das anwendungsorientierte Vokabular muß für jedes neue Anwendungsgebiet vor dem Einsatz des Systems festgelegt werden.

b) Die Konzeptualisierung der Anwenderwelt ist zu erarbeiten (Festlegen der Mitspieler der verwendeten Wörter, Erfassen semantischer Markierungen spezieller Prozeduren u.ä.).

Konkret für USL heißt dies:

a) Der Benutzer muß vor dem Systemeinsatz entscheiden, welcher Wortschatz notwendig ist und welche Relationen die sinntragenden Wörter eingehen werden.
Hier liegt die erste Möglichkeit eines Scheiterns. Es ist immer wieder gesagt worden, daß die Vorabdefinition nicht abschließend möglich ist, daß immer wieder neue Wörter in vorher nicht bedachter Relationierung auftreten werden. Die Mensch-Maschine-Interaktion wäre dann immer wieder gestört. Denkbar wäre auch, daß Wortschatz und Relationierung benutzerabhängig sind, d.h. jeder zusätzliche Benutzer würde neue - ihm eigene Formulierungen bei der Anfrage verwenden. Somit muß untersucht werden, ob Wortschatz und Relationierung überschaubar (möglichst klein) und vorhersehbar sind.

b) USL verlangt in der view-Definition für jede Relation Anzahl und Art der Spaltenbelegung. Wird z.B. für graduates nur der Mitspieler in year festgelegt, kann in den folgenden Anfragen nicht nach graduates from school gefragt werden.
Diese Ebene der Konzeptualisierung dürfte bei den meisten FAS (gleich welchen Typs) notwendig werden. Je stärker wissensbasiert bzw. semantisch orientiert die FAS sind, umso mehr Aufwand und Vorarbeit steckt in dieser Komponente.
Spezifisch für USL gilt, daß der Gebrauch der Präpositionen restringiert ist. Sie müssen vorab festgelegt werden, da sie die Zuordnung der Spalten in den views steuern.

3.2 Ergebnisse von ALP im Vergleich zur KFG-Studie

3.2.1 Anwendungsbezogenes Vokabular

Alle bisher durchgeführten USL-Evaluationen (einschließlich KFG und ALP) zeigten, daß die Anzahl der zu definierenden anwendungsbezogenen Wörter relativ begrenzt ist (von 49 bis 313, cf. Zoeppritz 1983). Da auch andere Systemeinsätze zu vergleichbaren Ergebnissen kamen (cf. z.B. Hendrix 1978), kann davon ausgegangen werden, daß es eine genügend große Anzahl von Anwendungsgebieten für FAS gibt, die mit einem anwendungsbezogenen Vokabular < 1000 Wörter auskommen.

Das Problem bleibt somit die Konzeptualisierung und damit verbunden die Frage, ob
vorausgehende Trainingszeiten (mit welchem Inhalt) die Fähigkeit, innerhalb der vorgegebenen Konzeptualisierung zu verbleiben, verbessern können, bzw. unabdingbare
Voraussetzung sind.

3.2.2 Relationierung und Präpositionsgebrauch bei der KFG-Studie

Die KFG-Studie (6,9 % Gesamtfehlerquote) unterschied zwischen der Fehlerklasse
RUND (Gebrauch undefinierter Relationen) und REL bzw. PRÄP (Abweichung von Art und/
oder Anzahl der Mitspieler bzw. Verwendung anderer Präpositionen).
Die Ergebnisse unterstützen die These, daß eine Vorabdefinition möglich sei: 10 Relationen waren nicht vorab definiert (=REL), 14 anders als gebraucht (=REL bzw. PRÄP).
Bei 121 definierten Relationen erschienen die Abweichungen tolerabel.
Die Gültigkeit dieser Ergebnisse erschien allerdings dadurch beeinträchtigt, daß in
der Einarbeitungsphase keine Beobachtungsdaten erhoben wurden. Da die späteren Benutzer zudem ihre Daten selbst eingaben, wurde öfters als Reaktion auf Krause 1982
der Verdacht geäußert, die Vorabbeschäftigung mit der Konzeptualisierung wäre poten-
tiell untypisch zeitintensiv gewesen.

3.2.3 Datengrundlage ALP

Die Ausgangslage ist günstig: Analysiert werden können Materialien aus zwei sich er-
gänzenden Evaluierungsansätzen (Feldstudie und Laborexperimente); die Sprache wechsel-
te; die Anzahl der Probanden ist relativ hoch (Feldstudie: 8, Laborexperimente II: 34).
Die Auswertungsidee war, die Grundthese, eine Vorabkonzeptualisierung sei möglich, in
einer für die Verifikation deutlich ungünstigen Materialkonstellation zu prüfen. Die
Fehlerquote der ALP-Studie ist mit 77,7 % untolerabel hoch. Der Benutzer versucht wegen der ständigen Ablehnung seiner Frageformulierung immer neue sprachliche Variatio-
nen. Da er bei ALP in der Regel nicht erkennt, woran USL gescheitert ist, variiert er
auch dort, wo z.B. USL-externe Fehlergründe vorliegen. Die Chance, in dieser Umgebung
im Rahmen einer vorgegebenen Konzeptualisierung zu verbleiben, ist deutlich niedriger
als in der KFG-Studie. Gelänge es den Benutzern trotzdem, würde dies die Plausibilität der Grundthese stark erhöhen.
Noch einmal deutlich schlechtere Aussichten (die schlechtest möglichen überhaupt) auf
eine Bestätigung unserer Grundthese bestehen im Laborexperiment II, bei der Gruppe
der Probanden ohne USL-Kenntnisse. Hier hatte die Einweisung im wesentlichen in der
Feststellung bestanden, ein natürlichsprachliches FAS solle benutzt werden; die Probanden konnten sich nicht an Beispielen orientieren.
Schon ein erster Blick auf die etwa 350 Anfragen dieser Gruppe zeigt erhebliche Ab-

weichungen von der Feldstudie. Uns interessierte hier, wie stark die Konzeptualisie-
rung von der der Feldstudie abweicht. Da bei diesem Material kein Einfluß des USL-
Systems auf die Frageformulierungen mehr vorliegt, verspricht es zudem interessante
Hinweise im Hinblick auf die Generalisierung der Grundthese auf beliebige FAS.

3.2.4 Ergebnisse ALP

3.2.4.1 Feldstudie ALP

Anhand aller während der Feldstudie gestellten Anfragen und der daraus gewonnenen
Konkordanzen wurden die Wort- und view-Definitionen von ALP insoweit ergänzt und verändert, daß die tatsächlich gestellten Anfragen in Bezug auf die Wort- und view-Definitionen möglich gewesen wären.
Der Abstand zwischen beiden Tabellen ist überraschend gering. Die 130 view-Definitionen von ALP wurden um sieben ergänzt (RUND) und neun wurden verändert. Dazu kommen
acht Wortdefinitionen, die sich auf die neue Liste der 137 views beziehen (Synonyme).
Die Zahlen sind somit durchaus mit denen der KFG-Studie vergleichbar. Obwohl die Fehlerquote der ALP-Feldstudie um ein Vielfaches über der von KFG liegt, gilt auch hier:
Eine Vorabdefinition von Wortschatz und Relationierung (i.S. Zahl und Art der Mitspieler und Präpositionenauswahl) ist möglich; die Abweichungen sind tolerabel.

3.2.4.2 ALP-Laborexperiment II "ohne USL-Kenntnisse"

Die Abweichungen zwischen den Anfragen des Laborexperiments, deren zehn Probanden
nicht in USL eingearbeitet wurden, zu allen anderen Anfragen der ALP-Studie sind bereits auf den ersten Blick sehr deutlich.
W-Fragen (Who, what ...) oder how many/how much-Fragen, die in den restlichen Gruppen
stark vertreten sind, fehlen beim Laborexperiment "ohne USL-Kenntnisse" fast ganz.
Werden sie benutzt, stehen sie in der Regel nach Formulierungen, die sich mit der
technischen (nicht konzeptuellen) Umgebung befassen, z.B.

    Ask the computer, how many ...
    Under these categories, the dean will find out who ...
    Look in the donation table to find ...

Faßt man die Anfragen zusammen, die als Beginn eine explizite Verarbeitungsanweisung
oder Alternativen zum List-Befehl von USL enthalten, kommt man auf etwa 200 Einträge
(von ca. 350 Anfragen).

Beispiele:

Check information to retrieve X

Check X in the database

Ask (the computer) for X / to print X

Ask the computer to read the list of X and determine Y

Address the attention to database ...

Backtrack along information to produce X ...

Compare X to list of X and print Z

Focus your attention on the X table

Searching for X requires one to look in X section for Y

Refer to X column and then locate Y

Request X from table ...

Check column in table for X

Die bisherigen Tabellen sind noch sehr grob und müssen weiter verfeinert werden. Gemeinsam ist all diesen Formulierungen, daß sie nichts mit der inhaltlichen Konzeptualisierung zu tun haben. Wollte man Anfragen dieser Art behandeln, wäre z.B. im einfachsten Fall das USL-Funktionswort list durch Alternativen zu ergänzen, formelhafte Wendungen wie ask the computer wären zu übergehen. Auffällig ist die Nähe der Formulierungen zum natürlichsprachlichen Programmieren.
Die zweite große Gruppe der Abweichungen entstehen durch den extensiven Gebrauch von Referenzformeln.

Beispiele:

    Repeat the above process

    ... that apply to those conditions

    the highest figure in each case

    the graduates presented

    the rest of the verifications

Um einen ersten Überblick über die der Anfragen der Probanden ohne USL-Kenntnisse zugrundeliegende inhaltliche Konzeptualisierung der Anwenderwelt zu bekommen, wurden

a) alle referentiellen Bezüge aufgelöst; die entstehende Paraphrase ohne Referenz galt im folgenden als Bezugspunkt

b) alle Formulierungen unberücksichtigt gelassen, die nicht im Zusammenhang mit der view-Definition stehen, bzw. bei der Wortdefinition als Synonym zu einem view berücksichtigt wurden.

Die so veränderte Anfragenliste wurde in Bezug auf die view-Definitionen der Feldstudie auf Abweichungen überprüft: sechs neue Relationen kamen hinzu, acht hätten verändert werden müssen. Eine neue Relation war identisch mit der erweiterten view-

Liste der ALP-Feldstudie, vier veränderte Relationen waren auch bei der Feldstudie einer Veränderung unterworfen gewesen.

Die deutlich sichtbaren Abweichungen gegenüber den Anfragen der ALP-Feldstudie hat somit wenig mit der inhaltlichen Konzeptualisierung der Anwenderwelt zu tun. Dieser Bereich scheint auch bei extrem erschwerten Kontextbedingungen keinen starken Abweichungen zu unterliegen. U.E. erhöht sich damit deutlich die Plausibilität der Ausgangsthese, eine Vorabdefinition der inhaltlichen Konzeptualisierung sei für eine Vielzahl von Anwendungsgebieten für natürlichsprachliche Frage-Antwort-Systeme möglich. Dies gilt nicht für USL, sondern für alle FAS bis zur Ebene: Anzahl und Art der Mitspieler, einschließlich der Bestimmung ihrer inhaltlichen Klassenzugehörigkeit (z.B. Staat, Anschrift usw.).
Gleichzeitig erhalten wir für Systeme vom Typ USL einen deutlichen Hinweis darauf, daß eine - wenn auch zeitlich geringe - Trainingszeit erforderlich ist. Vorgelegte Beispieldialoge dürften einen guten Zugang zu den prinzipiell möglichen Dialogformen mit USL geben (W-Fragen, List, Satzfragen - keine natürlichsprachliche Programmierung). Daneben gibt es USL-Einschränkungen wie die restringierte Referenzbehandlung, die der Benutzer vorher wissen muß.

4. Ausblick

Die Richtigkeit der obigen Hypothese muß sich innerhalb der ALP-Materialien noch an der Gruppe der Anfragen bewähren, bei denen eine Einarbeitung in USL vor Beginn des Laborexperiments erfolgte. Dieses Material wird zur Zeit aufbereitet.
Einen weiteren Schwerpunkt der laufenden Arbeiten bilden die Benutzerstrategien in der ALP-Feldstudie im Vergleich zu KFG. In der KFG-Studie hatte sich als wesentlich für eine sinnvolle Bewertung erwiesen, Fehlerklassen danach zu gewichten, ob (und wie) es dem Benutzer gelingt, die Fehlersituation zu überwinden. Bei bestimmten Fehlerklassen entwickelten die KFG-Benutzer typische und effiziente Strategien, die Kommunikationsstörung durch veränderte Anfragen zu überwinden, bei anderen scheiterten sie. Die ALP-Studie kann in Bezug auf mögliche Fehlerstrategien bei der Mensch-Maschine-Kommunikation wieder als Maximalansatz verstanden werden. Da kaum fehlerfreie Antworten erfolgten, versuchten die Benutzer extensiv Umformulierungen um doch noch Erfolg zu haben.
Sollte sich zeigen, daß ähnlich wie bei den Ergebnissen von Abschnitt drei bei den ALP-Fehlerstrategien Regularitäten und Übereinstimmungen mit der KFG-Studie aufzeigbar sind , wäre dies u.E. ein wichtiger Beitrag zur sinnvollen Gestaltung natürlichsprachlicher Interfaces für Datenbanken.

LITERATUR

Hendrix, G. G. (1978). "A natural language interface facility and its applications to a IIASA data base", in G. Rahmstorf, M. Ferguson (eds.): Proceedings of a Workshop on Natural Language for Interaction with Data Bases, Laxenburg. 87-94.

Jarke, M., Vassiliou, Y. (1985). "Choosing a database query language". ACM Computing Surveys.

Jarke, M., Turner, J. A., Stohr, E. A., Vassiliou, Y., White, N. H., Michielsen, K. (1985). A field evaluation of natural language for data retrieval, IEEE Transactions on Software Engineering, SE-11, 1, 97-114.

Jarke, M., Krause, J., Vassiliou, Y. (1986). Studies in the evaluation of a domain-independent natural language query system, in L. Bolc (ed.): Cooperative Interfaces to Information Systems, Springer Berlin et al. (to appear).

Krause, J. (1980). "Natural language access to information systems: an evaluation study of its acceptance by end users". Information Systems 4. 297-318.

Krause, J. (1982). Mensch-Maschine-Kommunikation in natürlicher Sprache. Tübingen.

Krause, J. (1984). "Praxisorientierte natürlichsprachliche Frage-Antwort-Systeme: Zur Entwicklung vor allem in der Bundesrepublik Deutschland". Nachrichten für Dokumentation 34, 4/5. 188-194.

Krause, J., Lehmann, H. (1980). "User Specialty Languages - A natural language based information system and its evaluation". In: Krallmann, D., Dialogsysteme und Textverarbeitung. Essen. 127-146.

Lehmann, H. (1978). "Interpretation of Natural Language in an Information System". IBM-Journal of Research and Development no. 5. 560-572.

Ott, N., Zoeppritz, M. (1979). "USL - An experimental information system based on natural language". In: Bolc, L. (ed.). Natural Communication with Computers. München et al. 3-32.

Turner, J. A., Jarke, M., Stohr, E. A., Vassiliou, Y., White, N. H. (1984). "Using restricted natural language for data retrieval - a plan for field evaluation", in Y. Vassiliou (ed.): Human Factors and Interactive Computer Systems. Ablex, Norwood, NJ.

Vassiliou, Y., Jarke, M., Stohr, E. A., Turner, J. A., White, N. H. (1983). "Natural language for database queries: a laboratory study". MIS Quarterly 7, 4. 47-61.

Zoeppritz, M. (1983). "Human factors of a natural language enduser system", in A. Blaser, M. Zoeppritz (eds.): End User Systems and their Human Factors. Berlin et al. 63-93.

Ein Sprachmodell für die Software-Ergonomie

Magdalena Zoeppritz
IBM Deutschland, GmbH
Wissenschaftliches Zentrum Heidelberg

Zusammenfassung

Mit Rückgriff auf Theorien zur natürlichen Sprache und der zur Beschreibung
natürlicher Sprachen entwickelten Begrifflichkeit wird ein Sprachmodell entwickelt,
das zur Beschreibung vor allem der kommunikativen Aspekte formaler Sprachen geeignet
ist, und damit möglich machen soll, Ähnlichkeiten und Unterschiede zwischen formalen
Sprachen wie zwischen formalen Sprachen und natürlicher Sprache in einem
einheitlichen Kategoriensystem zu beschreiben. Das Modell soll dazu beitragen,
Fragen der Benutzerfreundlichkeit von zur Interaktion mit Maschinen entworfenen
Sprachen, vor allem in Hinblick auf ihre Leistungsfähigkeit als Ausdrucksmittel für
menschliche Intentionen, differenzierter untersuchen und klären zu können, als es
gegenwärtig geschieht.

1. Einleitung

Der Entwurf von Experimenten, wie auch die Interpretation der aus Experimenten
gewonnenen Resultate und Beobachtungsdaten, hängt ganz wesentlich davon ab, welche
Annahmen über den untersuchten Gegenstand zugrundeliegen. Wo Sprachen involviert
sind, bezieht sich das auf Annahmen über Sprache: Was Sprache ist, und welche
Schichten und Ebenen unterschieden werden müssen. Für die meisten mir bekannten
Experimente zur Benutzbarkeit von Sprachen für die Interaktion mit Computern wurden
die zugrundeliegenden Annahmen über Sprache nicht explizit ausgesprochen und
begründet. Auch wurde die Sprache in der psychologischen Modellbildung zur
Interaktion mit Computern (cf. Card/Moran/Newell 1983, besprochen in Swigger 1984)
nicht gesondert problematisiert, bzw. auf wenig aussagefähige Teilaspekte reduziert
(Halstead 1977).

Eine Ausnahme ist das Modell von Shneiderman/Mayer (1979, verwendet in Shneiderman
1978 und 1981, Kritik in Rowe 1982). Dieses Modell, wie auch die Modelle, die aus
Aussagen über Sprache im Zusammenhang mit Experimenten zum Thema Abfragesprachen
erschlossen werden können, sind sämtlich zu schwach, um mit Sprache zusammenhängende
Ereignisse adäquat behandeln zu können, was an Experimenten zur natürlichen Sprache

besonders deutlich wird (cf. Zoeppritz 1984). Ein differenzierteres Modell ist nötig.

Die Theorie der formalen Sprachen stellt einen differenzierten Beschreibungsapparat für die formalen Eigenschaften von Sprachen bereit. Über die kommunikativen Eigenschaften, d.h. die Eigenschaften dieser Sprachen als Ausdrucksmittel für Ideen und Intentionen, sagt die Theorie nichts (Gedanken dazu finden sich früh bei Higman 1967, sind aber m.W. nicht weiter verfolgt worden), die Klassifizierung von Programmiersprachen in 'höhere' und 'niedere' ist bestenfalls ein schwacher Ansatz. Daß auch formale Sprachen kommunikative Aspekte haben, die die Benutzer zu spüren bekommen, ergibt sich eher informell, aus Äußerungen wie: 'Sprache X ist geeigneter für Mathematiker', 'Sprache Y ist gut für Linguisten', 'man muß für Sprache Z schon sehr umdenken', usw. Ein Modell ist nötig, das auch die kommunikativen Apekte formaler Sprachen berücksichtigt (cf. Smith 1981, Curtis 1983).

Ein entsprechendes Modell kann mit Rückgriff auf linguistische Theorien entwickelt werden, ein Modell, das nicht nur geeignet ist, die bei Experimenten mit natürlicher Sprache auftretenden Erscheinungen besser zu deuten, sondern auch die kommunikativen Aspekte formaler Sprachen - zunächst Programmiersprachen und Querysprachen - zu beschreiben und zu verstehen.

Der Entwurf eines solchen integrierten Modells wird zur Diskussion gestellt. Er stützt sich im Wesentlichen auf Sgall (1969, 1981), Bierwisch (1982), Ferguson (1982 und Verweise dort), und Lehmann (1973).

Dem Modell liegt die Annahme zugrunde, daß es sinnvoll ist, Programmiersprachen und Abfragesprachen, also formale Sprachen, die nicht primär Repräsentationssprachen sind und somit nicht hauptsächlich der Explizierung von bereits Formuliertem dienen, als Sprachsysteme zu sehen, mit Hilfe derer menschliche Intentionen ausgedrückt werden. So betrachtet fällt auf, daß beim Formulieren in formalen Sprachen ähnliche Phänomene auftreten können, wie sie für natürliche Sprachen bekannt sind, wie z.B. Interferenz, Fehlen von Wörtern für Begriffe, Mißverständnisse, etc. Dann ist es folgerichtig, die zur Beschreibung von Sachverhalten und Prozessen in natürlichen Sprachen entwickelten Kategorien auf Programmiersprachen und Abfragesprachen zu übertragen und, wenn die Übertragung gelingt, zu sehen, wieweit dieser Apparat zum Verständnis von Fragen der Benutzerfreundlichkeit gegebener Sprachen in Bezug auf intendierte Benutzer und Anwendungen beiträgt.

Das Modell geht weiterhin davon aus, daß es ein Sprachsystem und ein kognitives System gibt, und Prozesse der Vermittlung zwischen den beiden Systemen. Etwas auszudrücken heißt dann, eine im kognitiven System gefaßte Idee vermittels dieser

Prozesse so umzuformen, wie es das System der gewählten Sprache erfordert. Mit dieser Perspektive ist auch angedeutet, daß das Modell im gegenwärtigen Zustand vom Sprechenden/Schreibenden, nicht vom Lesenden/Hörenden aus gedacht ist. Das ist insofern nicht ganz unsinnig, als die lesende/hörende Instanz im Modell zunächst die Maschine ist, deren 'Verstehensprozesse' im Programm festgelegt sind und damit schon als verstanden gelten können. Erweiterungen des Modells auf Menschen als Empfänger von Nachrichten der Maschine sind denkbar, sie müßten m.E. vor allem darauf Bezug nehmen, welchen Platz die Bedeutung der jeweiligen Nachricht im Bedeutungssystem der jeweiligen Sprache einnehmen kann.

Im folgenden sollen die Ergebnisse des ersten Schritts, des Versuchs der Übertragung, und das sich daraus ergebende vorläufige Modell kurz vorgestellt werden. Da die Erscheinungen in den meisten Fällen an Ähnlichkeiten und Unterschieden zwischen Sprachen deutlicher werden, als innerhalb jeweils einer Sprache allein, werden die einzelnen Komponenten meist vierfach exemplifiziert, mit Beispielen aus je zwei natürlichen Sprachen und Beispielen aus je zwei Programmier- bzw. Abfragesprachen (PL/I: Rechenberg 1974, APL: Lattermann 1978, SQL: Chamberlin et al. 1981).

2. Sprachsystem

Das Sprachsystem enthält Syntax und Semantik der Sprache. Als syntaktische Einheiten fungieren die Wörter des Vokabulars und die einzelnen Konstruktionen, als semantische Einheiten fungieren die lexikalischen Bedeutungen der Wörter und die strukturellen Bedeutungen der Konstruktionen. Das Sprachsystem umfaßt Subsysteme gleichen Aufbaus, mit zum Teil anderen Regeln, von diesen Subsystemen sind die adressatenspezifischen Register (cf. Ferguson 1982) hier von Interesse. Gegenwärtig nicht enthalten sind einerseits Morphologie und andererseits Pragmatik (abgesehen von den Registern). Morphologisches könnte gesehen werden in Programmiersprachen, in denen bei nicht deklarierten Variablen aufgrund des Anfangsbuchstabens bestimmte Datentypen angenommen werden (diesen Hinweis verdanke ich Annemarie Huge). Der Pragmatik könnten Eigenschaften von Programmen zugeordnet werden, die sich auf die Systemumgebung auswirken, bzw. durch sie bedingt sind (diesen Hinweis verdanke ich Hans Dieter Lutz).

Beispiele:

<u>Vokabular:</u> Inventar der Wörter.

Nomina, Verben, Adjektive		Schlüsselwörter	
Funktionswörter, Quantoren		Operatoren	
Namen		Werte, Variable	
Haus	house	DO	SELECT
bei, wieviel	if, the	+, &	=, <-
Paul	Mary	25	HAUS

<u>Syntax:</u>. Regeln für wohlgeformte (und interpretierbare) Konstruktionen

| altes Haus | ballon rouge | A=5; | a<-5 |
| *Haus altes | rouge ballon | IF A=5 THEN ... | *(If) a<-5 (then) |

<u>Syntaktische Einheiten:</u> Wörter und Konstruktionen

| von | of | ELSE | / |
| Ajektiv+Nomen | Nomen+Relativsatz | DO-Schleife | Vektor |

<u>Semantik:</u> Bedeutung von Wörtern und Konstruktionen, i.e. lexikalische und strukturelle Bedeutungen.

<u>Lexikalische Bedeutung:</u>
falls	if	IF	
Haus	house		
gleich	gleich	=	<- =
Prozedur	procedure	PROCEDURE	

<u>Strukturelle Bedeutung</u> (z.B. Aussage/Frage, Zuweisung/Vergleich):
| Paul ist nett | Paul est gentil | a=b; | a<-b |
| Ist Paul nett | Paul est-il gentil | IF a=b THEN... | (If) a=b (then) |

Bedeutungseinheiten: Alle Wörter und diejenigen Konstruktionen, die ein Konzept ausdrücken, d.h. alle einfachen Konstruktionen und von den komplexeren diejenigen Konstruktionen, deren Bedeutung zur strukturellen Bedeutung ihrer Teile ein weiteres Konzept hinzufügt.

Länge	length	LENGTH
morgen	tomorrow	
hat etwas (i.e. Verb mit Objekt)	GOTO Label;	-> Label
Hat Paul ein Auto (i.e. Frage)	PROCEDURE ... END;	

Register: systematische Variation in Abhängigkeit von Situationen und Adressaten. Anpassung in Wortwahl und Syntax bzw. im Programmierstil.

Höflichkeitsformen	Programme für den eigenen Gebrauch
Aufsatz	Seminaraufgaben
Fachsprachen	Programme für ein größeres System
	(gemäß bestimmter Konventionen)
Babysprache	Subsets

Bis hierher zusammenfassend läßt sich sagen, daß sich nicht nur die natürlichen Sprachen sondern auch die formalen Sprachen in allen hier berücksichtigten Aspekten des Sprachsystems voneinander unterscheiden können. Auch formale Sprachen unterscheiden sich im Vokabular und den lexikalischen Bedeutungen durch Vorhandensein oder Nichtvorhandensein eines Worts für einen Begriff (nicht alle formalen Sprachen haben ein Wort für 'IF'), durch Mehrdeutigkeit eines Worts in der einen Sprache gegenüber mehreren eindeutigen in der anderen ('=' sowohl für Zuweisung als auch Vergleich in PL/I, gegenüber '<-' und '=' in APL), etc. Ebenso unterscheiden sich formale Sprachen in der Syntax durch unterschiedliche Regeln (Statements enden mit Semikolon in PL/I, mit Zeilenende in APL), und darin, was als strukturelle Bedeutung wie vertreten ist (der Unterschied zwischen Zuweisung und Vergleich in PL/I ergibt sich als strukturelle Bedeutung der Umgebung von '=', in APL ergibt er sich aus der lexikalischen Bedeutung der Operatoren, die in der jeweilig anderen Umgebung keine Bedeutung haben und syntaktisch nicht erlaubt sind). Entsprechend unterscheiden sich auch formale Sprachen in dem, was als Bedeutungseinheit verfügbar ist, und was aus den verfügbaren zusammengesetzt werden muß (LENGTH als eingebaute Funktion, gegenüber einer Prozedur, die man erst schreiben muß, Prozeduren als syntaktisch und lexikalisch markierte Einheiten gegenüber Funktionen, die einer Erweiterung des Vokabulars entsprechen).

Auch Register lassen sich finden, die entweder systematisch nicht alle Regeln enthalten bzw. Sonderregeln verwenden, oder die durch besondere Formen des Programmaufbaus, der Benennung von Variablen, der Kommentierung gekennzeichnet sind. Bei Sprachen für bestimmte Zwecke (z.B. Kommandosprachen für Editoren) beeinflussen die Unterschiede das, was gesagt werden kann. Bei allgemein verwendbaren Sprachen kann man davon ausgehen, daß im Wesentlichen alles Programmierbare auch in der jeweiligen Sprache ausgedrückt werden kann. Unterschiede im Aufbau der Sprachen betreffen hauptsächlich das wie. Der Referenzpunkt für das, was ausgedrückt werden soll, ist im einzelnen Sprachsystem nicht zu finden, dort manifestiert sich, was bereits ausgedrückt worden ist. Anhaltspunkte dafür, daß geäußerte Sätze nicht notwendig alles umfassen, was gemeint ist, bietet die Diskussion über Probleme des Übersetzens zur Genüge. Referenzpunkt ist das 'Gemeinte', und damit im kognitiven System angesiedelt.

3. Kognitives System

Vom kognitiven System wird hier nur das betrachtet, was Form und Bedeutung der intendierten Äußerung bestimmt. Entsprechend umfaßt das kognitive System, für die Zwecke des Modells, die Inhalte, von denen geredet werden soll, die Begriffe oder Konzepte, in denen sich die Inhalte gedanklich konkretisieren, und die Annahmen über die jeweiligen Adressaten zu denen geredet werden soll (zu Annahmen über die Maschine als Adressat, cf. Lewis 1982, Zoltan 1982).

Mit den 'Begriffen' sind hier nicht die Wörter gemeint, sondern die zugrundeliegenden gedanklichen Einheiten (concepts). Für diese Einheiten gibt es meistens auch entsprechende semantische Einheiten - Wörter oder Konstruktionen - das muß aber nicht so sein. Der Einfachheit halber sind die Konstruktionen bei den Beispielen weggelassen (für die Bedeutung von Konstruktionen scheint es keine richtigen Wörter zu geben, was die Exemplifizierung schwierig macht, die strukturelle Bedeutung eines angeschlossenen Relativsatzes wird eher intuitiv klar, wenn man sich in einer Sprache auszudrücken versucht, die diese Konstruktion nicht kennt).

Vorausgesetzt, aber im Modell nicht enthalten, ist das Wissen der Sprecher, sowohl über Sprache als auch über Inhalte. Vom Wissen über Inhalte wird nur berücksichtigt, was davon ausgedrückt werden soll, also die Inhalte selbst. Wissen über Sprache ist entweder Inhalt, wenn davon geredet werden soll, oder es gehört zu dem unbewußten oder halb bewußten Teil der Sprachfähigkeit, der die später zu erwähnenden Prozesse ermöglicht.

Weiterhin wird angenommen, daß die Sprechenden sagen wollen, was sie meinen, dem entgegenstehende Intentionen sind zwar durchaus Teil des kognitiven Systems, bleiben hier aber unberücksichtigt, weil sie das Modell unnötig komplizieren würden ohne zum Verhältnis von Gemeintem und Sagbarem zusätzlich beizutragen. Die Lüge und das Verschweigen setzen m.E. die gleichen Auseinandersetzungen mit den Möglichkeiten des Sprachsystems voraus, wie die Suche nach der angemessenen Formulierung.

Beispiele:

Inhalt: wovon eine Äußerung handelt. Apostrophe sollen andeuten, daß die Ausdrücke nicht für sich selbst, sondern für die gemeinten Inhalte stehen.

'mein neues Haus'	Datenbank 'Bibliographie'
'Die Bedeutung Peters des Großen'	Programm 'Lagerhaltung'
'Zucker ist alle'	Daten 'Bestellung Maier'

Konzepte/Begriffe: Gedankliche Einheiten, in die die Inhalte strukturiert werden.

'Bedingung'	'Bedingung'
'Matrix'	'DO-Schleife' 'Matrix'
'Haus'	
'nun reichts aber'	

Annahmen über die Adressaten:

'Wenn Paula für mich abwäscht, muß ich mich bei ihr dafür überschwänglich bedanken'	'Ein System, das sogar etwas natürliche Sprache kann, kann sicher auch formatieren'

4. Prozesse

Bei der Darstellung intendierter Inhalte und der sie strukturierenden Konzepte in einem gegebenen Sprachsystem, ebenso wie bei der Übersetzung von einer Sprache in eine andere, finden in unterschiedlichem Maße Umformungsprozesse statt, von denen die Folgenden berücksichtigt sind: Dekomposition, Rearrangement und Rekonzeptualisierung. Bei der Dekomposition wird ein (im kognitiven System gefaßtes) Konzept bzw. ein (in der einen Sprache vorhandenes) Wort in mehrere Bedeutungseinheiten der Zielsprache aufgespalten. Rearrangement ist nötig, wenn mehrere begriffliche Einheiten, oder mehrere Bedeutungseinheiten einer Sprache, zu einer Gruppe von Bedeutungseinheiten der Zielsprache in einem solchen Verhältnis stehen, daß die einzelnen Begriffe oder Worte sich überlappen, aber nicht vollständig entsprechen (z.B. durch unterschiedliche Unterteilung eines semantischen Feldes). Mit Rekonzeptualisierung ist das Umdenken eines Inhalts in andere Begriffe und Kategorien als für die Sprecher üblich gemeint. Der Einfachheit halber sind die Prozesse in den folgenden Beispielen auf der Wortebene und als Übersetzungsprobleme zwischen Sprachen dargestellt. Die kognitive Seite ergibt sich intuitiv, wenn man sich die Beispiele nicht als ausformuliert und zu übersetzen denkt, sondern als gedacht und in einer fremden Sprache auszudrücken.

Beispiele:

<u>Dekomposition:</u> Aufspalten eines Konzepts/Wortes in mehrere Bedeutungseinheiten beim Ausdrücken/Übersetzen.

sortieren	sort	Funktionsname	Algorithmus
ist	is	=	= <-
hunched	'mit eingezogenen Schultern'		

<u>Rearrangement:</u> Umverteilen von Konzepten/Bedeutungseinheiten auf in der Zielsprache anders gebündelte Einheiten.

von	of, from, by	
neben	by, next to	
durch	by, through	
aus	from, out of	
und	and	AND, OR
oder	oder	OR

<u>Rekonzeptualisierung:</u> Umdenken eines Inhalts in anderen Begriffen/Kategorien.

'enthalten'	'contained'	INDEX/'Schleife'	'Vektorvergleich'
'Karteikasten'	'Datei'		
'Eigenschaften jedes Elements'	'Struktur'		'assoziierte Vektoren'
'verheiratete Mitarbeiter' (i.e. Mitarbeiter modifiziert durch verheiratet)	'Schnittmenge aus VERHEIRATET und MITARBEITER'	'FIND .. GET NEXT'	

5. Abgeleitete Kategorien

Aus dem Verhältnis der Systeme zueinander und den Prozessen zwischen ihnen lassen sich Kategorien ableiten, die bei geeigneter Ausformulierung meßbare Größen darstellen könnten: Ausdrucksfähigkeit, Distanz, und Sprachtyp. Ausdrucksfähigkeit als Eigenschaft eines gegebenen Sprachsystems in Bezug auf das kognitive System, Distanz sowohl zwischen Sprachsystem und kognitivem System als auch zwischen zwei verschiedenen Sprachsystemen, und Sprachtyp als Eigenschaft eines oder mehrerer Sprachsysteme gegenüber anderen.

Ausdrucksfähigkeit: das Ausmaß, in dem die gedachten Konzepte bzw. die in einer Sprache vorhandenen Bedeutungseinheiten als Bedeutungseinheiten der Zielsprache vorhanden sind.

wenn/dann	if/then	IF/THEN	'Kompression der Bedingung'
bevor	before		
heute	today	Systemvariable	

Distanz: Was an Dekomposition, Rearrangement und Rekonzeptualisierung nötig ist, um bestimmte Ideen auszudrücken bzw. von einer Sprache in die andere zu übersetzen.

wer ist ..	who is ..	READ record	SELECT field
		IF condition	FROM table
		THEN print ..	WHERE condition
unreif	'unripe', callow, green		
callow	'(Vogel) noch ohne Federn'		

Sprachtyp: Traditionell werden typologische Ähnlichkeiten zwischen Sprachen vor allem dort gesehen, wo diese Ähnlichkeiten nicht auf historischer Verwandschaft beruhen. Trivial ist, daß die Sprachen einer Sprachfamilie auch typologische Ähnlichkeiten haben. Betrachtet werden vor allem formale Ähnlichkeiten. Im Hinblick auf formale Sprachen erscheinen mir auch die inhaltlichen Eigenschaften, d.h. die als Bedeutungseinheiten vertretenen oder nicht vertretenen Konzepte wichtig zu sein.

natürliche Sprachen	formale Sprachen
Südasiatischer Sprachbund	PL/I
Indoeuropäische Sprachen	APL
Sprachen mit Nominalklassifikation	Kommandosprachen für Editoren
	Relationale Sprachen

6. Schluß

Damit sind die gegenwärtigen Komponenten des Modells beschrieben. Ich hoffe durch die Beispiele gezeigt zu haben, daß die Parallelen zwischen natürlichen Sprachen und formalen Programmier- und Abfragesprachen, wenn man sie als Ausdrucksmittel für menschliche Begriffe und Intentionen betrachtet, groß genug sind, um die Verwendung zumindest von großen Teilen des an den natürlichen Sprachen entwickelten Beschreibungsapparates auch für die entsprechenden Aspekte formaler Sprachen sinnvoll erscheinen zu lassen. Ich meine, daß dieser Apparat die Möglichkeit gibt, Erscheinungen zu beschreiben, oder vielleicht überhaupt erst ernst zu nehmen, die in verschiedenen Experimenten immer wieder beobachtet worden sind, aber meist nicht genügend Aufmerksamkeit gefunden haben (Ausnahmen sind Thomas 1976, die Arbeiten von Carrol, z.B. 1982, und die Arbeiten von Solloway/Ehrlich, z.B. 1983, 1984). Die Beachtung dieser Phänomene erscheint mir aber wesentlich, um auftretende Fehler nicht nur zu zählen, sondern auch erklären zu können.

Aus dem Entwurf ist bereits abzulesen, daß die Probleme z.B. einer benutzerfreundlichen Abfragesprache nicht notwendigerweise mit einer möglichst einfachen Syntax und einer geringen Anzahl von Schlüsselwörtern zu lösen sind, sondern man möglicherweise eher versuchen sollte, die Distanz zwischen der Begrifflichkeit der gedachten Benutzer und der dem Aufbau und den Schlüsselwörtern der jeweiligen Sprache zugrundeliegenden Begrifflichkeit zu vermindern (in ähnliche Richtung geht Schefe 1983).

Informell, ohne theoretische Begründung, geschieht das schon bei Sprachen, die nicht für allgemeine Zwecke, sondern für bestimmte Anwendungen geschrieben werden (wobei zu sehen ist, daß z.B. Kommandosprachen für Editoren Fachbegriffe der Setzer verwenden, aber die Benutzer meist keine Setzer sind). Ebenso informell läßt sich beobachten, daß bestimmte Konzepte, die sich beim Programmieren als nützlich erwiesen haben, auch in die Programmiersprachen eingeführt wurden, in denen sie zunächst nicht vorgesehen waren (z.B. benutzerdefiniertes 'IF' im APL).

Das hier skizzierte Modell soll dazu beitragen, die Vorgänge bei der Verwendung von Interaktionssprachen zu verstehen. Das folgende Bild soll das Verhältnis zwischen den Teilen des Modells zusammenfassend illustrieren. Zum Vergleich sind die Komponenten des Modells von Shneiderman/Mayer (1979, mit Dekompositon aus Shneiderman 1981) am rechten Rand danebengestellt.

Zum Schluß möchte ich M. Holz, P. Pistor, G. Rohr, und W. Schönfeld, die den Entwurf des Modells mit mir diskutiert haben, für viele interessante und bedenkenswerte Vorschläge danken.

Ein Sprachmodell für die Software-Ergonomie

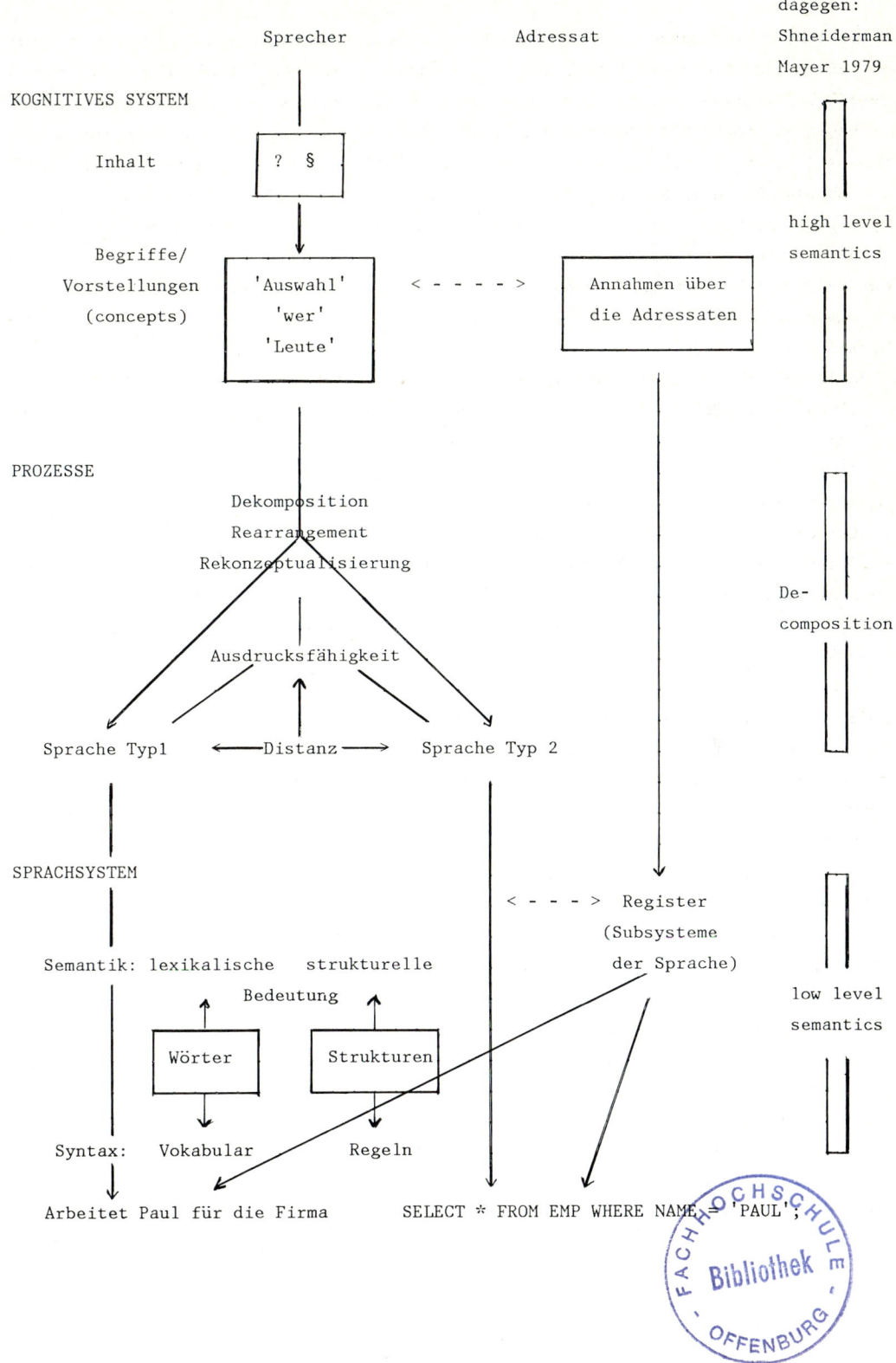

7. Literatur

Bierwisch, M. (1982): Formal and lexical semantics. Proceedings XIIIth International Congress of Linguists Tokyo, August 29-September 4, 1982, preprint.

Curtis, Bill (1983): A review of human factors research on programming languages and specifications. AEDS Monitor 21,9/10 (March/April):24-30.

Chamberlin, D.D., Astrahan, M.M., King, W.F., Lorie, R.A., Mehr, J.W., Price, G.T., Schkolnick, M., Selinger, P.G., Slutz, D.R., Wade, B.W., Jost, R.A. (1981): Support for repetitive transactions and ad hoc queries. ACM Transactions on Data Base Systems 6:70-94.

Card, Stuart K. Moran, Thomas, P., Newell Allen (1983): The psychology of human-computer interaction. Hillsdale, New Jersey: Lawrence Erlbaum.

Carroll, J.M. (1982): Creative names for personal files in an interactive computing environment. International Journal of Man-Machine Studies 16:405-438.

Ferguson, C. A. (1982): "Simplified registers and linguistic theory". In: L. Obler and : Menn (eds.): Exceptional language and linguistics. New York: Academic Press, 49-66.

Halstead, M.H. ((1977): Elements of software science. New York: North Holland, 3rd. printing 1979.

Higman B. (1967): A comparative study of programming languages. London: Mac Donald. Deutsch bei Hanser, München, 1972.

Lattermann, D. (1978): APL in Beispielen. München, Wien: Oldenbourg.

Lehmann, H. (1973): Linguistische Modellbildung und Methodologie. Tübingen: Niemeyer.

Lewis, Clayton, Robert Mack (1982): The role of abduction in learning to use a computer system. IBM Research Report RC 9433. Yorktown Heights, NY: IBM.

Rechenberg, P. (1974): Programmieren für Informatiker mit PL/I. 2 Bände. München, Wien: Oldenbourg.

Rowe, N.C. (1982): On some arguable claims in B. Shneiderman's evaluation of natural language interaction with data base systems. ACM SIGMOD RECORDS 13.1:92-97. Mit einer Antwort von Shneiderman.

Sgall, P., Nebesky L., Goralcikova A. Hajicova E. (1969): A functional approach to syntax in generative description of language. New York: Elsevier.

Sgall, P. (1981): The level of Linguistic meaning. The Prague Bulletin of Mathematical Linguistics 35:3-40.

Schefe, P. (1983): Natürlichsprachlicher Zugang zu Datenbanken?. Angewandte Informatik 10:419-423.

Shneiderman, B. (1978): Improving the human factors aspect of data base interaction. ACM Transactions on Database Systems 3:417-439.

-- , R. Mayer (1979): Syntactic/semantic interactions in programmer behavior: A model and experimental results. International Journal of Computers and Information Science 7:219-239.

-- (1981): A note on human factors issues of natural language interaction with database systems. Information Systems 6:126-129.

Smith, Raoul N. (1981): Dialog with a computer: issues in linguistic ergonomics. Proceedings IEEE National Telecommunications Conference, New Orleans, LA. 1-5.

Solloway, E., Ehrlich, K., Bonar, J. (1983): Cognitive strategies and looping constructs: An empirical study. CACM 26:853-861.

Solloway, E., Ehrlich, K. (1984): Empirical studies of programming knowledge. IEEE Transactions on Software Engineering. Special Issue: Reusability.

Swigger, K.M. (1984): Review of Card/Moran/Newell: The psychology of human-computer interaction. SIGCHI Bulletin (ACM) 14,5:26.

Thomas, J. (1976): Quantifiers and question-asking. IBM Research Report RC 5866.

Zoeppritz, M. (1984): Investigating human factors in natural language data base query. IBM Heidelberg Scientific Center Report TR 84.08.008.

Zoltan, E., Weeks, G.D., Ford, W.R. (1982): Natural language communication with computers: A comparison of voice and keyboard input. In G. Johannsen, J.E. Rijsdorp (eds.): Analysis, Design, an Evaluation of Man-Machine Systems, IFAC/IFIP/IFORS/IEA Conference, Baden-Baden, Federal Republic of Germany, September 27-28, 1982.

PARTNERMODELLIERUNG IN BERATUNGSDIALOGEN

Katharina Morik

Technische Universität Berlin

Fachbereich Informatik

Institut für Angewandte Informatik

Sekr. FR 5-8

Franklinstr.28/29

D-1000 BERLIN 10

1. EINLEITUNG

Beratungsdialoge sind eine Konversationssorte, der die Linguistik besondere Aufmerksamkeit gewidmet hat. Es gibt eine Fülle von empirischem und analytischem Material, aus dem sich Aussagen über die Rollenverteilung der Redepartner, die Dialogstruktur und die gemeinsame interaktive Problemdefinition ableiten lassen. Vergleichen wir diese Ergebnisse mit dem, was zur Zeit natürlichsprachliche Dialogsysteme leisten, so wird nicht nur deutlich, wie weit diese davon entfernt sind, im eigentlichen Sinne zu beraten. Wir können vielmehr, indem wir Schritte in Richtung auf Beratungssysteme betrachten, Probleme genauer ausmachen, die sich auf dem Wege zur Modellierung von Beratungsfähigkeiten stellen. Es kann eine Entwicklungslinie von Frage-Antwort-Systemen über Dialogsysteme zu Beratungssystemen gezogen werden. Dabei erweist sich die Partnermodellierung, d.h. die Einschätzung des Redepartners bezüglich seines Wissensstandes und seiner Ziele bzw. Interessen und die Berücksichtigung dieses Partnerbildes bei der Interaktion als ein zentraler Punkt.

Im folgenden sollen zunächst die Eigenschaften von Beratungsdialogen zusammengefaßt werden, die wir von zukünftigen Beratungssystemen fordern. Anschließend wird die zunehmende Entlastung des Benutzers bei der Kommunikation mit natürlichsprachlichen Systemen in ihrer Entwicklung von Frage-Antwort-Systemen zu Beratungssystemen illustriert. Das HAMburger Anwendungsorientierte Natürlichsprachliche System HAM-ANS kann dann in diese Entwicklung eingeordnet werden, indem die dort realisierten Ansätze und offenen Probleme beschrieben werden.

2. BERATUNGSDIALOGE

Für Beratungsdialoge läßt sich anhand empirischen Materials eine sprachliche Handlungsfolge ausmachen, die die Grobstruktur des Dialogs bestimmt.

Die wichtigsten Dialogphasen sind dabei die interaktive Problemdefinition und die Problemlösung. Die Problemdefinition besteht aus den Dialogschritten Problemdefinition des Klienten, Zuständigkeitsbeschluß des Ratgebers, Erfragen weiterer Informationen zur Problemdefinition seitens des Ratgebers und schließlich der Verstehenssicherung, die durch die Zustimmung des Klienten abgeschlossen wird. Die Problemdarstellung ihrerseits wird durch Dialogakte konstituiert, die die Zielvorstellung des Klienten, die Vorgeschichte des Problems, die Rahmenbedingungen, die bei der Lösung des Problems einzuhalten sind, und die genaue Spezifikation des Problems angeben (Nothdurft 1984).

Die Problemlösung beinhaltet die weitere Konkretisierung und eventuell auch Modifizierung der Rahmenbedingungen, während eine Lösung gesucht wird. Möglicherweise wird aufgrund der Modifikationen das gesamte Problem nochmals redefiniert mit erneuter Verstehenssicherung. Der Lösungsvorschlag, die Empfehlung des Beraters, schließt die Suche nach einer Lösung vorläufig ab. Die Verstehenssicherung des Ratsuchenden kann eine erneute Lösungsdarstellung auslösen. Ist die Verstehenssicherung geglückt, muß der Klient die Lösung dennoch nicht akzeptieren. Ein erneuter Eintritt in die Problemlösung mit modifizierten Rahmenbedingungen kann ebenso erfolgen wie die Beendigung des Beratungsdialogs, ohne daß der Klient den Vorschlag des Beraters akzeptiert hätte. Die möglichen Redefinitionen und den Wiedereintritt in eine Dialogphase nennt Schank (1979) "Schleifen".

Die Rollenverteilung der Gesprächsteilnehmer läßt sich ebenfalls recht genau bestimmen (s. Wunderlich 1976:352ff). Hier soll vor allem die komplementäre Verteilung der Kompetenzen unterstrichen werden: während der Berater die Sachkompetenz hat, besitzt der Ratsuchende die Handlungskompetenz, d.h. er hat die Autorität, die Lösung des Beraters für sich zu akzeptieren und danach zu handeln oder nicht. Aus dieser Kompetenzenverteilung folgt, daß die Problemlösung lediglich eine Empfehlung darstellen kann. Empfehlungen zeichnen sich unter anderem dadurch aus, daß sie die Bewertungen des Hörers und nicht unbedingt die des Sprechers zur Auswahl des zu Empfehlenden heranziehen. Dies bedeutet, daß die Problemlösung durch die Ziele und Rahmenbedingungen des Ratsuchenden gesteuert wird.

Eine weitere Asymmetrie in der Rollenverteilung der Gesprächsteilnehmer betrifft das
Wissen: während der Ratsuchende sein konkretes Problem kennt, kennt der Berater
typische Probleme und deren Lösungen. Das Problem-Wissen ist unterschiedlich stark
abstrahiert. Unterschiedlich sind auch die Sichtweisen: die Überlegungen des
Klienten beziehen sich auf seinen handlungspraktischen Lebenszusammenhang. Wir
können uns sein Wissen bezüglich seiner Handlungsmöglichkeiten und Zielvorstellungen
strukturiert vorstellen. Die Überlegungen des Beraters beziehen sich auf sein
Wissen über den Sachbereich. Der (professionelle) Berater verfügt aber nicht nur
über Sachwissen, sondern auch über Beratungswissen. Er weiß, wann seine
Sachkompetenz überschritten ist, so daß er Ratsuchende gegebenenfalls weiter- bzw.
abweisen kann. Er weiß, wie ein konkretes Problem spezifiziert sein muß, damit es
von ihm gelöst werden kann. Und schließlich weiß er, wie Ziele und Möglichkeiten des
Klienten zu berücksichtigen sind. Diese Asymmetrie in den Sichtweisen bedeutet, daß
das Wissen der Dialogpartner unterschiedlich strukturiert ist.

Es ist in Beratungsdialogen immer wieder beobachtet worden, daß der Ratsuchende
Erzählungen in seine Problemdarstellung einflicht. Dies kann einmal mit der
Unfähigkeit, die Problemstellung aus dem Lebenszusammenhang "herauszupräparieren",
erklärt werden, zum anderen mit dem Versuch, das Rollenverhältnis zu einem
freundschaftlichen umzudefinieren (zu letzterem s. Quasthoff 1980: 169ff).

In Mensch-Maschine-Dialogen werden sich nicht alle Eigenschaften der verschiedensten
Beratungsdialoge modellieren lassen. Dies wäre auch gar nicht sinnvoll. Wir wollen
Beratungsdialoge mittels natürlichsprachlicher Systeme auf institutionalisierte
Beratungen einschränken und narrative Einschübe mit ihrer Rollenumdefinition und
ihrem Bezug auf beliebige Bereiche des Alltags ausschließen. Als Anforderungen an
ein natürlichsprachliches System ausgedrückt, können die zu modellierenden
Eigenschaften von Beratungsdialogen folgendermaßen zusammengefaßt werden:

- Metawissen über die Grenzen der Sachkompetenz
- Verstehen einer Problemdarstellung
- Erkennen der Sichtweise des Benutzers auf das Sachgebiet (Wissensstand)
- Anpassung der Lösungsdarstellung an den Wissensstand der Benutzers
- Repräsentation des Wissens mit verschiedenen Abstraktionsgraden und verschiedenen
  Strukturierungsmöglichkeiten
- Redefinition einer Problemdarstellung
- Erkennen der Ziele und Möglichkeiten des Benutzers (Rahmenbedingungen)
- Ausnutzen der Rahmenbedingungen bei der Problemlösung
- Modifikation der Rahmenbedingungen
- Erzeugen der Sprechakte Empfehlen, Ratgeben
- Dialogstrukturierung

– gemischte Initiative

Das Erkennen der durch den Benutzer gesetzten Rahmenbedingungen und seines Wissensstandes fällt unter das Schlagwort 'Aufbau eines Partnerbildes', das Ausnutzen der Rahmenbedingungen bei der Problemlösung, das Erzeugen einer Empfehlung und die Berücksichtigung des Wissensstandes bei der Lösungsdarstellung fällt unter die 'Ausnutzung eines Partnerbildes'. Partnermodellierung erweist sich somit als ein zentraler Punkt bei der Modellierung von Beratungsfähigkeiten.

3. DIE ENTWICKLUNG VON FRAGE-ANTWORT- ZU BERATUNGSSYSTEMEN

An einem einfachen Beispiel soll illustriert werden, wie der Ausbau der Fähigkeiten eines natürlichsprachlichen Systems zunehmend weniger Anstrengungen seitens des Benutzers erfordert. Die komplementäre Verteilung der Sprecher- und der Hörerarbeit bei der Kommunikation kann so auch auf die Mensch-Maschine-Kommunikation bezogen werden. Als einfache Beispielwelt nehmen wir die Paketauskunft [1]. Der Dialog mit einem Frage-Antwort-System könnte etwa folgendermaßen aussehen:

```
BEN: Was ist die Beförderungsdauer eines Päckchens nach Indien per Schiffsfracht?
SYS: WOCHEN: 6
BEN: Was ist die Beförderungsdauer eines Päckchens nach Indien per Luftfracht?
SYS: WOCHEN: 1
BEN: Was ist das Höchstgewicht eines Päckchens nach Indien per Luftfracht?
SYS: HÖCHSTGEWICHT: 1000 g
BEN: Was ist der Preis?
SYS: BITTE NEU FORMULIEREN!
BEN: Was ist der Preis eines Päckchens nach Indien?
SYS: PÄCKCHEN FREIZUMACHEN
```

	GEWICHT	DM
	BIS 100g	1,20
ÜBER 100g BIS	250g	1,70
ÜBER 250g BIS	500g	2,80
ÜBER 500g BIS	1000g	4,80

```
LUFTPOSTZUSCHLAG
LÄNDERGRUPPE I     JE 20g      0,20
LÄNDERGRUPPE II                0,30
LÄNDERGRUPPE III               0,40

INDIEN: LÄNDERGRUPPE I
```

----

[1] Zu diesem Bereich der Beratung gibt es einen hübschen Beispieldialog in Nothdurft (1984), der uns zu diesen Dialogen anregte.

Dieser fiktive Dialog zeigt ein komfortables Frage-Antwort-System etwa wie das USL System (Zoeppritz 1983). Die Leistungen des Benutzers sind:

Der Benutzer hat dieselbe Sichtweise auf das Sachgebiet wie sie im System modelliert ist. Z. B.:
- Päckchen können mit dem Flugzeug oder mit dem Schiff befördert werden
- Es gibt ein maximales Gewicht bei Päckchen für die Luftfracht
- Der Preis des Päckchens richtet sich nach seinem Gewicht

Der Benutzer verfügt über eine Fragestrategie, mit deren Hilfe er sein Problem selbstständig löst.

Der Benutzer konstruiert aus der Ausgabe des Systems die eigentliche Antwort.

Der Benutzer stellt stets vollständig spezifizierte Fragen.

Der Benutzer formuliert stets vollständige Sätze.

Dem stehen als Leistungen des Frage-Antwort-Systems gegenüber:

Analyse von vollständigen Fragen
    meist bei (vom Benutzer) festgelegten Möglichkeiten, sich auf Entitäten der Datenbasis zu beziehen

Erzeugen einer Datenbasis-Anfrage

Ausgabe des Ergebnisses der Datenbasis-Anfrage

Die paarweise Verarbeitung von Frage und Antwort erfordert die Wiederholung von Angaben, hier: "Päckchen nach Indien". Der Aufbau und die Ausnutzung von Dialoggedächtnissen kann dies verhindern. Ein Dialog in derselben Situation könnte mit einem Dialogsystem etwa folgendermaßen aussehen:

BEN: Wie lange braucht ein Päckchen nach Indien mit dem Schiff?
SYS: ETWA 6 WOCHEN.
BEN: Und per Luftpost?
SYS: ETWA EINE WOCHE.
BEN: Wie schwer darf es bei Luftfracht maximal sein?
SYS: MAXIMAL 1000 GRAMM.
BEN: Und was kostet das dann?
SYS: 14,80 DM.

Hier sind die Leistungen des Benutzers:

Der Benutzer hat dieselbe Sichtweise auf das Sachgebiet wie sie im System modelliert ist.

Der Benutzer verfügt über eine Fragestrategie, mit deren Hilfe er sein Problem selbstständig löst.

Der Benutzer braucht nicht mehr stets vollständige Sätze und vollständig spezifizierte Anfragen zu formulieren und braucht sich nicht mehr die eigentliche Antwort zu konstruieren.

Die Leistungen des Dialogsystems sind:

Analyse von Fragen
    Rekonstruktion von Ellipsen
    Auflösung von Proformen
Verwalten dialogabhängiger Wissensquellen
Erzeugen einer Datenbasis-Anfrage
Generierung einer möglichst kurzen, kooperativen natürlichsprachlichen Antwort
    Elliptifizierung
    Proformengenerierung
    Überbeantwortung und Präzisierung

Die Analyse der Benutzereingaben ist damit komplexer geworden, die Generierung einer natürlichsprachlichen Antwort hinzugekommen. Ein Dialog mit einem Beratungssystem in derselben Situation könnte folgendermaßen aussehen:

BEN: Ich will ein Päckchen nach Indien schicken. Und da wollte ich mich erkundigen, wie das geht.
SYS: SIE WOLLEN EIN PÄCKCHEN NACH INDIEN SCHICKEN?
BEN: Ja.
SYS: DAS GEHT PER LUFTFRACHT ODER PER SCHIFFSFRACHT.
BEN: Mit dem Schiff ist wohl langsamer?
SYS: JA, ETWA 6 WOCHEN PER SCHIFFSFRACHT UND EINE PER LUFTPOST.
BEN: Und was kostet es mit Luftpost?
SYS: DAS HÄNGT VOM GEWICHT AB. WIEVIEL WIEGT IHR PÄCKCHEN?
BEN: Das kann ich noch nicht sagen, weil ich es noch nicht gepackt habe.
SYS: SOLL ICH DAS PORTO FÜR EIN PÄCKCHEN NACH INDIEN PER LUFTFRACHT HERAUSSUCHEN?
BEN: Ja gut.
SYS: DIE GRUNDGEBÜHR FÜR PÄCKCHEN ÜBER 500 GRAMM BETRÄGT 4,80DM. DER LUFTPOSTZUSCHLAG FÜR INDIEN IST 0,20DM PRO 20 GRAMM. PÄCKCHEN INS AUSLAND DÜRFEN MAXIMAL 1000 GRAMM WIEGEN. EIN PÄCKCHEN VON 1000 GRAMM NACH INDIEN PER LUFTFRACHT WÜRDE 14,80DM KOSTEN.
BEN: Das ist ja teuer.
SYS: DIES IST DIE BILLIGSTE SCHNELLE MÖGLICHKEIT.
BEN: OK.
SYS: AUF WIEDERSEHEN.

Dieser Dialog ist länger als der Dialog mit dem Dialogsystem, es wird aber auch mehr Information ausgetauscht. Der Benutzer hat noch keine, eine vage oder sogar eine falsche Sichtweise auf das Sachgebiet. Er wendet keine auf die Fähigkeiten des Systems bezogene Fragestrategie an. Die Leistungen des Benutzers sind hier lediglich:

Der Benutzer weiß, worauf es ihm ankommt. Z.B.:
- Das Päckchen soll schnell in Indien sein
-- Es soll nicht viel kosten

Die Leistungen des Beratungssystems umfassen die eines Dialogsystems. Sowohl die Prozesse auf der Analyseseite als auch die auf der Generierungsseite sind aber komplexer geworden:

Analysen von Fragen, Aussagesätzen und Befehlen
Rekonstruktion von Ellipsen
  Auflösung von Proformen, auch solchen, die sich auf komplexe Dialogobjekte beziehen
Erkennen von Sprechakten
Erkennen von Benutzerzielen
Erkennen von Rahmenbedingungen des Benutzers
Verwalten dialogabhängiger Wissensquellen
Auswahl der geeigneten Wissensquelle(n) zur Systemreaktion
  Gesetzmäßigkeiten im Sachgebiet, Rahmenbedingungen, Schritte im Problemlösungsprozeß können ebenso zur Beantwortung herangezogen werden wie die Daten selbst und darüber angestellte Berechnungen
Erzeugen von Wissensquellen-Anfragen
Verknüpfen der Informationen (Problemlösen)
Auswahl der geeigneten Informationen für die Antwort
Auswahl des geeigneten Sprechaktes
Formulierung einer natürlichsprachlichen Systemreaktion

Das System ergreift in dem Beispieldialog die Initiative, indem es einmal nach einer Spezifikation für die Problemlösung fragt (Gewicht des Päckchens), einmal anbietet, das Porto beispielhaft zu berechnen. Die Rahmenbedingungen, die bei dem Problemlösungsprozeß verwendet wurden, werden verbalisiert, als von der "billigsten schnellen Möglichkeit", ein Päckchen nach Indien zu befördern, gesprochen wurde. Auch die Beendigung des Dialogs nach dem "OK" des Benutzers kann als Übernahme der Initiative gewertet werden. Eine gründliche Analyse des Beispieldialogs mit einem fiktiven Beratungssystem kann hier aus Platzgründen nicht erfolgen. Es sollte aber deutlich geworden sein, daß hier eine weitere Komplexitätssteigerung erfolgt.

4. ANSÄTZE IN HAM-ANS

Es gibt kein System, das die oben angeführten Anforderungen erfüllt, wohl aber Arbeiten zu den einzelnen Punkten. Hier sollen einige Arbeiten an HAM-ANS dargestellt werden. HAM-ANS wurde nicht in der Absicht, ein Beratungssystem zu entwickeln, realisiert. HAM-ANS ist ein Dialogsystem. Insbesondere verfügt es über keine Problemlösungskomponente, ist das Verstehen einer Problemdarstellung und die durch die Rahmenbedingungen des Benutzers eingeschränkte, gezielte Problemlösung nicht bearbeitet worden. Dennoch kann HAM-ANS in der Entwicklungslinie von Frage-Antwort-Systemen zu Beratungssystemen jetzt nachträglich sozusagen "hinter" Dialogsystemen eingereiht werden, da Ansätze nicht nur zur Modellierung von Dialogstruktur, gemischter Initiative, sondern auch zu verschiedenen Abstraktionsgraden des Wissens und zur Partnermodellierung gegeben sind.

In einer der drei Anwendungsklassen von HAM-ANS [2], der Hotelreservierungssituation, ist die Grobstruktur des Dialogs durch die Angabe von drei Dialogphasen, jeweils aus mehreren Dialogschritten bestehend, die wiederum durch mehrere Dialogakte realisiert werden, explizit repräsentiert. Die Festlegung der groben Dialogstruktur erscheint bei der Behandlung einer bestimmten Dialogsorte sinnvoll. Welche konkreten Dialogschritte für eine Dialogsorte in einer bestimmten Situation anzusetzen sind, müßten empirische Studien über den Anwendungsbereich ergeben. Wir erheben keinesfalls den Anspruch, daß die von uns hier angenommenen Schritte die Struktur von Hotelreservierungsgesprächen wiedergeben. Die von uns avisierten eher stereotypen Dialoge in Institutionen lassen aber ein "Einfrieren" von Strukturierungsregeln des Dialogs sinnvoll erscheinen.

Die einleitende Dialogphase enthält eine sehr einfache Verstehenssicherung des Systems: der Wunsch des Benutzers (hier: ein Zimmer zu buchen) wird als Frage paraphrasiert. Der nächste Dialogschritt wird erst aufgerufen, wenn der Benutzer die Frage bejaht. Das System hat aber keine Möglichkeit festzustellen, ob das Anliegen des Benutzers über seine Kompetenz hinausgeht. Ein anderes Anliegen als das, ein Zimmer zu buchen, wird vom System schlicht nicht verstanden. In einer anderen Anwendungsklasse, dem Datenbankzugang, wird immerhin erkannt, ob die Benutzerfrage sich auf etwas bezieht, was nicht in der Datenbank repräsentiert ist. Es wird ausgegeben, welche ähnlichen Konzepte von der Datenbank abgedeckt werden (Marburger 1985).

Zurück zur Hotelreservierungssituation. Hat der Benutzer seinen Zimmerwunsch unvollständig (im Sinne des Systems) angegeben, so ergreift das System die Initiative und erfragt die fehlenden Angaben. Es ist repräsentiert, welche Angaben zur vollständigen Spezifikation notwendig sind und wie nach ihnen gefragt werden kann. Dies ist eine sehr stark eingeschränkte Problemspezifikation mit hier sehr kleinen Wissensquellen, die dem Beratungswissen zuzuordnen wären. Würde der Problemspezifikation statt des stereotypen Zimmerwunsches eine Problemdarstellung vorausgehen, so müßte das System über erheblich mehr Weltwissen verfügen, das sich nicht nur auf das Sachgebiet selbst bezieht, sondern auch auf Bezüge dazu im Alltag. Diese Bezüge müssen selbst explizit sein, um der Schilderung das (noch nicht voll spezifizierte) Problem zu entnehmen. Durch die Wahl eines geeigneten Anwendungsgebietes die Einbeziehung von Alltagserfahrungen und die Menge der möglichen Problemtypen so stark wie möglich einzuschränken, ist eine Voraussetzung für die Operationalisierung von Beratungsfähigkeiten. Es ist daher kein Zufall, daß Ansätze zu Beratungssystemen meist Softwarepakete als Gegenstandsbereich haben (Carbonell et al. 1983, Finin 1983, Wilensky 1984).

---

[2] zum Begriff der Anwendungsklasse und zu einer Übersicht über das Gesamtsystem s. Hoeppner, Morik (1983).

Mit seinem Problem stellt der Ratsuchende auch seine Rahmenbedingungen dar. Im Falle von HAM-ANS ist ja nur ein einziges Anliegen zu spezifizieren. Dennoch werden die Angaben, die der Benutzer über sich macht, dazu ausgenutzt, Ziele des Benutzers zu erkennen. Ziele sind nicht als Zielbäume oder Planergebnisse repräsentiert, da es ja nicht um eine Handlungsfolge geht, sondern um ein möglichst geeignetes Zimmer für einen bestimmten Benutzer [3]. Es ist vielmehr der Bewertungsstandard des Benutzers in Form von Anforderungen an ein Zimmer und das Hotel repräsentiert. Der Bewertungsstandard wird in zwei Schritten für den individuellen Benutzer konstruiert. Zunächst werden anhand der Art, wie sich der Benutzer meldet und ob der Benutzer für sich selbst buchen will, Vermutungen angestellt, welcher Berufsgruppe er angehört und ob er dienstlich oder privat reist. Anhand der gewünschten Aufenthaltsdauer wird vermutet, ob er auf der Durchreise oder im Urlaub sein wird. Diese Vermutungen sind unabhängig voneinander. Es wird also nicht eine Benutzerklassifikation vorgenommen, bei der jeder Benutzer einer der bestehenden Benutzerklassen zugeordnet würde, sondern mehrere unabhängige Aspekte eines Benutzers werden erkannt und bilden zusammen das Partnerbild. Daraus werden im zweiten Schritt Anforderungen an das Hotel und ein Zimmer gefolgert. Jedem Aspekt sind Anforderungen zugeordnet. Kommt dieselbe Anforderung von mehr als einem Aspekt, so wird ihre angenommene Wichtigkeit für den Benutzer erhöht.

Der Bewertungsstandard wird ausgenutzt, um eine Empfehlung zu generieren. Alle Zimmerkategorien und das Hotel werden nach den angenommenen Wünschen des Benutzers bewertet. Eine einfache Dialogstrategie wählt dann aus, was verbalisiert werden soll. Erfüllt eine Zimmerkategorie z.B. genau die Anforderungen, so wird eine warme Empfehlung realisiert. Über das Hotel wird dann nichts ausgesagt, selbst wenn es ebenfalls positiv zu bewerten ist. Erfüllt eine Zimmerkategorie die sehr wichtigen aber nicht alle Anforderungen und gibt es keine bessere Zimmerkategorie, so werden in einer eingeschränkten Empfehlung die Vor- und Nachteile verbalisiert und, wenn möglich, das Hotel empfohlen. Es kann auch nur das Hotel empfohlen oder überhaupt abgeraten werden – je nach den Bewertungen, die im vermuteten Sinn des Benutzers durchgeführt werden. Es ist also keineswegs das Ziel von HAM-ANS, unbedingt ein Zimmer zu vermitteln und es werden keineswegs täuschende Sprechakte im Sinne von Maas, Wunderlich (1972:146ff, 241ff) ausgeführt.

Dies Verfahren der Auswahl für den Benutzer und der Sprechaktgenerierung kann wohl auch für andere Anwendungsbereiche verwendet werden. Es wird dann von Benutzerstudien festzustellen sein, welche Aspekte der Benutzer frei kombinierbar

----

[3] Daß beide Darstellungen ineinander überführbar aber für unterschiedliche Zwecke geeignet sind, wird in (Morik 1983) ausgeführt.

vorkommen, wodurch sie üblicherweise angezeigt werden und mit welchen Präferenzen oder Zielen sie korrespondieren. Daraus ist dann auch zu entnehmen, welche Merkmale der Objekte des Sachbereichs für den Auswahlprozeß repräsentiert sein müssen.

Offene Fragen sind hier, wie die Modifikation des Bewertungsstandards im Dialog zu behandeln ist und wann die Zimmerbewertung erneut durchgeführt werden sollte, da zu viel modifiziert wurde. Im einzelnen gilt es zu untersuchen, wie zuverlässig Partikel und die Negation in Fragen Anforderungen des Benutzers anzeigen. Z.B.:

Das Zimmer ist doch nicht etwa dunkel?

Wie können Aussagen, die Anforderungen ausdrücken, verarbeitet werden? Z.B.:

Ich brauche keinen Fernseher.

War die Tatsache, daß kein Fernsehgerät im Zimmer steht, der einzige Nachteil einer Zimmerkategorie, so ist das Zimmer nunmehr genau für den Benutzer geeignet. Wurde der Fernseher aber als Vorteil präsentiert, so ist die betreffende Zimmerkategorie jetzt weniger gut geeignet und vielleicht sollte eine andere ohne Fernseher ausgewählt werden.

Unterschiedliche Abstraktionsgrade im Wissen über das Sachgebiet werden in der Hotelreservierungssituation durch austauschbare Wissensquellen des referentiellen Wissens behandelt. Es gibt das detaillierte referentielle Wissen über ein bestimmtes Hotelzimmer mit seinen räumlichen Daten und Beschreibungen seiner Objekte. Daraus wird mithilfe eines Extraktionsprozesses Überblickswissen über eine Zimmerkategorie gewonnen, indem die Eigenschaften der Objekte und die räumlichen Angaben weggelassen und Gruppierungen wie z.B. "Sitzecke", "Zimmerbar" gebildet werden. Überblickswissen über alle Zimmerkategorien und Wissen über das Hotel bilden das weniger detaillierte referentielle Wissen. Dies kann als ein Ansatz betrachtet werden, unterschiedliche Abstraktionsgrade zu modellieren. In HAM-ANS ist durch die Dialogstruktur festgelegt, bezüglich welchen referentiellen Wissens Benutzeräußerungen zu interpretieren sind. Diese Entscheidung flexibel anhand einer Benutzereingabe zu fällen, für deren (semantische) Analyse ja bereits eben diese Wissensquelle benötigt wird, erfordert eine größere Komplexität des Systems und eine andere Systemarchitektur.

Abschließend können die Ansätze und Grenzen von HAM-ANS bezüglich der Entwicklung in Richtung von Beratungssystemen zusammengefaßt werden:

- Dialogstrukturierung
- gemischte Initiative
- Verstehenssicherung des Systems

  aber: kein Akzeptieren einer Verstehenssicherung des Benutzers
- Spezifikation des Benutzeranliegens

  aber: kein Verstehen einer Problemdarstellung
- Erkennen des Bewertungsstandards

  aber: keine Modifikation des Bewertungsstandards

        kein Metadialog über den Bewertungsstandard
- Erzeugen der Sprechakte Empfehlen und Abraten

  aber: keine Sprechakterkennung
- Repräsentation unterschiedlich detaillierten Weltwissens

  aber: keine Wahl des Detailliertheitsgrades anhand der Benutzereingabe

LITERATUR

Carbonell, Jaime G., Boggs, W. Mark, Mauldin, Michael L., Anick, Peter G. (1983): The XCALIBUR Project: A Natural Language Interface to Expert Systems. In: Procs. 8th IJCAI, Karlsruhe, S.653-656.

Finin, Timothy W. (1983): Providing Help and Advice in Task Oriented Systems. In: Procs. 8th IJCAI, Karlsruhe, S. 176-178.

Hoeppner, Wolfgang, Morik, Katharina (1983): Das Dialogsystem HAM-ANS: Worauf basiert es, wie funktioniert es und wem antwortet es? In: Linguistische Berichte 88, S. 3-36.

Maas, Utz, Wunderlich, Dieter (1972): Pragmatik und sprachliches Handeln. Frankfurt a.M.

Marburger, Heinz (1985): A Basis for Cooperative System Reactions in a Natural Language Interface to Databases. Yet unpublished paper.

Morik, Katharina (1983): Wertäußerungen und Repräsentation von Bewertungen. Universität Hamburg, Forschungsstelle für Informationswissenschaft und Künstliche Intelligenz, Memo ANS-14.

Nothdurft, Werner (1984): "...äh folgendes Problem äh..." Die interaktive Ausarbeitung 'des Problems' in Beratungsgesprächen. Institut für deutsche Sprache, Tübingen.

Quasthoff, Uta M. (1980): Erzählen in Gesprächen. Tübingen.

Schank, Gerd (1979): Zum Ablaufmuster von Kurzberatungen - Beschreibung einer Gesprächsstruktur. In: Dittmann, Jürgen (Hg.): Arbeiten zur Konversationsanalyse. Tübingen, S. 176-197.

Wilensky, Robert (1984): Talking to UNIX in English: An Overview of an On-Line Unix Consultant. In: The AI Magazine, Vol. V, No. 1, S. 29-39.

Wunderlich, Dieter (1976): Studien zur Sprechakttheorie. Frankfurt a.M.

Zoeppritz, Magdalena (1983): Syntax for German in the User Specialty Languages System. Tübingen.

EIN JURISTISCHES EXPERTENSYSTEM
AUF DER GRUNDLAGE VON LINGUISTIK UND LOGIK

Hubert Lehmann
IBM Wissenschaftliches Zentrum Heidelberg

1 Einführung

Auf der GLDV-Tagung 1984 wurde zum ersten Mal über das Projekt "Juristisches Expertensystem auf der Grundlage von Linguistik und Logik (LEX)" berichtet, das Gegenstand
dieses Aufsatzes ist (Guenthner / Lehmann, 1985). Hier wird ein Überblick gegeben über
den gegenwärtigen Stand des gemeinsamen Projekts zwischen dem Wissenschaftlichen Zentrum der IBM in Heidelberg und der Universität Tübingen, das zum Ziel hat, ein juristisches Expertensystem im Bereich des Straßenverkehrsstrafrechts zu erstellen. In
diesem System soll es möglich sein, den Dialog mit dem Benutzer in natürlicher Sprache
zu führen. Der Benutzer soll Fälle in Form eines fortlaufenden Textes beschreiben
können. Die dazu erforderliche linguistische Analyse beruht auf dem User Specialty
Languages (USL) System (Lehmann (1978), Ott / Zoeppritz (1980), Zoeppritz (1984)),
dessen syntaktische Fähigkeiten so erweitert werden, daß die meisten in Texten vorkommenden Konstruktionen behandelt werden können. Außerdem soll die Analyse durch ein
großes Lexikon gestützt werden, das wir in Form einer relationalen Datenbank aufbauen.
Im Gegensatz zu früher wird nicht mehr SQL als semantische Repräsentationssprache
verwendet, sondern es werden stattdessen Diskursrepräsentationsstrukturen (DRSen) erzeugt. Dementsprechend wird an einer deduktiven Komponente gearbeitet, die auf der
Diskursrepräsentationstheorie basiert.

Hier sollen Fortschritte, die in der Arbeit an diesem Projekt während des vergangenen
Jahres erzielt wurden, dargestellt werden. Dabei liegt der Schwerpunkt auf Fragen der
Wissensdarstellung und der Auflösung kontextueller Referenzen in Texten.

1.1 Eine Konsultation

Im folgenden soll durch ein Beispiel erläutert werden, wie die Konsultation eines
Rechtsanwalts mit LEX ablaufen kann. Auf die Beschreibung eines Falls folgt eine Frage
zu diesem Fall. Das System versucht, die Frage zu beantworten und stößt dabei auf
fehlende Information, die vom Benutzer erfragt wird. Nachdem das System über alle zur
Beantwortung der Frage notwendige Information verfügt, wird eine Antwort ausgegeben,
die aus dem entstandenen Beweisbaum abgeleitet wird. Der Benutzer kann zu den einzelnen angesprochenen Punkten der Antwort weitere Information erfragen.

FALLBESCHREIBUNG

> T kam von der Fahrbahn ab und prallte gegen eine Straßenlaterne. Ein Sach-
> schaden von 500 DM entstand. Der Unfall geschah um 0 Uhr im Stadtgebiet.
> T wartete 20 Minuten. Er entfernte sich und ließ seinen PKW am Unfallort
> zurück.

FRAGE   War die Wartezeit ausreichend?

RÜCKFRAGE

> War jemand am Unfallort anwesend?

BENUTZER Nein.

ANTWORT

1. Der Schaden ist größer als 300 DM, deshalb ist der Schaden nicht gering, deshalb wird die Verkehrsdichte berücksichtigt.

2. Die Verkehrsdichte ist hoch, deshalb ist die minimale Wartezeit 30 Minuten.

3. Die Wartezeit ist kleiner als die Mindestwartezeit, deshalb ist die Wartezeit nicht ausreichend.

FRAGE Warum ist die Verkehrsdichte hoch?

ANTWORT

Die Verkehrsdichte ist hoch, weil der Unfallort im Stadtgebiet liegt.

1.2 Systementwurf

Zur Realisierung eines Expertensystems, das den gezeigten Dialog mit dem Benutzer zu führen vermag, haben wir einen System mit folgenden Komponenten entworfen:

1. Eine **Dialogkomponente**: führt den Dialog mit dem Benutzer. Sie leitet natürlichsprachliche Eingaben an den **Natural Language Analyzer** weiter, ist zuständig für die Erzeugung von Rückfragen und Erklärungen (gemäß dem Beweisbaum, der von der Deduktiven Komponente erstellt wurde).
2. Der **Natural Language Analyzer** basiert auf dem USL-System, dessen Grammatik so erweitert wird, daß fortlaufende Texte behandelt werden können. Der Natural Language Analyzer erzeugt die zu einem Text gehörige Diskursrepräsentationsstrukur, löst kontextuelle Referenzen auf (wofür falls notwendig die Deduktive Komponente aufgerufen wird), und enthält ein Programm zur (halb-) automatischen Erweiterung eines Thesaurus von Bedeutungsregeln (vgl. Wirth, 1984).
3. Die zum Text gehörige DRS wie auch die sonstigen Regeln, die zur Behandlung einer Anfrage benötigt werden, werden, vom **Knowledge Manager** verwaltet und bereitgestellt. Dieser wird zumeist vom Natural Language Analyzer und von der Deduktiven Komponente aktiviert und ist auch zuständig für die Kommunikation mit der Datenbank, die die gesamte Wissensbasis enthält.
4. Die **Deduktive Komponente** wird aktiviert, wenn Anfragen des Benutzers zu beantworten sind oder wenn kontextuelle Referenzen aufzulösen sind. Sie ist auf die Diskursrepräsentationstheorie zugeschnitten und basiert auf dem Tableaukalkül (näheres s. Guenthner / Lehmann / Schönfeld, 1985). Die Deduktive Komponente kann ihrerseits wieder die Dialogkomponente aktivieren, wenn Rückfragen an den Benutzer zu stellen sind.

1.3 Formalisierung juristischen Wissens

Das juristisches Wissen, das wir verwenden, liegt herkömmlicherweise in folgender Form vor

(1) Ein Unfallbeteiligter, der sich nach einem Unfall im Straßenverkehr entfernt, bevor er

1. zugunsten der anderen Unfallbeteiligten und der Geschädigten die Feststellung seiner Person, seines Fahrzeugs und der Art seiner Beteiligung durch seine Anwesenheit und durch die Angabe, daß er an dem Unfall beteiligt ist, ermöglicht hat oder

2. eine nach den Umständen angemessene Zeit gewartet hat, ohne daß jemand bereit war, die Feststellung zu treffen,

wird mit Freiheitsstrafe bis zu drei Jahren oder mit Geldstrafe bestraft.

(2) ...

Abb. 1: §142. Unerlaubtes Entfernen vom Unfallort

- Die §§ 142 (s. Abb. 1), 315c und 316 des Strafgesetzbuchs,
- Kommentare zum Strafgesetzbuch,
- juristische Lehrbücher zum Strafgesetz,
- Urteile zu dem genannten Paragraphen.

Das Ziel der Formalisierung dieses Wissens ergibt sich aus den Interaktionsmöglichkeiten, die man mit einem Expertensystem anstrebt. Dazu gehören:

- Zutreffen eines Gesetzes auf einen gegebenen Fall,
- Suche nach "ähnlichen" Fällen,
- Frage nach den Umständen, unter welchen ein Gesetz gilt.

Bei der Formalisierung ist die korrekte Wiedergabe der konzeptuellen Struktur des Sachgebiets zu erreichen. Zusätzlich muß berücksichtigt werden, daß die Interaktion mit dem System mittels natürlicher Sprache erfolgen soll. Das bedeutet, daß *systematisch* von natürlichsprachlichen Äußerungen in die gewählte logische Form übersetzt werden muß. In einem ersten Versuch zur Erstellung eines Demonstrationsvehikels für den §142(I) in Prolog (s. Abb. 2) ist zwar eine adäquate Darstellung der konzeptuellen Struktur erreicht worden, aber aufgrund der mangelnden Ausdruckskraft von Prolog (allquantifizierte Ausdücke, Negation, Disjunktion) kann in diese Form keinesfalls automatisch übersetzt werden.

2 Diskursrepräsentationstheorie

Unser Ansatz zur Repräsentation von Wissen stützt sich auf die 1981 von Kamp vorgestellte Diskursrepräsentationstheorie (DRT) (s. auch Partee (1984) und Guenthner / Lehmann / Schönfeld (1985)). Die DRT stellt nach unserer Auffassung zur Zeit den vielversprechendsten Ansatz zur logischen Repräsentation von Texten dar. Sie erlaubt insbesondere eine elegante Behandlung anaphorischer und temporaler Beziehungen in Texten.

```
_hat_bei_unfall__den_obj_tatbest_erf(B,U)<-
    .....
    _unfall(U,H) &
    _ist_beteiligt_an_(B,U) &
    ¬ _einziger_geschaed_und_beteiligter(B,U)&
    .....

_unfall(U,H) <-
    ploetzliches_ereignis(U) &
    ursache_von__sind_gefahr_d_st_verk(U)&
    _verursachte_nennenswerten_schaden(U,H) & /.

ursache_von__sind_gefahr_d_st_verk(U) <-
    ((_ist_in__verwickeltes_fahrzeug(F,U) &
      art_des_unfalls(U,F,O)) |
    fussgaengerunfall(U,O)) &
    (oeffentliche_verkehrsflaeche(O) |
     _relevant_als_andere_v_flaeche(O)) & /.
```

Abb. 2: Darstellung des §142 in Prolog

2.1 Grundlagen

Der zentrale Begriff der Diskursrepräsentationstheorie ist die
Diskursrepräsentationsstruktur (DRS), die als Resultat einer satzweisen Übersetzung
eines Texten nach sogenannten Diskursformationsregeln erfolgt. DRSen können dann nach
dem üblichen Vorgehen der Prädikatenlogik modelltheoretisch interpretiert werden.

Eine DRS ist ein Paar <U,C>, wobei U eine Menge von Diskursreferenten und C eine Menge
von Bedingungen ist. Die Bedingungen können **atomar** oder **komplex** sein. Atomare Bedingungen sind Literale wie P(a,b) oder a = b, komplexe Bedingungen bestehen aus einem
Operator (Implikation, Disjunktion, Negation) und ein oder zwei DRSen (Vgl. das Beispiel im Abschnitt 2.3).

2.2 Konstruktion von Diskursrepräsentationsstrukturen

Wir erzeugen Diskursrepräsentationsstrukturen auf der Grundlage des USL Systems (s.
auch Guenthner / Lehmann (1984) für eine genauere Beschreibung). Das bedeutet, daß
im Anschluß an die Syntaxanalyse und die Erzeugung von *Zwischenstrukturen* aus diesen
statt SQL-Ausdrücken DRSen generiert werden (zunächst ohne die Auflösung kontextueller
Referenzen). Erst in einem weiteren Schritt werden diese erkannt, wobei
morphologische, syntaktische, semantische und pragmatische Kriterien herangezogen
werden (s. Guenthner / Lehmann (1983) für eine detaillierter Diskussion der Behandlung
von Pronominalisierung).

2.3 Anwendungsbeispiel

Im folgenden soll anhand der Fallbeschreibung in der oben gezeigten Konsultation illustriert werden, wie die sprachliche Analyse im LEX-Projekt vonstatten geht.   Der
Syntaxbaum für den ersten Satz des Beispiels sieht folgendermaßen aus:

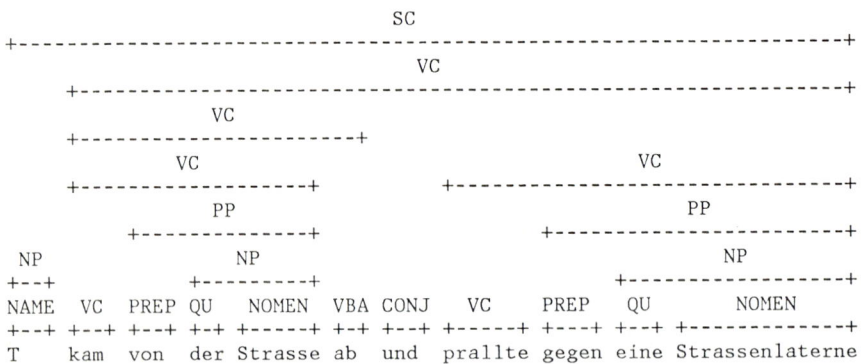

Die Vorgehensweise bei der Syntaxanalyse wird in Zoeppritz (1984) ausführlich diskutiert.

Aus dem Syntaxbaum wird durch Anwendung von Interpretationsroutinen folgende Zwischenstruktur erstellt:

```
R:()
  A(NOM): T
  K: und
      R: abkommt
          A(VON): R: Strasse
      R: prallt
          A(GEGEN): R: Strassenlaterne
```

Diese Darstellung der Zwischenstrukur zeigt nicht alle dort vorhandene Information
vollständig (so sind zum Beispiel Angaben über Quantifikation, Negation,
Interrogativpronomina usw. hier nicht berücksichtigt).   Koordination von Verbalphrasen
(bzw. Sätzen) wird so dargestellt, daß eine leere Relation ("R:()") angenommen wird,
bei der alle gemeinsamen Verbkomplemente als Argument erscheinen (hier das gemeinsame
Subjekt), dann die Koordination der Relationen, die für die einzelnen Verben stehen.
Die Präpositionalphrasen mit "von" und "gegen" werden in beiden Fällen als
Präpositionalobjekte behandelt (eine Alternative dazu wäre die Darstellung als
Richtungsadverbial "LS" bzw. "LG").

Aus dieser Zwischenstruktur (und denen der übrigen Sätze der Fallbeschreibung) wird
die in Abb. 3 gezeigte DRS aufgebaut (als Vorversionen sind Programme in PL/I und
Prolog, die den Umfang des von Kamp (1981) beschriebenen Fragments behandeln, bereits
implementiert worden).   In der Haupt-DRS sind zunächst die dort eingeführten
Diskursreferenten verzeichnet.   Die einzelnen Ereignisse, die in den Sätzen beschrieben
werden, werden durch die Ereignisbedingungen e1 bis e11 dargestellt, die zeitlichen
Beziehungen zwischen den Ereignissen durch die Operatoren < (vor), c (enthalten) und
o (Überlappung).   Die für Nomina stehenden Prädikate stehen mit ihren entsprechenden
Argumentstellen meist vor den sie regierenden Verben.   Maßangaben wie "Uhr" und "DM"
sind als Funktionen dargestellt.

```
+-----------------------------------------------------------------+
| u1,u2,u3,u4,u5,u6,u7,u9,u10,u11,u12,u13,                        |
| e1,e2,e3,e4,e5,e6,e7,e8,e9,e10,e11                              |
|                                                                 |
|     T(u1)                                                       |
|     Strasse(u2)                                                 |
|     +---------------------------------------+                   |
| e2:|  u1 abkommt von u2                     |                   |
|     +---------------------------------------+                   |
|     Strassenlaterne(u3)                                         |
|     +---------------------------------------+                   |
| e3:|  u1 prallt gegen u3                    |                   |
|     +---------------------------------------+                   |
|     e2 c e1                                                     |
|     e3 c e1                                                     |
|     Schaden(u4,u5)                                              |
|     u5 = 500 DM                                                 |
|     +---------------------------------------+                   |
| e4:|  u4 entsteht                          |                   |
|     +---------------------------------------+                   |
|     Unfall(e5)                                                  |
|     +---------------------------------------+                   |
| e6:|  e5 geschieht                         |                   |
|     +---------------------------------------+                   |
|                                                                 |
|     e6 o 0 Uhr                                                  |
|     lp(e5) c u7                                                 |
|     stadtgebiet(u7)                                             |
|                                                                 |
|     +-----------------------------------+                       |
|     | u8                                |                       |
|  ¬  | feststellungsbereite Person(u8)   |                       |
|     |     +-------------------------+   |                       |
|     | e7: | u8 ist anwesend         |   |                       |
|     |     +-------------------------+   |                       |
|     +-----------------------------------+                       |
|     T(u9)                                                       |
|     u10 = 20 min                                                |
|     +---------------------------------------+                   |
| e8:|  u9 wartet u10                        |                   |
|     +---------------------------------------+                   |
|     +---------------------------------------+                   |
| e10|  u11 entfernt sich                    |                   |
|     +---------------------------------------+                   |
|     genatt(PKW(u12),u11)                                        |
|     Unfallort(u13)                                              |
|     +---------------------------------------+                   |
| e11|  u11 laesst zurueck u12 an u13        |                   |
|     +---------------------------------------+                   |
+-----------------------------------------------------------------+
```

Abb. 3: DRS vor Auflösung kontextueller Referenzen

Die Auflösung kontextueller Referenzen (wir betrachten hier Pronomina und definite NPs) gründet sich auf die Annahme, daß kontextuell gebundene Elemente dann mit möglichen Vorgängern gleichgesetzt werden, wenn solche existieren oder gegebenenfalls über Bedeutungsregeln gefunden werden können.

Bedeutungsregeln, die im vorliegenden Text benötigt werden, sind folgende:

E. Wenn e eine DRS ist, so daß eines ihrer Prädikate
   ein Ereignisverb darstellt,
   dann ist e ein Ereignis, d. h. es gilt

    Ereignis(e)

```
   +--------------------------+    +------------------------------------+
1. | x                        |    | y                                  |
   | x entsteht               | -> | x entsteht durch y                 |
   +--------------------------+    +------------------------------------+

   +--------------------------+    +------------------------------------+
2. | x,y                      |    |                                    |
   | x entsteht durch y       | -> | y verursacht x                     |
   +--------------------------+    +------------------------------------+

   +--------------------------+    +------------------------------------+
3. | x                        |    | y, z                               |
   | Unfall(x)                | -> | x verursacht y                     |
   |                          |    | Schaden(y,z)                       |
   +--------------------------+    +------------------------------------+

   +--------------------------+    +------------------------------------+
4. | x                        |    |                                    |
   | Unfall(x)                | -> | Ereignis(x)                        |
   +--------------------------+    +------------------------------------+

   +--------------------------+    +------------------------------------+
   |                          |    |+-----------+   +--------------+    |
5. | x,y                      |    ||           |   |              |    |
   | genatt(PKW(x),y)         | -> || Fahrer(x,y)|  v |Besitzer(x,y)|   |
   | Person(y)                |    ||           |   |              |    |
   |                          |    |+-----------+   +--------------+    |
   +--------------------------+    +------------------------------------+

   +--------------------------+    +------------------------------------+
6. | x                        |    | y                                  |
   | Unfallort(x)             | -> | Unfall(y)                          |
   |                          |    | loc(y) = x                         |
   +--------------------------+    +------------------------------------+

   +--------------------------+    +------------------------------------+
7. | x,y                      |    |                                    |
   |    +-------------------+  |    |                                    |
   | x:|  geschieht(y)      |  | -> | x = y                              |
   |    +-------------------+  |    |                                    |
   +--------------------------+    +------------------------------------+
```

Mit Hilfe dieser Regeln lassen sich die in Abb. 4 rechts aufgeführten Prädikate ableiten:

- Aufgrund des Schemas E wird für e1 und e5 das Prädikat "Ereignis" eingeführt.
- Regel 3 erlaubt die Ableitung eines Schadens, der dann wegen der kontextuellen Verknüpfungsregel mit dem Schaden u4 gleichgesetzt wird.
- Wegen der Annahme, daß nicht näher bestimmte Eigennamen sich innerhalb eines Diskurses immer auf dasselbe Individuum beziehen, wird u1 mit u9 gleichgesetzt.
- u9 wird mit u11 gleichgesetzt wegen einer Präferenzregel, die besagt, daß wenn im vorhergehenden Satz ein passender Kandidat für Referenz gefunden wird, nicht mehr in weiter vornestehenden Sätzen nach Kandidaten gesucht werden muß.
- Der Unfallort u13 wird über Regel 6 mit dem Ort gleichgesetzt, an dem der Unfall e5 stattfand (dazu wird zusätzlich die kontextuelle Verknüpfungsregel benötigt).

```
+----------------------------------------------------------------+
| u1,u2,u3,u4,u5,u6,u7,u9,u10,u11,u12,u13,                       |
| e1,e2,e3,e4,e5,e6,e7,e8,e9,e10,e11,i1,i2,i3                    |
|                                                                |
|    T(u1)                                                       |
|    Strasse(u2)                                                 |
|    +------------------------------------+                      |
| e2:|  u1 abkommt von u2                 |                      |
|    +------------------------------------+                      |
|    Strassenlaterne(u3)                                         |
|    +------------------------------------+                      |
| e3:|  u1 prallt gegen u3                |                      |
|    +------------------------------------+                      |
|    e2 c e1                                                     |
|    e3 c e1                                                     |
|                                    Ereignis(e1)                |
|    Schaden(u4,u5)                                              |
|    u5 = 500 DM                                                 |
|    +--------------------------------+                          |
| e4:| u4 entsteht                    |                          |
|    +--------------------------------+                          |
|    Unfall(e5)                       Ereignis(e5)               |
|    +--------------------------------+                          |
| e6:| e5 geschieht                   | e5 = e1                  |
|    +--------------------------------+                          |
|    e6 o 0 Uhr                         e5 verursacht i1         |
|    lp(e5) c u7                        Schaden(i1,i2)           |
|    Stadtgebiet(u7)                    i1 = u4                  |
|                                                                |
|    +--------------------------------+                          |
|    | u8                             |                          |
| ¬  | feststellungsbereite Person(u8)|                          |
|    |      +------------------------+ |                          |
|    | e7:  | u8 ist anwesend        | |                         |
|    |      +------------------------+ |                          |
|    +--------------------------------+                          |
|    T(u9)                              u1 = u9                  |
|    u10 = 20 min                                                |
|    +--------------------------------+                          |
| e8:| u9 wartet u10                  |                          |
|    +--------------------------------+                          |
|    +--------------------------------+                          |
| e10| u11 entfernt sich              | u9 = u11                 |
|    +--------------------------------+                          |
|    genatt(PKW(u12),u11)               loc(i3) = u13            |
|    Unfallort(u13)                     Unfall(i3)               |
|    +--------------------------------+                          |
| e11| u11 laesst zurueck u12 an u13  | i3 = e5                  |
|    +--------------------------------+                          |
+----------------------------------------------------------------+
```

Abb. 4: Anwendung von Bedeutungsregeln

Nachdem die kontextuellen Referenzen in der angegebenen Weise aufgelöst worden sind, kann die eigentliche Problemlösung beginnen, im Fall der eingangs erwähnten Konsultation, die Frage, ob die Wartezeit von T ausreichend war.

3 Zusammenfassung

Das vorangegangene Beispiel hat die Arbeiten illustriert, die bis jetzt im LEX-Projekt geleistet wurden. Dazu gehören

- Experimente mit Unfallbeschreibungen und Urteilen, Regeln für Pronominalisierung,
- Arbeiten an einer Wortdatenbank für das Deutsche,
- Konsolidierung und Erweiterungen von DRT,
- Experimente mit dem Tableaukalkül,
- Darstellung von Paragraphen und Unfällen in Prolog und DRT.

Darüber hinaus wurde der Entwurf für einen Prototyp des geplanten Expertensystems weitgehend fertiggestellt, ein Demonstrationsvehikel in Prolog (LEX0) und ein Programm zur halbautomatischen Thesauruserweiterung (Wirth, 1984) implementiert.

4 Literatur

Guenthner, F., H. Lehmann (1983): "Rules for Pronominalization", *Proc. 1st Conference and Inaugural Meeting of the European Chapter of the ACL*, Pisa, 1983.

Guenthner, F., H. Lehmann (1984): "Automatic Construction of Discourse Representation Structures", *Proc. COLING'84*, p. 398.

Guenthner, F., H. Lehmann (1985): "Linguistische und logische Aspekte beim Aufbau eines juristischen Expertensystems", in P. Hellwig, H. Lehmann (Hg.) *Trends in linguistischer Datenverarbeitung*, Olms, Hildesheim, S. 141.

Guenthner, F., H. Lehmann, W. Schönfeld (1985): "A Theory for the Representation of Knowledge" (eingereicht beim IBM Journal of Research and Development).

Kamp, H. (1981) "A Theory of Truth and Semantic Representation", in Groenendijk, J. et al. *Formal Methods in the Study of Language*, MC TRACT 135, Amsterdam.

Lehmann, H. (1978): "Interpretation of Natural Language in an Information System", *IBM J. Res. Develop* vol. 22, p. 533.

Lehmann, H. (1980): "A System for Answering Questions in German", paper presented at the 6th International Symposium of the ALLC, Cambridge, England.

Ott, N. and M. Zoeppritz (1979): "USL - an Experimental Information System based on Natural Language", in L. Bolc (ed): *Natural Language Based Computer Systems*, Hanser, München.

Partee, B. H. (1984): "Nominal and Temporal Anaphora", *Linguistics and Philosophy*, vol. 7, p. 243.

Wirth, R. (1984): *Halbautomatische Erstellung eines bestehenden Thesaurus*, Diplomarbeit, Universität Heidelberg.

Zoeppritz, M. (1984): *Syntax for German in the User Specialty Languages System*, Niemeyer, Tübingen.

WILIE

Ein wissensbasiertes Literaturerfassungssystem

Schirra, J.R., Brach, U., Wahlster, W., Woll, W.

Universität des Saarlandes
FR 10.2 Informatik IV
Im Stadtwald 15
6600 Saarbrücken 11

Abstract: Da konventionelle Systeme zur interaktiven Literaturerfassung ausschließlich mit vollständigen Literaturangaben in einem strengen Eingabeformat arbeiten können, werden sie von Wissenschaftlern, die damit ihre individuelle und fachbezogene Bibliographie aufbauen wollen, als zu aufwendig abgelehnt. Ein für diesen Zweck akzeptables Literaturerfassungssystem darf deshalb dem Benutzer keine unnötige Formatierarbeit aufzwingen und muß ihm erlauben, seine Literaturhinweise so zu verkürzen, als würde das System das entsprechende Fachgebiet kennen.

Es wird das KI-System WILIE beschrieben, das aus knappen Benutzerangaben mithilfe seiner Wissensbasis vollständige Einträge in eine Literaturdatenbank erzeugt. Die Wissensbasis selbst wird sukzessive erweitert, indem relevante Information aus neu eingegebenen Literaturhinweisen automatisch extrahiert wird.

Nach einer Analyse der Aufgabenstellung und der Einsatzbedingungen des WILIE-Systems wird ein unter ingenieurmäßigen Gesichtspunkten implementierter Prototyp vorgestellt. Das System besteht aus einer Komponente zur strukturellen Analyse, teilweise als ATN kodiert und einer mithilfe von Inferenzregeln arbeitenden Auswertungskomponente. Diese greift auf eine framestrukturierte Wissensbasis zu, die bibliographisches, geographisches und biographisches Wissen enthält.

1. Motivation

Bisherige Systeme zur interaktiven Titelerfassung in Hochschulen und anderen Forschungseinrichtungen arbeiten in der Regel zentral und indirekt. Zwischen den Wissenschaftler, der seine neu eingegangenen Dokumente (z.B. Berichte, Bücher) erfaßt haben möchte (im folgenden 'Benutzer' genannt) und den Rechner treten vermittelnd Formalerfasser (Bibliothekare oder Dokumentare), indem sie aus den Dokumenten der Benutzer systemgerechte Eingaben formulieren und die zum Ansetzen des Titels notwendigen Informationen extrahieren. Diese Tätigkeit setzt umfangreiches Erfahrungswissen aus der dokumentarischen Praxis sowie fachbezogenes Faktenwissen voraus. Vielen Wissenschaftlern ist diese Vorgehensweise (Abb. 1) zu aufwendig, wenn sie ihre individuelle und fachbezogene Bibliographie aufbauen wollen; sie wünschen sich ein System auf einem Kleinrechner, das an ihrem Arbeitsplatz zur Verfügung steht und ihre Literaturangaben direkt verarbeitet. Ein **wi**ssensbasiertes **L**iteratur**e**rfassungssystem (WILIE) soll deshalb die Kenntnisse eines Dokumentars für ein eingeschränktes Fachgebiet mit der Funktionalität eines konventionellen Titelerfassungssystems vereinigen (Abb. 2). WILIE gehört somit zur Klasse der kooperativen Zugangssysteme (vgl. Wahlster 84), die einen breiteren und effizienteren Einsatz konventioneller DV-Systeme (hier: Literaturdatenbanken) ermöglichen sollen.

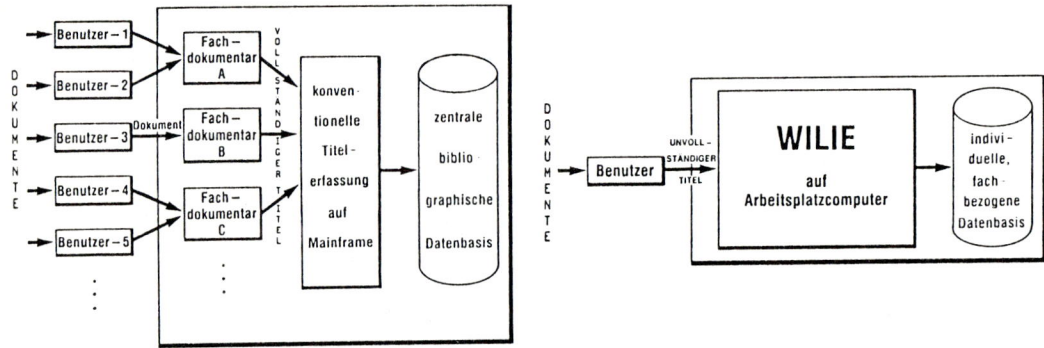

Abb. 1: Zentrale Titelerfassung in wissenschaftlichen Einrichtungen; Ein Fachdokumentar wird als Erfassungsspezialist eingeschaltet

Abb. 2: Direkte wissensbasierte Titelerfassung

Bisherige Titelerfassungssysteme erwarten vollständige Literaturhinweise in einem strengen Eingabeformat.

Beispiel 1: Vollständige Literaturangabe

McDermott, John (1983):

Extracting Knowledge from Expert Systems;

in: Proceedings of the Eighth International Joint

Conference on Artificial Intelligence, Karlsruhe

Abweichungen von der vorgegebenen Reihenfolge werden ebensowenig akzeptiert wie inkonsistent gesetzte Trennzeichen. Vollständig muß die Literaturangabe sein, weil diese Syteme zu einem Dokument nur die Information kennen, die in der Eingabe enthalten war. Unvollständige Hinweise werden nicht in die interne Darstellung übergeführt.

Der Zugang zur Datenbasis eines konventionellen Titelerfassungssystems wird also durch eine *Formatschranke* und die *Vollständigkeitsforderung* sehr stark behindert. Demgegenüber soll WILIE mit seiner Wissensbasis durch *strukturelle Analyse* und *automatische Vervollständigung* den Zugang für alle Benutzer weit öffnen (Abb. 3).

Dazu muß ein System zur direkten Titelerfassung den folgenden beiden Forderungen des Benutzers genügen.

- Der Benutzer möchte sich bei der Eingabe nicht nach einer vorgegebenen Reihenfolge richten müssen, sondern erwartet, daß das System flexibel und robust auf die aktuelle Eingabestruktur reagiert.

- Er will wie einem Fachkollegen gegenüber auch knappe Literaturhinweise verwenden. Das System soll mithilfe seines Wissens die fehlenden Teile ergänzen.

Beispiel 2: Knappe Literaturangabe

McDermott; Extracting Knowledge from Expert Systems,
IJCAI 8.

Der Vorname des Autors fehlt hier ebenso wie Erscheinungsort und -datum. Der Verweis auf den Tagungsband ist auf die Kurzangabe der entsprechenden Konferenz reduziert.

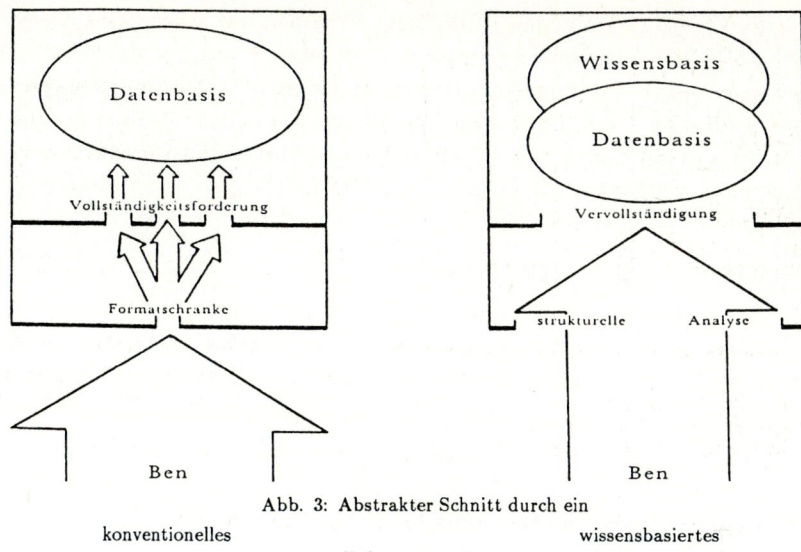

Abb. 3: Abstrakter Schnitt durch ein
konventionelles   wissensbasiertes
Erfassungssystem

Zusammengefaßt ergibt sich als Hauptaufgabe von WILIE, aus Literaturhinweisen wissensbasiert eine bibliographisch möglichst vollständige Datenbasis aufzubauen. Sekundäres Ziel ist es, die Wissensbasis sukzessive zu erweitern, indem aus den Benutzereingaben automatisch neues bibliographisches, geographisches und biographisches Objektwissen extrahiert wird.

Aus den Forderungen des Benutzers nach relativer Formatfreiheit und Unvollständigkeit der Eingabe kann eine Zweiteilung des Systems abgeleitet werden in eine Komponente zur *strukturellen Analyse* des Eingabestrings, die den Inhalt des Literaturhinweises in eine normalisierte Form überführt, und eine *Auswertungskomponente*, die diese vervollständigt (Abb. 4).

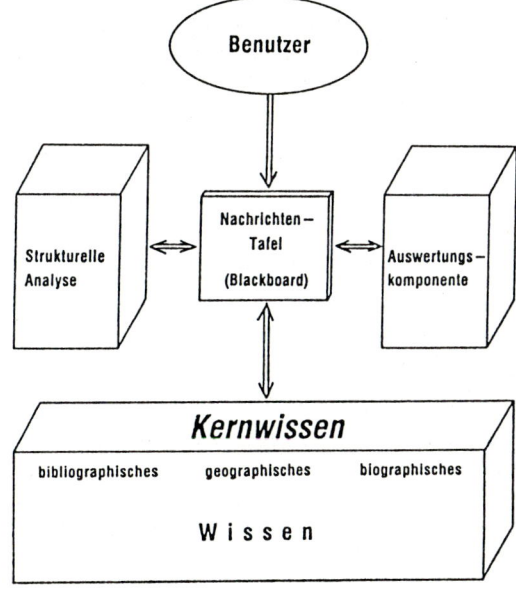

Abb. 4: Erster Entwurf der Architektur von WILIE

Das Ergebnis des Versuchs, durch ingenieurmäßiges Vorgehen mit bestehenden KI-Werkzeugen, wie ATNs, FRAME-Sprachen und Regelinterpretierern einen Prototypen des WILIE-Systems zu schaffen, wird in den folgenden Kapiteln im einzelnen vorgestellt. Der Entwicklungsschwerpunkt in dieser *rapid prototyping*-Phase lag demnach weniger auf innovativen Repräsentations- und Programmierkonzepten als auf einer möglichst umfassenden und effizienten Problemlösung.

2. Die Komponente zur strukturellen Analyse

Im WILIE-Prototypen sind die beiden Komponenten zur strukturellen Analyse und zur Auswertung hintereinandergeschaltet. Der strukturellen Analyse stehen die folgenden beiden Wissensquellen zur Verfügung:

- eine Sammlung bibliographischer Abkürzungen und Strukturpartikeln (Abb. 5)

gefundene Abkürzung oder Strukturpartikel	Interpretation	Systemerwartung
- Proc.	Proceedings	Konferenznamen
- pp.	Pages	zwei Seitenangaben
- eds.	Herausgeber	mehrere Personennamen
- Press	Verlag	Verlagsnamen

Abb. 5: Auszug aus der Liste der Abbkürzungen und Strukturpartikeln

- eine Beschreibung der Struktur von Personennamenlisten bzw. von Titeln, wobei unter anderem die Reihenfolge der Satzzeichen besonders berücksichtigt wird.

Dadurch ist die Sicht dieser Parsing-Komponente auf den Eingabestring sehr stark eingeschränkt (Abb. 6).

McDermott: Extracting Knowledge from Expert Systems, IJCAI-8.

$\Longrightarrow$ @: @, @. (Eingabe des Parsers)   N - Nachname
                                                      T - Titel
$\Longrightarrow$ [N, T, R] (Ausgabe des Parsers)   R - Rest
                                                      @ - Block

Abb. 6: Beispiel für eine stark reduzierte Titelangabe ohne Strukturpartikeln

Die strukturelle Analyse ist ein dreistufiges Verfahren, das auf die erwähnten Wissensquellen zugreift, die als Listen bzw. als ATN (Bates 78) dargestellt sind (siehe Abb. 11 am Ende des Berichtes). Die erste interne Darstellung des Eingabestrings wird vom *Scanner* aufgebaut; es ist eine flache Liste von LISP-Punktpaaren, die jeweils einen Block (Teilstring zwischen zwei Trennzeichen) und das darauffolgende Trennzeichen enthalten. Diese Primärdarstellung ist isomorph zum Eingabestring. Anschließend reduziert der Vorparser die Komplexität dieser ersten Darstellungsform für die weitere Verarbeitung, indem er die enthaltenen bibliographischen Abkürzungen und Strukturpartikeln samt den zugehörigen Blöcken aus der Liste extrahiert und durch die Markierung (% . n) ersetzt. Die extrahierte Information wird in der zweiten internen Darstellungsform, einem Frame vom Typ *Titel* in Slots mit entsprechender Bezeichnung %n abgelegt.

Die vereinfachte Primärstruktur wird an den ATN-Parser (vgl. Abb. 7) übermittelt, der daraus mithilfe des Wissens über die Struktur von Personennamen und Titeln diese Teile der Eingabe ermittelt und entsprechend strukturiert in der *Titel*-Instanz abspeichert. Neben der Reihenfolge der Trennzeichen zum Erkennen der Personennamen wird eine Teilmenge des Strukturwortschatzes der gewählten Sprache dazu benutzt, die Titelblöcke zu markieren.

Beispiel 3: Varianten für die Angabe eines Personennamens

John von Neumann	J. v. Neumann
von Neumann, John	v. Neumann J.
J. von Neumann	John v. Neumann

Beispiel 4: inkonsistente Personenliste

von Neumann, John, Schmidt, R.; P. Wegener:

Beispiel 5: Titel mit Markierungswörtern

Planning in the world of the air traffic controller

In einigen Fällen kann der Parser keine eindeutige Interpretation finden; zum Beispiel:

Schlageter, Stucky; versus Schlageter, Gunter;

Wenn ein führender Nachname von Komma gefolgt wird, versucht der Parser, das anschließende Wort als Familiennamen einer weiteren Person aufzufassen. Gelingt das, wird dieses Paar von Personennamen mit einer Unsicherheitsmarkierung versehen, da es sich möglicherweise beim zweiten Block um einen Vornamen handelt.

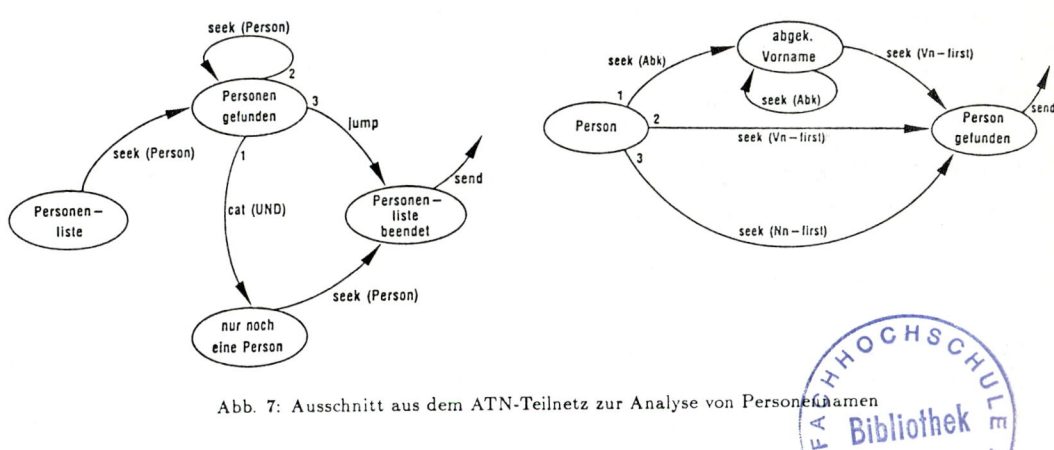

Abb. 7: Ausschnitt aus dem ATN-Teilnetz zur Analyse von Personennamen

3. Die Auswertungskomponente

Die Auswertungskomponente soll die Teile des Strings identifizieren, die von der strukturellen Analyse schon erkannt wurden, und eine Zuordnung zu den Objekten in der Datenbasis herstellen. Außerdem muß die Funktion der noch nicht erkannten Teile der Eingabekette und deren Identität bestimmt werden. Letztlich soll eine endgültige Darstellung des Inhalts der Literaturangabe aufgebaut und unter Umständen die Wissensbasis erweitert werden. Es ist offensichtlich, daß dazu vielfach auf das bio-, geo- und bibliographische Kernwissen zugegriffen werden muß. Implementiert wurde diese Komponente als eine Sequenz von vier *Diskriminationsnetzen* in der Form von IF-THEN-ELSE-Regeln. Diese Teilnetze sind gemäß der Schwierigkeit ihrer Aufgaben hintereinander gestaffelt. Das erste identifiziert die gefundenen Personen und den Titel, das zweite die im Literaturhinweise enthaltenen bibliographischen Abkürzungen und Strukturpartikel. Dann werden in der dritten Phase die noch immer nicht erkannten Teile in der primären Liste verarbeitet und zuletzt überprüft, ob alle Objekte zusammenpassen. Während den ersten drei Phasen werden gegebenenfalls neue *individual*-Frames instantiiert. Das führt insbesondere in den Phasen 2 und 3 zu Erweiterungen des Kernwissens. Die Vervollständigung einer knappen Literaturangabe ergibt sich automatisch als Folge der Zuordnung zu der internen Darstellung der entsprechenden Objekte. Sammelstelle aller beteiligten Teilstrukturen bleibt die *Titel*-Instanz in der Art einer zentralen Nachrichtentafel (vgl. Erman et al. 80).

Um die Personen zu identifizieren, sucht WILIE in Phase 1 zunächst in der Wissensbasis nach Personenobjekten mit entsprechenden Namen. Diese Assoziation kann mehrdeutig sein. Falls das Kernwissen zu einem Namen kein Objekt enthält, muß eine neue Personeninstanz kreiert werden. Die *Parser-Unsicherheiten* können an dieser Stelle aufgelöst werden, wenn entsprechende Einträge vorliegen. Sonst wird durch einen Klärungsdialog die richtige Interpretation vom Benutzer erfragt, um zu aufwendige Schlußfolgerungsprozesse zu vermeiden.

Auch zur Identifikation der Blöcke mit bibliographischen Abkürzungen oder Strukturpartikeln wird zuerst im Kernwissen nach Strukturen des erwarteten Typs mit gleichem Namen gesucht. Falls auf diese Weise eine solche Beziehung hergestellt wurde, beginnt die dem Inselparsing (Bates 78) analoge *Inselanalyse*: Ausgehend von den nun identifizierten Blockinseln wird versucht noch nicht erkannte Stringteile in diese Interpretation einzubeziehen, wozu die Platzhalter der Blöcke mit bibliographischen Abkürzungen und Strukturpartikeln benötigt werden.

Beispiel 6: Es sei ein Verlag durch die Partikel *press* markiert und vom Vorparser extrahiert worden.

$$\begin{array}{ll}
& \text{... ((Clarendon Press) . ,) (Oxford . ,) (England . ,)} \\
\implies & \text{... (\% . 1) (Oxford . ,) (England . ,)} \\
+ & \text{TITEL.\%1: Clarendon Press} \\
\\
\text{in der Wissensbasis:} & \text{VERLAG - 17} \\
& \text{Name: Clarendon Press} \\
& \text{Ort: Oxford} \\
& \text{Staat: England}
\end{array}$$

Die Wissensbasis enthalte das entsprechende Verlagsobjekt mit dem zugehörigen Sitz. Dann können die beiden in der Primärliste verbliebenen Blöcke neben dem Platzhalter leicht identifiziert werden.

Alle übrig gebliebenen Blöcke der Primärstruktur werden in Phase 3 bearbeitet. Ausgehend vom Schema einer vollständigen Literaturangabe versucht WILIE heuristisch, die noch nicht besetzten Stellen aufzufüllen. Anfragen an den Benutzer unterstützen gegebenenfalls diesen Prozeß, der ebenfalls durch *Inselanalyse* abgerundet wird.

Zuletzt wird überprüft, ob die Interpretationen konsistent sind, wobei insbesondere die Unsicherheiten und Mehrdeutigkeiten der Assoziationen aufgelöst werden. Besonders die biographischen Daten werden dabei zu Rate gezogen.

Beispiel 7: Die Angabe: *"McDermott: Extracting Knowledge from Expert Systems "* soll verarbeitet werden; in der Wissensbasis seien zwei Personenobjekte des Nachnamens *McDermott* enthalten:

John McDermott   *Thema:* Expert Systems

D. McDermott   *Thema:* Spatial Reasoning

Dann wird durch Vergleich der angegebenen Arbeitsgebiete mit dem Resultat einer Themaextraktion aus dem Titel *John McDermott* als Autor gewählt.

Die erwähnten Klärungsdialoge werden von einer Interaktionskomponente initiiert. Neben einfachen Entscheidungsfragen der Form: " Ist *Stucky* Vorname von *Schlageter*? ", womit z.B. Parser-Unsicherheiten aufgelöst werden können, werden zur Unterstützung des Wissenserwerbs auch kompliziertere Fragen nach der Klassenzugehörigkeit von Teilstrings gestellt:

> Sys: Bitte Verlagsnamen markieren!
> (mit Zeichen ungleich *space*)
> Addison Wesley Press at Reading
> Ben: xxxxxxxxxxxxxxxxxx

Abbildung 8a zeigt eine der Regeln, welche die Diskriminationsnetze definieren; die Regel mit Nummer 29 ist Teil der *Inselanalyse*:

" Falls der Sitz des gefundenen Verlags bereits in der Wissensbasis eingetragen ist, dann versuche diese Ortsbezeichnungen oder Synonyme davon in den umliegenden Blöcken zu finden. Andernfalls versuche, den noch unbekannten Sitz aus der Literaturangabe mithilfe des geographischen Wissens zu ermitteln. "

Jeder *Ausgang* einer Regel ist mit einer Nachfolgeregel markiert. Abbildung 8b stellt einen Ausschnitt des Netzes zu Phase 2 dar. Neben Rekursion sind auch verallgemeinerte Regeln mit mehr als zweiwertigen Entscheidungen zugelassen.

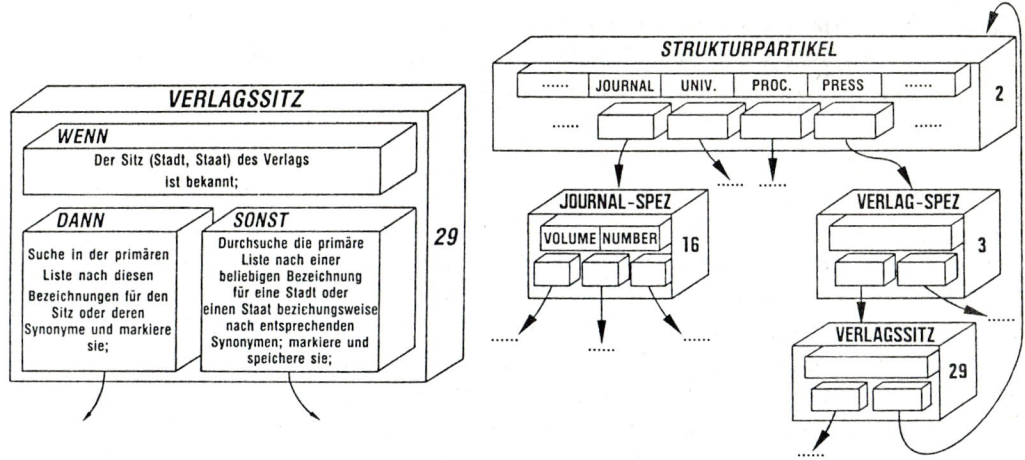

Abb. 8a: Beispiel für eine Regel   Abb. 8b: Ausschnitt aus dem Diskriminationsnetz

4. Das Kernwissen

Dieser wesentliche Teil der Wissensbasis von WILIE enthält das Wissen über die Objekte des Publikationswesens und ist in drei Wissensquellen aufgeteilt: das bibliographische, das geographische und das biographische Wissen.

Im folgenden sind dazu einige Wissenseinheiten beispielhaft aufgeführt.

- bibliographisches Wissen

Springer $\Longrightarrow$ Instanz von Körperschaft
vom Typ Verlag
Name: Springer Verlag
Ort: Berlin, New York,
London, Tokio
spez-Veröff: Informatik Fachberichte

IJCAI $\Longrightarrow$ Instanz von Konferenz
Name: International Joint Conference
on Artificial Intelligence
Thema: KI
Period: 2

- geographisches Wissen

New York $\Longrightarrow$ Instanz von Geo-Einheit
vom Typ Ort
Staat: New York

$\Longrightarrow$ Instanz von Geo-Einheit
vom Typ Staat
Kapitale: Albany
Orte: New York
Staat: USA

IJCAI-83 $\Longrightarrow$ Instanz von Konferenz
vom Typ IJCAI
Ort: Karlsruhe
Staat: FRG
Jahr: 1983
Nummer: 8

- biographisches Wissen

McDermott $\Longrightarrow$ Instanz vom Person
Name: McDermott
Vorname: John
Thema: Expert Systems
l-uni: CMU
l-time: 1983

$\Longrightarrow$ Instanz von Person
Name: McDermott
Vorname: D.
Thema: Spatial Reasoning
l-uni: Yale-University
l-time: 1980

Wie die Beispiele zeigen, kann es beim Anwenden dieser Wissensquellen zu Mehrdeutigkeiten kommen. Diese Ambiguitäten sind mithilfe des Kontextes jedoch im allgemeinen auflösbar, wozu z.B. die Frameslots *Thema, l-uni* und *l-time* (l = last) in den Personenobjekten wesentlich beitragen können. An die l-Slots ist das Wissen des Systems über die letzte Arbeitsstelle der Person gebunden.

WILIE benutzt als Repräsentationssprache eine Untermenge von FRL-Konstrukten (Roberts/Goldstein 77) und modelliert mit dem Frame-Netz (Abb. 9) die Relationen des Publikationswesens. Prototypische Frames fassen Informationen zu größeren Einheiten zusammen, was infolge der Vererbungsmechanismen eine sehr ökonomische Wissensrepräsentation erlaubt. Die Möglichkeit, Frames nur teilweise zu instantiieren, eröffnet den wichtigen Zugang zu unvollständigem Wissen und Default-Werten. Durch die Dämonen der *procedural attachments* schließlich kann auf Datenbankobjekte so zugegriffen werden, als seien es *individual*-Frames.

Da es sich beim Kernwissen offensichtlich um Massendaten handelt, ergab sich die Notwendigkeit, einen Teil der Frames außerhalb des Hauptspeichers zu halten. Deshalb werden alle individuellen Instanzen in die relationale Datenbank INGRES (Woodfill et al. 83) ausgelagert. Auf sie wird mithilfe des generischen Frame-Netzes, das als erweitertes Datenbankschema aufgefaßt wird, durch Dämon-Prozeduren (vgl. Roberts/Goldstein 77) über die LISP-INGRES-Schnittstelle (Bock 84) zugegriffen.

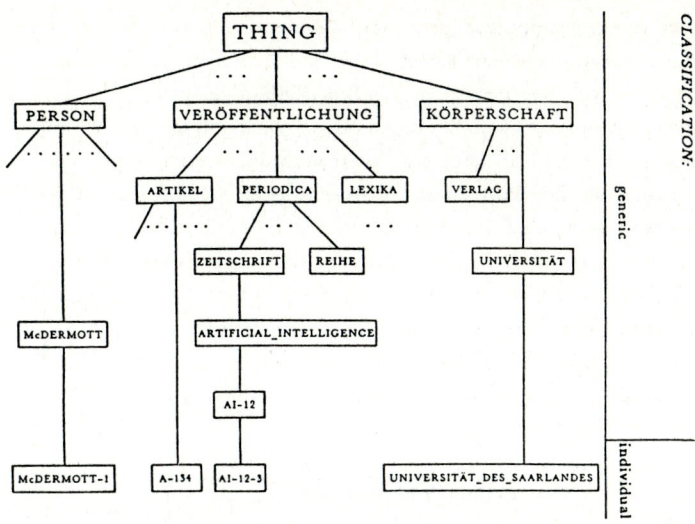

Abb. 9: Ausschnitt aus dem Framenetz; nur ako- / instance-Verweise sind eingetragen

Das Extrahieren der Daten aus der Datenbank und ihre Instantiierung als Frame geschieht also für die zugreifende Komponente unsichtbar; die Aufspaltung in aktives und inaktives Wissen ist nur innerhalb der Verwaltung des Kernwissens relevant.

5. Der Formatierer

Nachdem von der Auswertungskomponente eine endgültige Darstellung des Inhalts der Literaturangabe als *individual*-Instanz im Framenetz des Kernwissens erstellt wurde, gibt WILIE zur Kontrolle und externen Weiterverarbeitung den vollständigen Hinweis in einem wählbaren Format aus. Der dafür zuständige Formatierer soll ferner dem Benutzer erlauben, selbst neue Formate gemäß den Konventionen verschiedener Verlage zu definieren (zur Zeit noch nicht implementiert). Die Formatspezifikationen bilden kontextfreie Grammatiken, wodurch mehrere Ebenen des Auflösungsgrades und eine gute Verständlichkeit ermöglicht werden. Außerdem lassen sich durch Einfügen neuer Ableitungsregeln sehr leicht Formatvarianten erzeugen.

Beispiel 8: Einige Ableitungsregeln

> *Literaturhinweis-1* $\Rightarrow$ *perslist Jahr : Titel* , NL TAB *Rest* .
> *perslist* $\Rightarrow$ *perslist-1*
> *Jahr* $\Rightarrow$ *Jahr-1*
> *Jahr-1* $\Rightarrow$ ([Jahr])
> *perslist-1* $\Rightarrow$ { *person* ; }*

[[XYZ] - Pseudoterminal; druckt entsprechenden Teil der Literaturangabe aus]

Implementiert sind diese Grammatikregeln als Instanzen des prototypischen Frames *Schema*. Der Name einer *Schema*-Instanz zu einer Regel $X \Rightarrow YZ \ldots$ entspricht der linken Seite X; die rechte Seite der Regel $YZ \ldots$ wird als flache Liste im Slot *RES* abgelegt.

Die Behandlung der terminalen Symbole ist einer der Vorteile dieser Darstellung; Terminale werden als Slotnamen aufgefaßt. Der dort abgelegte Wert veranlaßt den Interpretierer, die entsprechende Zeichenkette auszugeben. Da das System im wesentlichen für alle Formatvarianten die gleichen Terminale verwendet, können die entsprechenden Slots im Prototypen *Schema* definiert werden und sind dann in jeder *individual*-Instanz durch Vererbung verfügbar.

Um die Flexibilität der Spezifikationen zu erweitern, können Nonterminale *lokal* zu einer Regel definiert werden. Diese *zwischengeschalteten Nonterminalsymbole* werden nicht direkt als Namen einer *Schema*-Instanz aufgefaßt, sondern als Bezeichnung eines Slots in der Darstellung der aktuellen Regel. Erst der Wert dieses Slots ist dann ein echtes Nonterminal (Abb. 10).

```
┌─────────────┐     ┌──────────────────────────────────┐     ┌─────────────┐
│ Titel       │     │ Literaturhinweis – 1             │     │ Jahr – 1    │
│             │     │ RES: (Perslist Jahr : Titel ...);│     │             │
│ .....       │     │ Jahr: Jahr – 1;                  │     │ .....       │
│             │     │ Perslist: Perslist – 1;          │     │             │
│             │     │ : : <Druckbefehl>                │     │             │
└─────────────┘     └──────────────────────────────────┘     └─────────────┘
```

Abb. 10: Beispiel für Schemadarstellung

6. Technische Daten, Kritik und Ausblick

Der vorgestellte Prototyp eines WILIE-Systems ist auf einer VAX 11/780 unter Berkeley UNIX 4.2 implementiert. Programmiersprache ist FRANZ-LISP op. 38/79, das um FRL-artige Framekonstrukte (Winston/Horn 81) erweitert wurde. Der vom System benötigte Gesamtspeicherplatz für FRANZ-LISP, INGRES-Verwaltung und LISP-Code beträgt etwa 2.5 MByte, wobei sich der Quellcode von WILIE aus ca. 420 LISP-Funktionen zusammensetzt. Die Verarbeitungszeit beläuft sich bei vollständigem Verarbeitungstrace im compilierten Modus auf 2 - 20 CPU-Sekunden. Dabei ist die Laufzeit des Datenbanksystems nicht berücksichtigt.

Die Implementierung des Prototypen wurde von fünf Studenten im Laufe von vier Monaten durchgeführt (für eine detaillierte Beschreibung vgl. Beiche et al. 85).

Zur Zeit wird an einem Re-Design gearbeitet, das die folgenden Kritikpunkte und Erweiterungsmöglichkeiten berücksichtigt:

- Die in einigen Wissensquellen verwendete prozedurale Darstellung muß durch eine deklarative ersetzt werden, damit die unten erwähnten Erweiterungen auf einer abstrakten Ebene durchgeführt werden können; das betrifft insbesondere den ATN-Parser und die Inferenzregeln der Auswertungskomponente.

- Das System soll vom Benutzer an andere Sprachen angepaßt werden können - das bisherige System war im wesentlichen am Englischen orientiert; u.a. müssen die bibliographischen Abkürzungen und Strukturpartikeln sowie die Liste der Titel-spezifischen Worte ergänzt werden können.

- Der Benutzer soll das System auf ein anderes Fachgebiet einstellen können; das impliziert u.U. eine Änderung des Kernwissens, z.B. neue Personentypen wie "Übersetzer" im philologischen Bereich.
- Die Interaktionskomponente sollte in Richtung auf eine Erklärungskomponente ausgebaut werden.
- Ein Editor für die Formatspezifikationen ist zu integrieren.

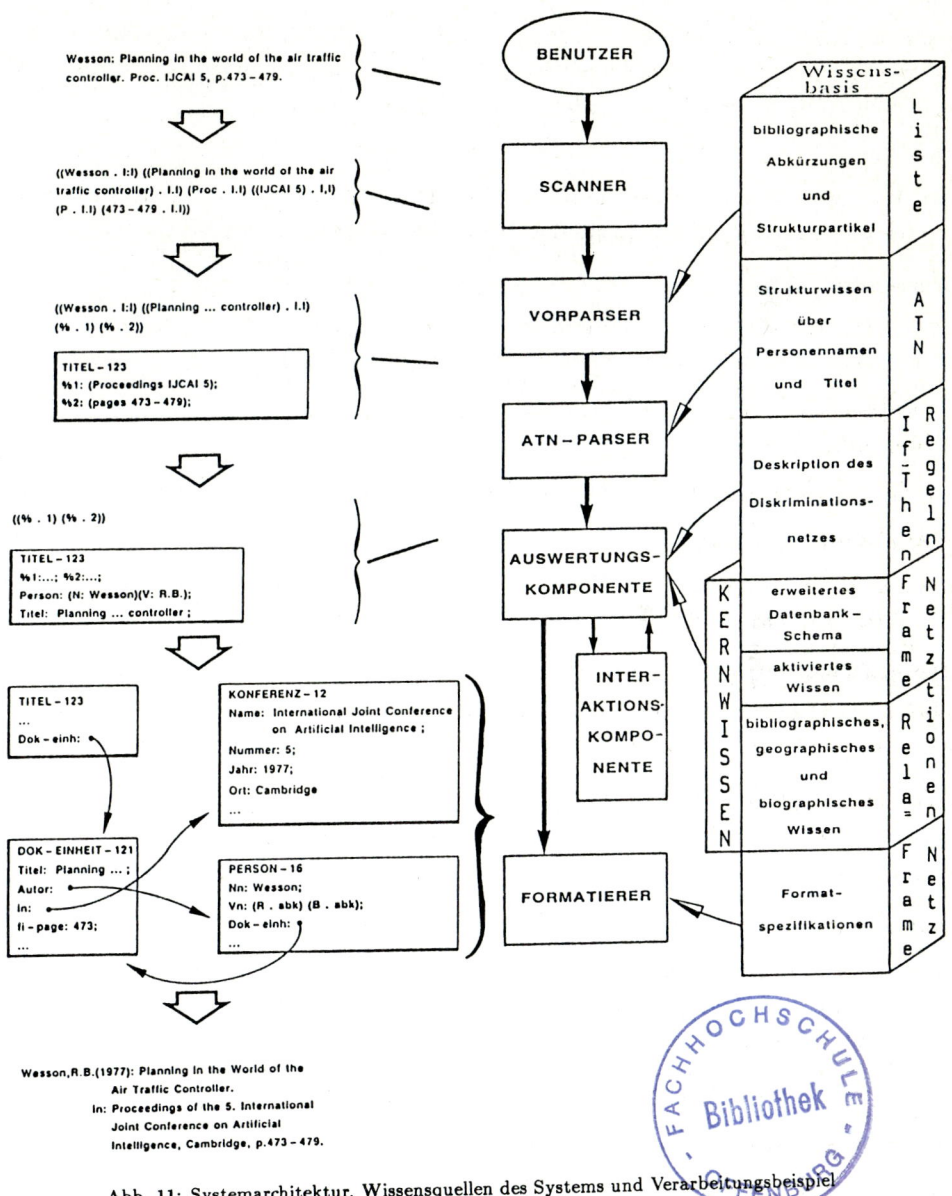

Abb. 11: Systemarchitektur, Wissensquellen des Systems und Verarbeitungsbeispiel

LITERATUR :

(Bates 78)

Bates, M. (1978): The Theory and Practice of Augmented Transition Network Grammars. In: Bolc, L. (ed.): *Natural Language Communication with Computers*. New York: Springer, pp. 191-260.

(Beiche et al. 85)

Beiche, H. P., Brach, U.,Kalmes, J., Profitlich, H. J., Woll, W. (1985): SYSTEM VERLAG - ein System zur wissensbasierten Vervollständigung von Literaturangaben. Internes Memo, FR10.2 Informatik IV, Univ. des Saarlandes, Saarbrücken.

(Bock 84)

Bock, R. (1984): Zugangssystem von FRANZ-LISP zum relationalen DB-System INGRES. Internes Memo, FR10.2 Informatik IV, Univ. des Saarlandes, Saarbrücken.

(Erman et al. 80)

Erman, L., Hayes-Roth, F., Lesser, V., Reddy, D. (1980): The HEARSAY-II Speech-understanding System: Integrating Knowledge to Resolve Uncertainty. In: Computing Surveys, Vol. 12, No. 2, pp. 213-253.

(Foderaro/Sklower 82)

Foderaro, J., Sklower, K. (1982): The FRANZ-LISP Manual. Univ. of Calif., Berkeley.

(Hayes-Roth et al. 83)

Hayes-Roth, F., Waterman, D., Lenat, D. (eds.) (1983): Building Expert Systems. Reading, Mass.: Addison-Wesley.

(Roberts/Goldstein 77)

Roberts, J., Goldstein, I. (1977): The FRL Manual. Memo No. 409, Artificial Intelligence Laboratory, MIT, Cambridge, Mass.

(Schirra/Hochgesand 84)

Schirra, J., Hochgesand, U. (1984): Bericht der Projektgruppe WILIE. Internes Memo, FR10.2 Informatik IV, Univ. des Saarlandes, Saarbrücken.

(Wahlster 84)

Wahlster, W. (1984): Cooperative Access Systems. In: Future Generations Computer Systems, Vol. 1, No. 2, pp. 103-111.

(Winston/Horn 81)

Winston, P. H., Horn, B. (1981): LISP. Reading, Mass.: Addison-Wesley.

(Woodfill et al. 83)

Woodfill, J., Siegal, P., Ranstrom, J. Meyer, M.,Allman, E. (1983): The INGRES Reference Manual. Version 7. Univ. of Calif., Berkeley.

TRICON

Ein System für geometrische Konstruktionen mit natürlichsprachlicher Eingabe

Johannes Arz
Universität des Saarlandes
FR 10.2 Informatik IV
6600 Saarbrücken 11

Kurzfassung

Die Verstehensleistung natürlichsprachlicher Dialogsysteme wird oftmals dadurch operationalisiert, daß das System auf eine natürlichsprachliche Eingabe angemessen reagiert. Besonders eindrucksvoll wird diese Verstehensleistung durch die unmittelbare Ausführung vom Benutzer intendierter mechanischer Bewegungen dokumentiert, etwa das Zeichnen geometrischer Figuren auf einem elektromechanischen Zeichengerät.

Der Diskursbereich des Systems TRICON ist die Euklid'sche Geometrie der Ebene, wie sie aus der Schulgeometrie bekannt ist. Der Benutzer kann in natürlicher (geschriebener) Sprache Konstruktionsbefehle in die Maschine eingeben, die dann durch einen angeschlossenen Plotter ausgeführt werden.

Dem System unbekannte geometrische Konstruktionen oder vom System nicht verstandene Satzkonstrukte können natürlichsprachlich programmiert bzw. erläutert werden. Das System nimmt diese Beschreibungen in sein Wissen auf, das sich auf diese Weise dynamisch vergrößert.

Das Expertenwissen über den Diskursbereich ist durch eine abstrakte, mathematische Geometriemaschine definiert, in der ein neuartiges Modell der durch das Hilbert'sche Axiomensystem bestimmten Euklid'schen Geometrie aufgebaut ist.

1. Syntaktische Analyse

Das Gesamtsystem ist unterteilt in drei Moduln (vgl. Fig.1), denen drei Verarbeitungsschritte entsprechen.

Eine Aufgabe des Moduls TRICANA ist die syntaktische Analyse des Eingabesatzes. In einem ersten Verarbeitungsschritt wird die Eingabe aufbereitet (Groß/Kleinschreibung am Satzanfang, Elimination überflüssiger Leerzeichen, Satzendezeichen usw.).

Der nächste Schritt ist die Pronomenverarbeitung. TRICON hat eingeschränkte Fähigkeiten, einen

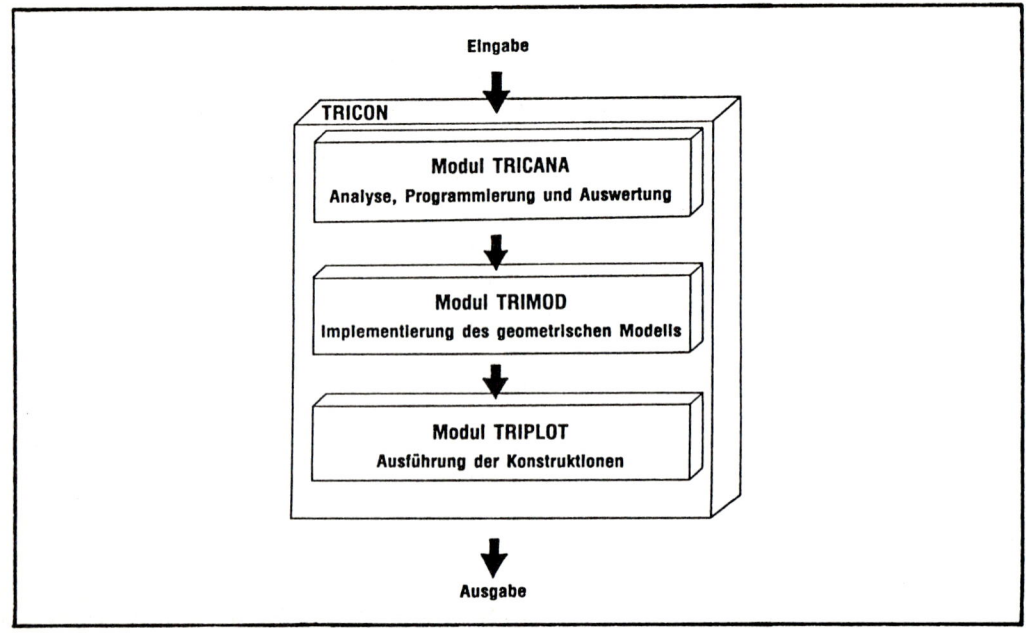

Figur 1: **Systemarchitektur**

kohärenten Dialog zu führen. Im Dialoggedächtnis sind die Namen der zuletzt genannten geometrischen Objekte (Punkt, Gerade, Kreis), sowie die Reihenfolge ihrer Nennung gespeichert. Untersuchungen der Satzstrukturen im Diskursbereich haben ergeben, daß anaphorische Referenz im wesentlichen in Präpositionalphrasen oder Präpositionaladverbien auftritt. Bei Auftreten dieser beiden Fälle werden die Pronomen entsprechend Kasus und Genus durch die gespeicherten Namen ersetzt.

Im übrigen sind, wie in der Geometrie üblich, Punkte mit Großbuchstaben bezeichnet, Geraden mit Kleinbuchstaben und Kreise mit "K" beginnend. Alle geometrischen Objekte können indiziert sein.

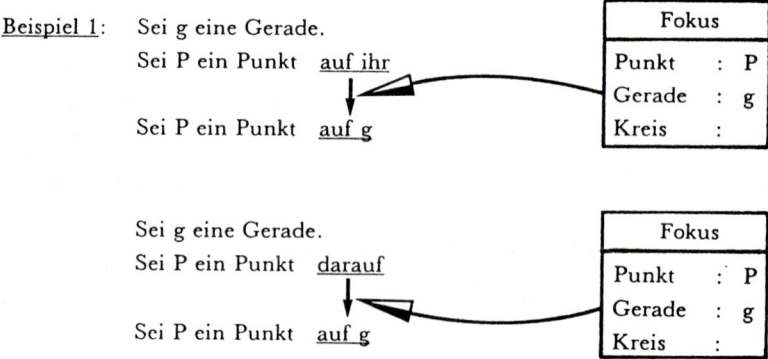

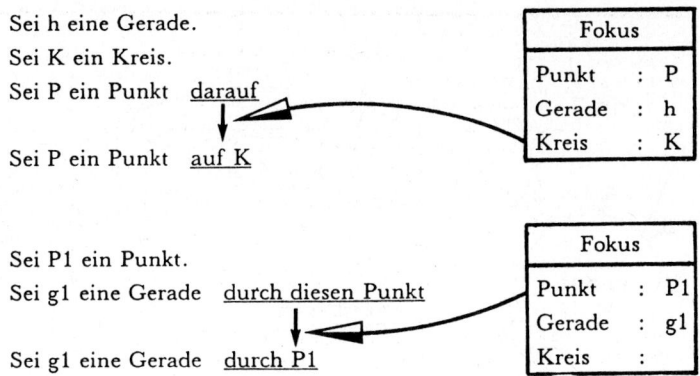

Dann werden bedingte Konstruktionsanweisungen verarbeitet. Notwendiges Kriterium hierfür ist eine "Wenn...dann..."-Konstruktion. Als Prädikate stehen Existensbedingungen für geometrische Objekte zur Verfügung, die mit Hilfe des Dialoggedächtnisses ausgewertet werden (vgl. Abschnitt 4).

Falls das Prädikat im Bedingungsteil erfüllt ist (d.h. das im Konditionalsatz auftretende geometrische Objekt ist konstruiert bzw. nicht konstruiert), so wird der Rest des Satzes weiterverarbeitet, im anderen Fall wird der Satz vollständig gelöscht.

> Beispiel 2: Sei S1 der Schnittpunkt der Kreise K1 und K2.
> Wenn S1 ein konstruierter Punkt ist, dann...
> Wenn kein S1 bekannt ist, dann...

Schließlich wird der aufbereitete Satz einem endlichen Automaten mit ATN-Aktionen (zwei Zustände und 16 Kanten) (Arz 82) (vgl. Fig.2) übergeben. Der Parser transformiert die Eingabe in einen Ausdruck einer auf den Diskursbereich zugeschnittenen Wissensrepräsentationssprache. Dieser Ausdruck ist dadurch charakterisiert, daß Bestandteile (Artikel, Adverbien usw.) ausgefiltert, Bezeichnungen der geometrischen Objekte durch symbolische Namen ersetzt und die ein geometrisches Objekt bestimmenden Attribute sowie die zum Valenzrahmen des Verbes gehörenden präpositionalen Satzbestandteile isoliert sind.

Sicherlich gibt es sehr viele Möglichkeiten, dieselbe Konstruktion in ähnlichen Satzoberflächen zu formulieren, z.B. Gebrauch von Adverbien, bestimmte oder unbestimmte Artikel, Permutation von Subjekt und finitem Verb, Permutation der attributierten Präpositionalkonstruktionen (vgl. Fig.3). Es wäre nicht effizient, all diese möglichen Sätze in der Maschine zu speichern. Der semantischorientierte Parser definiert eine Äquivalenzrelation. Möglichst viele Eingabesätze werden mit Hilfe des Parsers in einer Klasse zusammengefaßt, ohne daß zwei Eingabesätze, die verschiedene Konstruktionen beinhalten, in eine Klasse transformiert werden. Zwei Sätze sind also "ähnlich", falls die Transformation, die durch den Parser definiert ist, angewandt auf beide Sätze das gleiche Ergebnis bringt. "Ähnliche" Sätze beinhalten dieselbe Konstruktion.

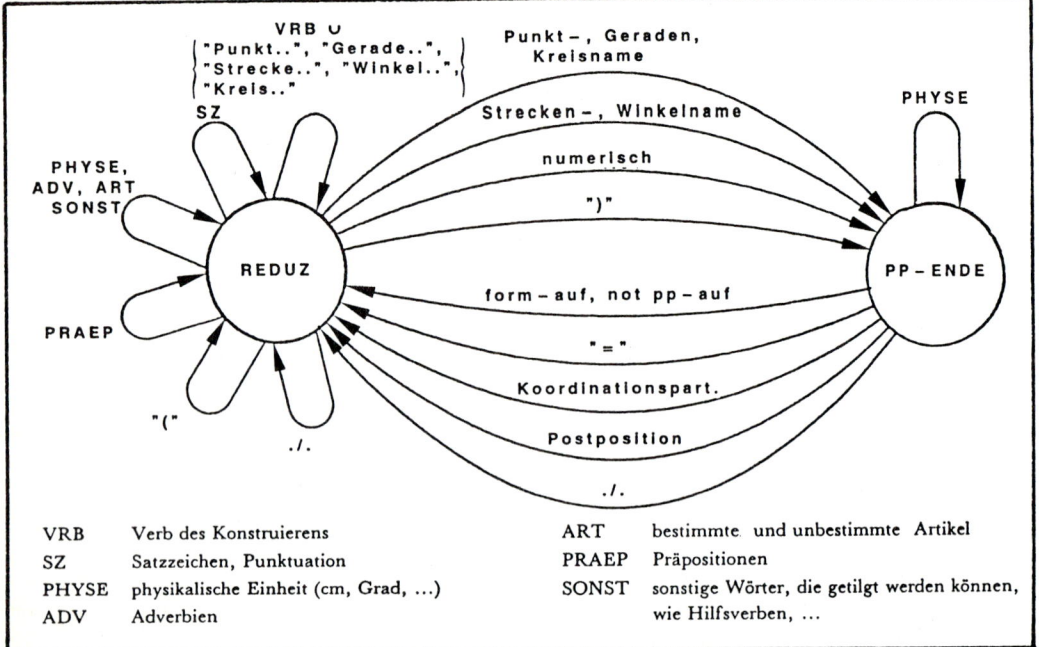

Figur 2: **Definition und Dokumentation der Transformation**

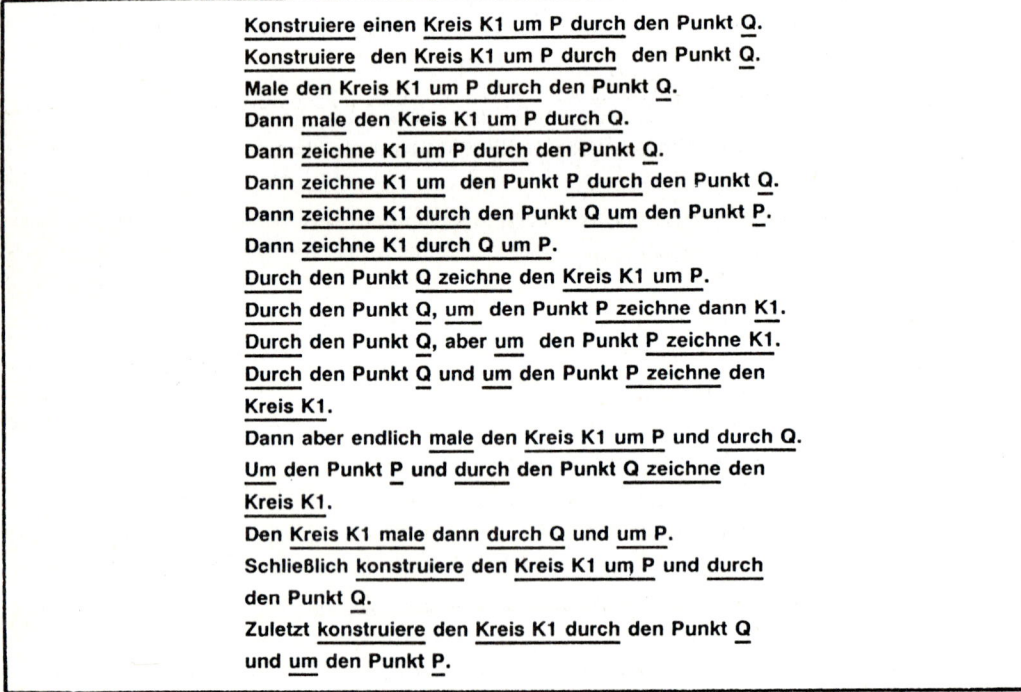

Figur 3: **Beispiele für mögliche Eingaben für die Konstruktion eines Kreises um einen Punkt und durch einen anderen Punkt**

<u>Beispiel 3</u>: Beispiel einer Transformation (Gruppen auf gleicher Ebene kommu-
          tieren)

Konstruiere einen Kreis K1 um P und durch den Punkt Q.

VRB   KRS   &KN1
                   PP(um,&PN2)   PP(durch,&PN3)

wobei VRB die Kategorie der Verben des Konstruierens bezeichnet,
wie 'konstruieren', 'definieren', 'zeichnen', 'malen', 'schlagen' usw.,
und KRS die geometrische Kategorie Kreis. PP steht für Präpositio-
nalphrase. Die symbolischen Namen sind mit einem '&' gekennzeichnet; der zweite Buchstabe weist auf die geometrische Kategorie hin
(K für Kreis, P für Punkt usw.). Die Beziehung des ursprünglichen
Namens zu dem symbolischen Platzhalter ist in einer Parameterliste
gespeichert.

&KN1 = K1 , &PN2 = P , &PN3 = Q

2. Semantisch-pragmatische Analyse und natürlichsprachliche Programmierung

Aus der Euklid'schen Geometrie ist bekannt, daß sich alle geometrischen Konstruktionen auf einige wenige Elementarkonstruktionen zurückführen lassen. Diese Elementarkonstruktionen, um
einige häufig vorkommende Konstruktionen und Bezeichnungsoperationen erweitert, sind in Fig.4
aufgelistet.

1) Konstruktion irgendeines Punktes auf irgendeiner
   oder einer bestimmten Gerade
2) Konstruktion des Schnittpunktes zweier Geraden
3) Konstruktion des Schnittpunktes einer Gerade
   mit einem Kreis
4) Konstruktion des Schnittpunktes zweier Kreise
5) Konstruktion einer Gerade durch zwei gegebene
   Punkte
6) Antragen einer Gerade an eine andere in einem
   bestimmten Punkt in einem bestimmten
   Winkel
7) Fällen des Lots von einem Punkt auf eine Gerade
8) Kreiskonstruktion mit gegebenem Mittelpunkt und
   Radius
9) Berechnung bzw. Auswertung von Strecken und
   Winkeln und von Stücken eines Dreiecks
10) Bezeichnung und Definition von Winkeln und
    Winkelgrößen
11) Bezeichnung und Definition von Strecken und
    Streckenlängen

Figur 4: **Die Elementarkonstruktionen in TRICON**

Jeder eingegebene Konstruktionsbefehl wird auf eine Folge von Elementarkonstruktionen abgebildet. Das semantisch-pragmatische Wissen in TRICANA ist hierzu in einem gerichteten, zyklenfreien, nichtplanaren Netz gespeichert. Hierin definiert jeder Knoten eine Repräsentationskonstruktion und die darunterhängenden Knoten beschreiben diese Konstruktion. Blätter, also Knoten ohne davon ausgehende Kanten beschreiben Elementarkonstruktionen. Jeder Knoten spannt also einen Baum auf, dessen Blätterfolge die Folge der Elementarkonstruktionen ist, aus der die Konstruktion besteht (vgl. Fig.5).

Beispiel 4:

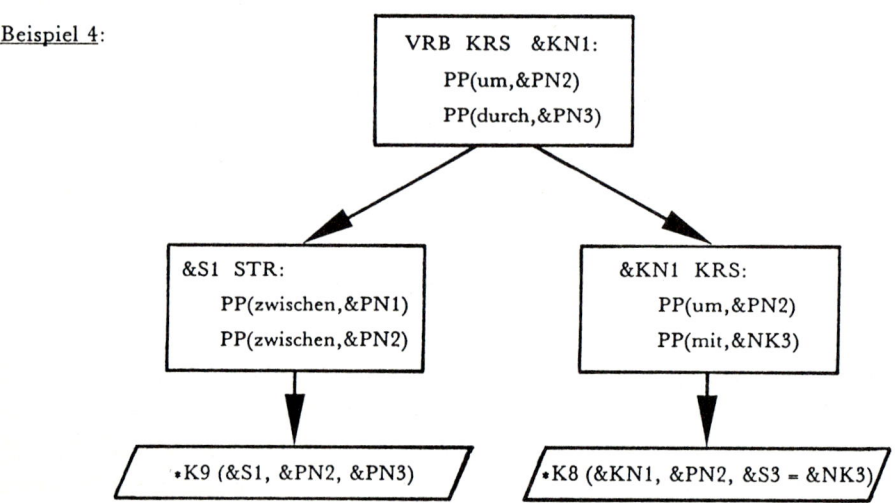

Es bezeichnen:
STR geometrisches Objekt Strecke, $\&S_i$ Platzhalter für Streckenname und $\&NK_i$ numerische Konstanten. Mit "•" sind Elementarkonstruktionen markiert, die nicht mehr reduziert werden können.

Wenn das System eine vom Benutzer verlangte Konstruktion nicht kennt, d.h. die Eingabe sich nicht in eine bekannte Klasse im Netz transformieren läßt, hat der Benutzer die Möglichkeit, diese unbekannte Konstruktion natürlichsprachlich zu programmieren. Die Beschreibungen werden dann durch den Parser transformiert. Sind die Klassen im Netz gespeichert, so kann die neue Konstruktion in das Netz eingehängt werden, so daß die darunterhängenden Knoten gerade diese Konstruktion beschreiben. Im anderen Fall können auch die Beschreibungen wieder programmiert werden.

Beispiel 5: Benutzer : Sei K_i der Inkreis in (A,B,C).
System : Diese Konstruktion ist unbekannt, gib Erklärungen.
Benutzer : Sei W der Schnittpunkt der Winkelhalbierenden in (A,B,C);
der Fußpunkt des Lots von W auf c sei F; K_i ist dann der
Kreis um W durch den Punkt F.

Auf die gleiche Weise lernt das System unbekannte Satzkonstruktionen durch Paraphrasierung.

Beispiel 6: Benutzer : Konstruiere den Inkreis K_i in (A,B,C).
System : Diese Konstruktion ist unbekannt, gib Erklärungen.
Benutzer : Sei K_i der Inkreis von (A,B,C).

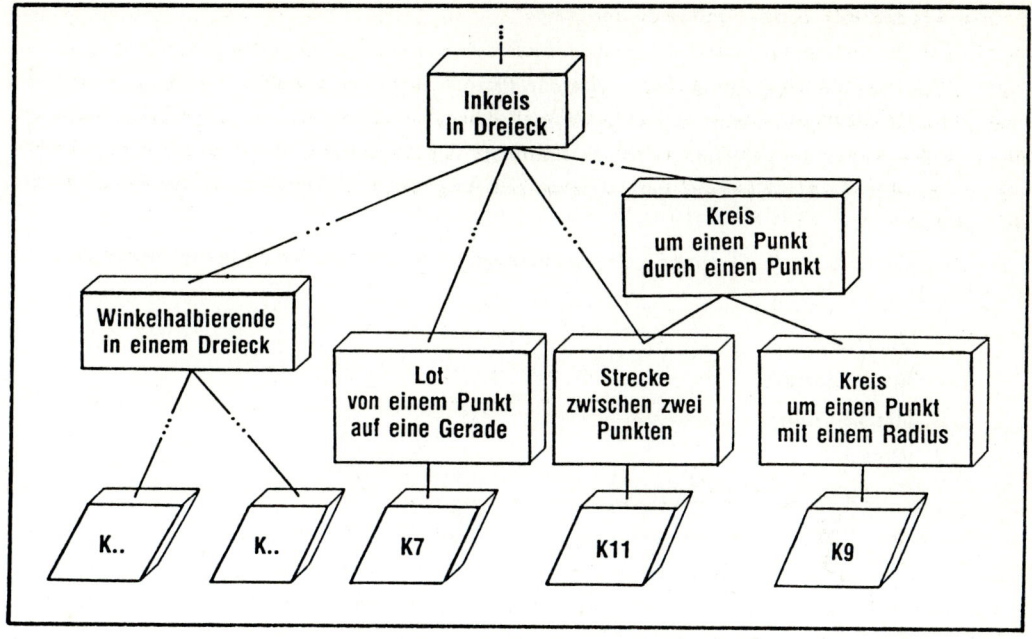

Figur 5: **Ein Ausschnitt aus dem Wissensnetz**

Der Parser transformiert die beiden Benutzersätze (prozedurale versus deklarative Konstruktionsformulierung) in verschiedene Klassen. Die verlangten Konstruktionen sind für das System zunächst verschieden. Erst durch die Paraphrasierung wird die unbekannte Konstruktion in das Netz eingehängt.

Eine Besonderheit der Analyse ergibt sich aus der Beobachtung, daß Benutzer oftmals bei Konstruktionseingaben obligatorische Präpositonalphrasen weglassen. Falls sich das Analyseergebnis des Parsers eindeutig zu einer im Wissensnetz eingetragenen Klasse ergänzen läßt, so werden die fehlenden präpositionalen Ergänzungen verbalisiert und vom Benutzer erfragt.

> Beispiel 7:   Benutzer   : Sei h die Gerade an g im Winkel von 80 Grad.
>   System   : In welchem Punkt ?
>   Benutzer   : Sei K_i der Inkreis von (A,B,C).

Im anderen Fall wird die Eingabe als unbekannte Konstruktion behandelt.

Da das Wissen in TRICON natürlichsprachlich akquiriert wird und dynamisch wächst, paßt sich das System den Fachkenntnissen und dem Sprachverhalten (Customization und Personalization) des einzelnen Benutzer an.

3. Ein Modell der Euklid'schen Geometrie

Das Ergebnis des Analysemoduls als Eingabe für TRIMOD ist eine Folge von Elementarkonstruktionen. In TRIMOD ist ein abstraktes Modell der Euklid'schen Geometrie implementiert, in dem im wesentlichen symbolisch gerechnet wird. Es sind nicht die Koordinaten der geometrischen Objekte wie im Cartesischen Modell gespeichert, sondern nur die Namen der Objekte und ihre Beziehungen zueinander.

Wir fassen die Euklid'sche Geometrie als eine heterogene Menge, die Vereinigungsmenge der

- Punkte,

- Geraden,

- Inzidenzpaare,

- Strecken und

- Winkel

auf.

Auf dieser Menge sind eine Reihe von partiellen Operationen definiert wie das Verbinden zweier Punkte, das zu einer neuen Geraden führt und das Abtragen einer Strecke auf einer Geraden, was einen Punkt konstruiert. Die Operationen sind durch die Axiome der Geometrie (vgl. Hilbert 62) abgesichert. Eine geometrische Konstruktion entspricht einer Operation auf dieser Menge. Diese Sicht der Euklid'schen Geometrie entspricht der Dynamik der Konstruktion von geometrischen Stücken, die ja nicht als gegeben, d.h. schon konstruiert, angesehen werden.

TRIMOD ist die Implementierung der Geometriemaschine, eines mathematischen Maschinenmodells mit verschieden strukturierten Speichern. Diese Speicher sind:

- die Menge der konstruierten Punkte

- die Menge der konstruierten Geraden

- die Menge der konstruierten Kreise

- zu jedem Punkt die Menge der Geraden durch diesen Punkt

- zu jeder Geraden die Menge der Punkte auf dieser Geraden

- zu jeder Strecke die Länge

- zu jedem Winkel der Winkelgrad

- zu jedem Kreis Mittelpunkt und Radius.

Auf die ersten drei Speicher kann TRICANA zugreifen. Sie bilden dort neben dem Fokus das Dialoggedächtnis. Jeder Operation in der heterogenen Algebra entspricht ein Programm in der Geometriemaschine. Die Ausführung der Programme bewirkt eine Änderung der Speicherzustände. Die Geometriemaschine realisiert die Euklid'sche Geometrie, und zwar jeweils einen Ausschnitt, da ja in einer endlichen Maschine nicht alle Punkte und Geraden gespeichert sein können.

Falls die Folge der geometrischen Elementarkonstruktionen in TRIMOD erfolgreich durchgeführt wurde und die Konstruktionen sinnvoll und konsistent sind, wird die Folge dem dritten Modul TRIPLOT übergeben, der die Steuerung des angeschlossenen Plotters übernimmt. In diesem Modul wird außerdem die mögliche Protokollierung der Eingabe, das fakultative Schreiben einer Überschrift, das Festlegen des Formats der Ausgabe usw. gesteuert.

4. Zur Implementierung von TRICON

TRICON ist vollständig in der Programmiersprache *Comskee* (Messerschmidt 84) implementiert. *Comskee* wurde im Sonderforschungsbereich 100, Teilprojekt E, an der Universität des Saarlandes, entwickelt und eignet sich besonders für Anwendungen in der linguistischen Datenverarbeitung. *Comskee* ist implementiert auf Siemens BS2000-Rechnern. Andere Implementierungen sind in Vorbereitung.

TRICON besteht aus etwa 5000 Zeilen Quelltext. Es benötigt etwa 240 KByte Hauptspeicher. Das Wissensnetz in TRICON ist als extern gehaltenes *Comskee*-Wörterbuch implementiert. Das Netz besteht zur Zeit aus circa 500 Knoten (Knotenlänge bis zu 300 Zeichen). Die zur Zeit größte Tiefe im Netz ist 10 und die größte Anzahl von Elementarkonstruktionen, die einer Konstruktionseingabe entspricht, liegt über 40.

Die Ausgabe von TRICON erfolgt über einen Watanabe-Plotter MP1000, auf dem sechs verschiedene Farben zur Verfügung stehen. Fig.6 zeigt eine Schwarz-Weiß-Kopie einer Plotterausgabe mit protokollierten Eingaben.

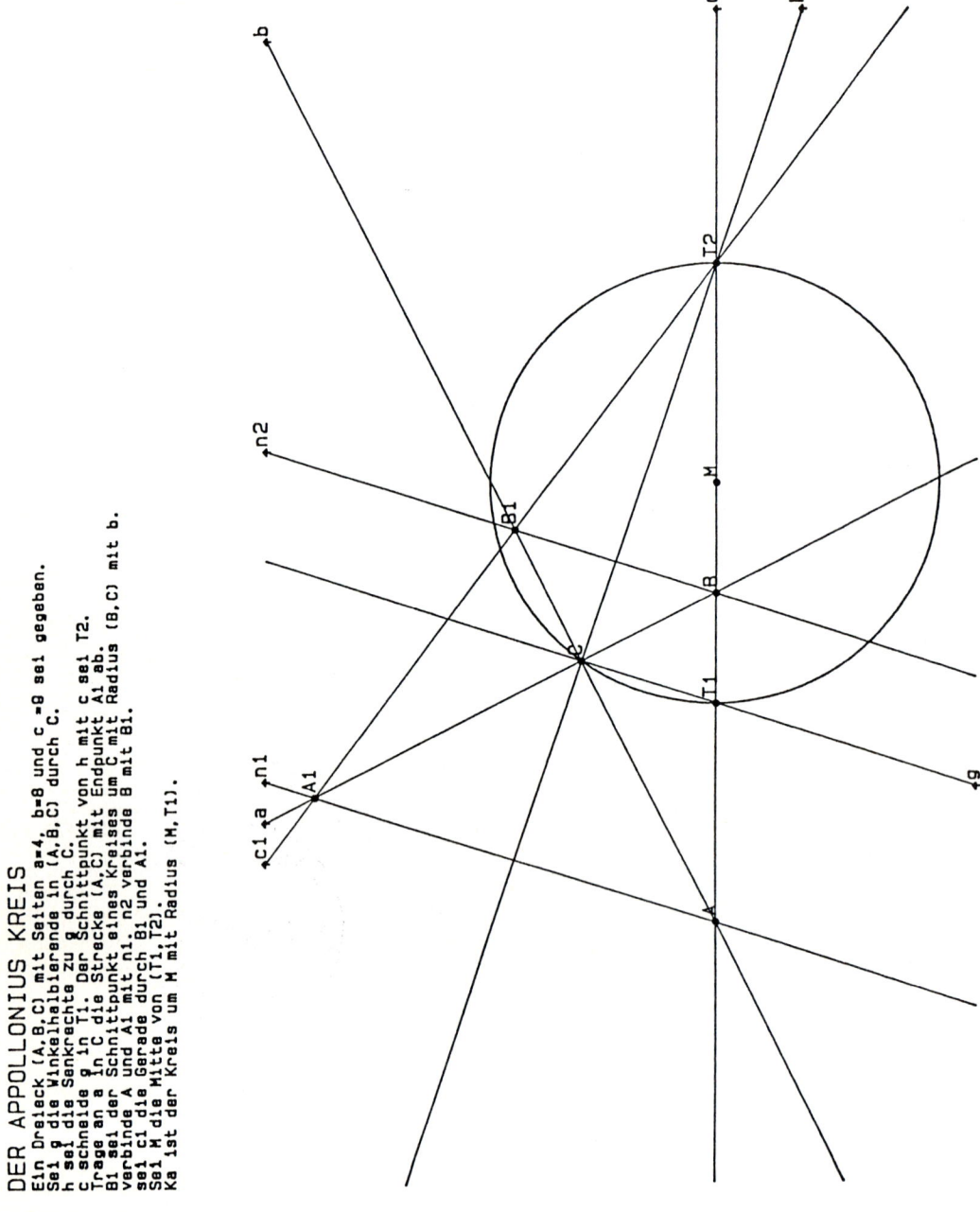

Figur 6: **Schwarz-Weiß-Kopie einer farbigen Original-Plotterausgabe**

5. Literatur

(Arz 82)

Arz, J. (1982): Implementierung von erweiterten Netzwerken (ATN) in Comskee. Linguistische Arbeiten des SFB100. Neue Folge, Heft 5, Saarbrücken.

(Arz 84)

Arz, J. (1984): Natürlichsprachliche Programmierung von Konstruktionen in einem geometrischen Modell. AQ-Verlag, Dudweiler.

(Hilbert 62)

Hilbert, D. (1962): Grundlagen der Geometrie. Teubner, Stuttgart.

(Messerschmidt 84)

Messerschmidt, J. (1984): Linguistische Datenverarbeitung mit Comskee. Teubner, Stuttgart.

Interrogative Wissensrepräsentation als Grundlage für regelbasierte Expertensysteme

Bernd S. Müller

Franco di Primio

Forschungsgruppe Expertensysteme
Institut für Angewandte Informationstechnik
Gesellschaft für Mathematik
und Datenverarbeitung mbH
D-5205 Sankt Augustin 1

"Wir könnten sehr gut auch jede Behauptung in der Form einer Frage mit nachgesetzter Bejahung schreiben; etwa "Regnet es? Ja!" Würde das zeigen, daß in jeder Behauptung eine Frage steckt?"

L. Wittgenstein Philosophische Untersuchungen I, 22.

Zusammenfassung

Es wird ein Lösungsansatz für das Problem der engeren Anbindung von Fragen, die ein Expertensystem an den Benutzer stellt, an die interne Wissensrepräsentation behandelt. Die vorgeschlagene Lösungsmöglichkeit besteht im wesentlichen darin, daß man die im Rahmen objektorientierter Repräsentation üblicherweise eingesetzten Slot-Metabeschreibungen bezüglich des Typs der zulässigen Slot-Inhalte um eine zusätzliche Metabeschreibungsmöglichkeit erweitert, die hier *Fragedeklaration* genannt wird. Dementsprechend wird die übliche Typdeklaration zur *Antwortdeklaration* erweitert.

1. Problemfeld "Fragen in Expertensystemen"

Expertensysteme sind extensiv fragende Systeme. Der Behandlung der Fragen kommt eine nicht unbedeutende Rolle bei der Wissensakquisition zu:

- Expertensysteme stellen viele Fragen; sind diese formenreich, so ergibt das einen großen Aufwand beim Wissenserwerb.

- Beim Formulieren von Fragen während des Wissenserwerbs fallen wichtige Entscheidungen über die Struktur der Wissensbasis:

1. hinsichtlich der Objekt- bzw. Slot-"Lastigkeit" der Wissensbasis

2. hinsichtlich der konkreten Objekte und Slots (Explizitmachen von "Rollen")

3. hinsichtlich der möglichen Antworten und damit verbunden hinsichtlich der aufzustellenden Regeln; durch "interpolierte possible values" kann man beim Wissenserwerb auf neue Regeln verwiesen werden oder Information über die Nichtzuständigkeit eines Expertensystems erhalten.

- Oft werden die Fragen von den Systemen nur als Labels behandelt; das führt zu Konsistenzproblemen bezogen auf die interne Repräsentation des Wissens.

Hier soll zunächst auf das zuletzt genannte Problem eingegangen werden. Die Fragestrings, auf die von den Elementen der Wissensbasis aus verwiesen wird, sind bei Labelfragen inhaltlich nicht mit der Wissensbasis verknüpft ("canned text"). Die offensichtliche Schwierigkeit, die in dieser Situation auftreten kann, besteht darin, daß die Wissensbasis so geändert werden kann, daß die Frage nicht mehr auf sie paßt, oder daß die Frage so geändert werden kann, daß sie nicht mehr zur Wissensbasis paßt. Beim "canned text approach" zur Konstruktion von Erklärungskomponenten für Expertensysteme ergibt sich ein ähnliches Problem: "The fact that the program code and the text strings that explain that code can be changed independently makes it difficult to maintain consistency between what the program does and what it claims to do." ([Swartout 83], p. 291).

Darüber hinaus kommt es zu den "üblichen" Schwierigkeiten:

- die semantisch/pragmatisch unabhängig von der Wissensbasis ("nur" intellektuell) konstruierte Frage kann ein schlechtes Abbild des von ihr zu erfragenden Details der Wissensbasis sein; sie kann bestimmte Aspekte der Wissensbasis nicht berücksichtigen oder Voraussetzungen enthalten, die nicht in der Wissensbasis abgebildet sind;

- die punktuell Objekten der Wissensbasis zugeordneten Fragen müssen in kommunikativ adäquater Form dem Benutzer gestellt werden; dafür müssen sprachliche Verschmelzungsprozesse ablaufen; das System sollte ein Modell des Benutzers aufbauen und berücksichtigen können; der Benutzer sollte sich seinerseits über das System informieren können;

- die Fragen müssen in einer dem Problemgebiet und dem dort üblichen Problemlösungsprozeß angemessenen Abfolge gestellt werden (Fragestrategie).

Der konsequenteste Ansatz, der alle semantischen und pragmatischen Aspekte zumindest theoretisch berücksichtigt, wird in natürlichsprachlichen Systemen verfolgt. Dort wird ausgehend von den Erfordernissen einer natürlichsprachlichen Ein- und Ausgabe das nötige Rüstzeug (Lexikon, Parser, Synthesealgorithmen, Weltwissen und zugehörige Inferenzregeln) bereitgestellt, um Fragen des Systems an den Benutzer aus Elementen der internen Repräsentation der Objekte in der Wissensbasis generieren zu können. Der Aufwand für eine solche Vollsynthese von Fragen in Expertensystemen bliebe in jedem Fall sehr groß. Wir müssen davon ausgehen, daß eine total natürlichsprachliche Fragesynthese kurzfristig nicht zu leisten ist. Sie wäre nach unserer Einschätzung nur sinnvoll in einem Expertensystem, in dem auch die Wissensakquisition über die Analyse von natürlichsprachlichen Texten stattfindet.

In Tabelle A wird das eben ansatzweise umrissene Problemfeld um einige

Aspekte ergänzt; dabei wird unterschieden zwischen Anforderungen an die Wissensakquisition und an den Problemlösungsdialog; die Kennzeichnung als Fernziel soll bedeuten, daß eine vollständige Lösung des Problems voraussichtlich nicht kurzfristig erreichbar ist; als Nahziele sind Teilprobleme aufgeführt, für die im Umfeld von BABYLON [di Primio/Brewka 85] bereits Lösungsansätze existieren (in Tabelle A mit einem Stichwort in Fettschrift gekennzeichnet); sie werden in Abschnitt 2 beschrieben (Fragedeklaration, Antwortdeklaration; zum Problem der Constraints bei Antworten wird bei anderer Gelegenheit aus der Forschungsgruppe Expertensysteme berichtet werden). Außerdem werden Nahziele genannt, deren Machbarkeit im Umfeld von BABYLON untersucht werden soll (Kursivschrift).

Der in Abschnitt 2 beschriebene Kompromiß erlaubt eine unter den gegebenen Umständen möglichst enge Anbindung von Fragen an die interne Wissensrepräsentation in Expertensystemen und versucht somit mögliche Inkonsistenzen zwischen Fragen und internen Objekten zu minimieren. Es handelt sich dabei im wesentlichen um eine Systematisierung der in EMYCIN [van Melle 80] und um die Weiterentwicklung von in XLMS/XPLAIN [Swartout 83] angewendeten Techniken im Rahmen eines objektorientierten Ansatzes. In EMYCIN werden, ausgehend von mit Argumenten parametrisierten Strings, über Patternmatching Fragetexte generiert. In XPLAIN wird von einer viel stärker mit semantischer Information angereicherten Darstellung ausgegangen. Bei unserem Ansatz wird mit den Objekten syntaktische und semantische Information in Form von "Primitiva" assoziiert. Diese können vom Benutzer verändert oder ergänzt werden. Über gleichermaßen benutzerdefinierbare Regeln, die diese Informationen auswerten, werden Fragetexte generiert. Der Benutzer kann außerdem (Meta)Regeln definieren, die die Kombinationsmöglichkeiten der Primitiva einschränken.

In der Linguistik und der Sprachlogik gibt es beachtenswerte Forschungsaktivitäten zum Problem der Fragen (1), deren punktuelle Ergebnisse - ein systematischer Überblick fehlt - allerdings von uns noch nicht im Sinne einer Integration berücksichtigt werden konnten. Kleinere fragetypologische Analysen zu Expertensystemen haben wir durchgeführt (nach Verfahren aus [Henne 75] und [Weinrich 83]); für die Praxis der Expertensysteme verwertbare Ergebnisse sind erst nach eingehenderen Untersuchungen zu erwarten.

Auf die zu Anfang genannten anderen Aspekte der interrogativen Wissensrepräsentation wird in Abschnitt 2 näher eingegangen.

2. Lösungsansätze in BABYLON

In BABYLON [di Primio/Brewka 85] ist bei der Wissensrepräsentation mit Frames die Slot-Metabeschreibung um eine *Fragedeklaration* (:frage) erweitert worden; die von Frame-Sprachen her bekannte Typdeklaration, die dort ja zur Einschränkung der Antwortmöglichkeiten (Werte, die als Value erlaubt sind) benutzt wird, ist zu einer *Antwortdeklaration* (:antwort) umgestaltet worden.

In der *Fragedeklaration* sind syntaktische und semantische Angaben enthalten, auf die sich Regeln zur Generierung eines Fragetextes für den Slot beziehen.

---

1) Vgl. [Brinkmann 81], [Grewendorf 77], [Henne 75], [Hindelang 81], [Hiz 78], [Hundsnurscher 75], [Kanth 81], [Kiefer 77], [Krallmann/Stickel 81], [Manor 81], [Todt/Schmidt-Radefeldt 79], [Vandeweghe 77], [Weinrich 83].

	Bei der Wissensakquisition *für Expertensysteme:* Interrogative Wissensrepräsentation	*Problemlösungsdialog* *mit Expertensystemen:* Kommunikativ adäquate Fragen
Fern- ziele	1 Synthese der Fragen aus internen Wissens- strukturen 2 Eingabe von Wissen als Fragen und Antworten oder als Aussagen; Transfor- mation der Eingabefor- men ineinander 3 Interrogation als Wissenserwerbs- prinzip	1 semantisch/pragmatisch korrekte Fragetexte unter Einbeziehung eines Benutzermodells 2 benutzergerechte Darstellung der Systemleistungen (Systemmodell)
Nah- ziele	1 Engere Anbindung der Fragen an die interne Wissensrepräsentation (Konsistenzüberprüfung mit Hilfe der **Fragede- klaration**) 2 Wertebereichsangabe für die Antworten (**Antwortdeklaration**; daraus ableitbar Mengenbeschreibungen als values) 3 Berücksichtigung von **Constraints bei Ant- worten** auf eine Frage und zwischen Antwor- ten auf verschiedene Fragen 4 **Interrogation** als intellektuelle Hilfe **beim Wissenserwerb:** a) Hilfe bei Struktur- entscheidung b) Explizitmachen von Slots und Objekten c) interpolierte mögliche Antworten	1 Verschmelzung der Einzelfragen zu *Fragefolgen* nach oberflächenorien- tierten Prinzipien (aus den Fragede- klarationen) 2 sachadäquate Abfolge der Fragen (*importance-property*)

Tabelle A: Problemfeld "Fragen in Expertensystemen"

In der *Antwortdeklaration* können über die übliche Typdeklaration hinaus Angaben über die möglichen Antworten gemacht werden, und zwar explizite Antworten oder Beschreibungen der Antwortmenge sowie Angaben zu lokalen, im Frame geltenden constraints.

Dieser Lösungsansatz zur Konsistenzerhaltung zwischen Frage und interner Repräsentation wird in Abschnitt 2.2. dargestellt. Daneben scheint uns die interrogative Wissensrepräsentation von grundlegender Bedeutung für den Wissenserwerb zu sein (s. hierzu Abschnitt 2.1.)

2.1. Interrogative Repräsentation als Grundlage regelbasierter Expertensysteme

Der von uns verfolgte Ansatz der interrogativen Wissensrepräsentation ist als Beitrag zur Praxis der Wissensakquisition zu sehen. Die Notwendigkeit, Teile des zu repräsentierenden Wissens für Expertensysteme vom Benutzer erfragen zu müssen, muß bei der Wissensakquisition berücksichtigt werden. Dabei werden tiefgreifende Entscheidungen über die Struktur der Wissensbasis getroffen.

In diesem Abschnitt wollen wir einige Vorschläge machen, die die Arbeit des Wissensingenieurs betreffen. Die zugrundeliegende These lautet: Das Sich-Bewußtmachen der später vom Expertensystem zu stellenden Frage hilft dem Wissensingenieur bei der Strukturierungsarbeit; die Interrogation kann als Leitfaden des Wissenserwerbs dienen.

Es werden in diesem Abschnitt keine Vorschläge zur Automatisierung des Wissenserwerbs gemacht.

Wissen liegt dem Wissensingenieur in Form von schriftlich oder mündlich formulierten aussagenorientierten Regeln in der Fachsprache des Anwendungsgebiets vor (im folgenden auch "Regelaussage" genannt). Aus diesen Aussagen werden einerseits die Regeln konstruiert, die das Expertensystem intern verwendet, und andererseits die internen Objekte, die in den Prämissen und Konklusionen dieser Regeln verwendet werden. Es sind diese Objekte, die wir im folgenden näher betrachten wollen.

Es scheint, daß beim Umsetzungsprozeß, der darin besteht, für die Aussagen in Prämisse und Konklusion von aussagenorientierten Regeln eine objektzentrierte Darstellung zu erreichen, die Fragenotwendigkeiten eine wichtige und klärende Funktion haben.

Um die Teile einer aussagenorientierten Regel in erfragbare Objekte umsetzen zu können, muß die Perspektive, aus der sie betrachtet werden sollen (im folgenden ihre "Rolle" genannt), oft erst explizit gemacht werden. Die Rollen sind nicht nur aus der Fragesicht wichtig, sondern unerläßlich für die objektorientierte Darstellung des Anwendungswissens überhaupt. Durch die tentative Formulierung einer Frage über das gerade betrachtete Wissenspartikel in der aussagenorientierten Form einer Regel bekommt der Wissensingenieur wesentliche Strukturierungshinweise.

Das Explizitmachen von Rollen kann zur Offenlegung von "mediating relations" führen (1). In jedem Fall werden bei dem hier betrachteten, objektorientierten Ansatz neue Slots oder neue Objekte eingeführt.

---

1) Von [Cohen/Murphy 84] für ein ähnliches semantisches Phänomen bei englischen Nominalkomposita eingeführter Begriff: "morning flight" vs. "morning coat"; *am Morgen stattfinden* vs. *am Morgen getragen werden*. Von uns auf die Satzebene übertragen.

Mit dem impliziten Charakter der Rollen hängt es zusammen, daß es nicht genügt, jeden Satzteil einer aussagenorientierten Regel erfragbar zu machen. Es genügt z.B. nicht zu fragen

Wie ist das Öl ?

bezogen auf die Regelaussage

Öl ist sehr heiß

vielmehr muß die Rolle TEMPERATUR explizit gemacht werden. Das ist deswegen erforderlich, weil der Benutzer damit entweder bei der Beantwortung der Frage gezwungen werden kann, nur Elemente aus dem richtigen Wertebereich zu gebrauchen (z.B. nicht mit einer Farbangabe zu antworten), oder bei falscher Interpretation der Frage korrigiert werden kann. Dies führt zur Einführung des Slot Temperatur in dem Objekt Öl:

Objekt

Öl
    obj-self - :frage -
    →Temperatur - :frage (EXPLI) :antwort (:ONE-OF sehr_heiß ...)

zugehörige Frage

Wie ist die Temperatur des Öls ?

(Hier und in den folgenden Beispielen bedeuten '-' "unbekannt" und '→' "explizit gemacht, neu in die Wissensbasis eingeführt")

Ein neues Objekt kann eingeführt werden, wenn der Wissensingenieur im Zuge des Wissens- erwerbs zum ersten Mal auf eine Regelaussage wie die folgende trifft:

wenn
schlechte Beschleunigung
und
Endgeschwindigkeit und Motor i.O.
dann
...

Objekt

→Fahrzeug
    obj-self - :frage (EXPLI)
    Beschleunigung - :frage - :antwort (:ONE-OF schlecht ...)

zugehörige Frage

Wie ist die Beschleunigung des Fahrzeugs ?

Wird während des Akquisitionsprozesses dieses Explizitmachen einer Rolle registriert (z.B. dem Objekt Öl unter dem Slot Temperatur bekannt gemacht), so ist damit zugleich ein Stückchen Fragerealität reproduzierbar, nämlich die Tatsache, daß im geeigneten Zusammenhang diese Rolle nicht explizit genannt werden muß. In den Akquisitionsunterlagen, den aussagenorientierten Regeln, wurde die Regel ja auch ohne Rolle formuliert, und das sicher nicht ohne kommunikativen Grund. Es läßt sich in diesem Zusammenhang an die Simulation eines kommunikativ angemessenen Frageverhaltens denken, bei dem erst nach einer falschen Antwort des Benutzers eine Frage mit expliziter Nennung der Rolle gestellt wird.

In unserem Ansatz (s. auch Abschnitt 2.2) kann das Explizitmachen durch den Eintrag EXPLI in der Fragedeklaration des Slot oder des obj-self-Slot (für das Objekt) festgehalten werden.

In den Aussageformen der Regel sind darüberhinaus Antworten (Werte) genannt, die in die Antwortdeklaration des gerade betrachteten Slot übertragen werden können. Die Offenlegung der Rolle kann bezüglich der Fragedeklaration auch von Nutzen sein, weil der Wissensingenieur sich über andere mögliche Werte Gedanken machen kann, die bezüglich des Objektes wichtig werden könnten. Der Wissensingenieur kann dadurch auf andere Regeln aufmerksam werden oder auf die Grenzen der Zuständigkeit des Regelsatzes und der Wissensbasis, die er gerade entwirft. Solche *"interpolierten" possible values* müssen in der Antwortdeklaration markiert werden, damit sie - als nicht explizit in der Regelaussage genannt - von den explizit genannten Antworten unterschieden werden können:

O1

    obj-self - :frage -
    Temperatur - :frage (EXPLI)
    :antwort (:ONE-OF sehr_heiß →#heiß →#warm →#kalt)

Die Markierung wird rückgängig gemacht, sofern im Zuge des Wissenserwerbs Regeln für die markierten values gefunden werden. Sie bleibt bestehen, wenn keine auf sie zutreffende Regeln gefunden werden, und ist dann nützlich für Nichtzuständigkeitsaussagen.

Die Struktur der Wissensbasis hängt u.a. davon ab, ob vorzugsweise Fragen vom Typ Entscheidungsfrage oder vom Typ Ergänzungsfrage gestellt werden sollen.

Werden Entscheidungsfragen bevorzugt, so wird die Wissensbasis viele, aber schwächer strukturierte Objekte enthalten, deren Bezeichnungen eine starke "interne Struktur" aufweisen können; wird dagegen angestrebt, vorwiegend Ergänzungsfragen zu stellen, so wird die Wissensbasis tendenziell wenige, aber stärker strukturierte Objekte enthalten (s. Abbildung 2.1). Bei Entscheidungsfragen wird in die Slotbezeichner Information übernommen, die bei Ergänzungsfragen in den Antwortdeklarationen zu finden ist.

2.2. Fragegenerierung durch das System

Die Ziele unseres Ansatzes der Fragegenerierung sind

-     Verzicht auf vorgefertigte Fragestücke ("canned question texts") in den Objekten wegen der Unlösbarkeit der damit verbundenen Konsistenzüberprüfung (1)

---

1) Die Konsistenzüberprüfung ist hier genauso schlecht möglich wie zwischen Kommentartexten und dem zugehörigen Programmcode.

- Schaffung von Möglichkeiten zur Konsistenzüberprüfung
- kommunikativ akzeptable Frageformulierungen

Der im folgenden dargestellte Ansatz soll mehr als methodischer Hinweis, der aus konzeptionellen Überlegungen stammt, als als eine fertige Lösung verstanden werden. Die Implementierung hat erst begonnen. Die Beispiele, mit denen unser Ansatz erläutert wird, stammen aus der Wissenserwerbspraxis der Forschungsgruppe Expertensysteme der GMD; sie sind aus der C3-Getriebe-Welt entnommen, die uns aus der Arbeit an einem Diagnose-System für dieses automatische Getriebe von FORD bekannt ist [Klar/Wittur 85].

Wir unterscheiden bei der Generierung einer Frage zwischen verschiedenen Teilen, aus denen sich die spätere Frage zusammensetzt: einem durch die Objekt- und Slotbezeichnung festgelegten **Feld** und einem **Vorfeld**, das aufgrund von Meta-Informationen, die in der Fragedeklaration (:frage) und in der Antwortdeklaration (:antwort) stehen, mit Hilfe von heuristischen Regeln konstruiert wird:

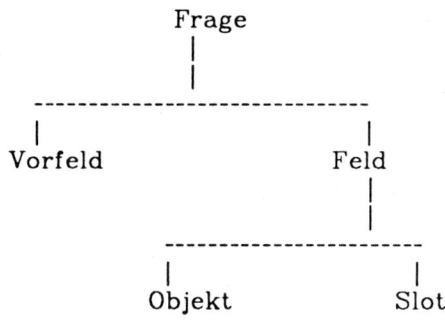

```
Feld ← Objekt, Slot
     ← Anordnung von Objekt, Slot ←  Regeln ← :frage, :antwort
Vorfeld ←  Regeln ← :frage, :antwort
```

In den Beispielen für Vorfelder und Felder (s. Abbildung 2.2) sind die Vorfelder kursiv gesetzt; daneben ist die zugrunde liegende Regelaussage angegeben.

Beispiele für Regeln für die Auswahl von Vorfeldern und Feldern stehen in Abbildung 2.3. Dort werden die Meta-Beschreibungen verwendet, deren Beschreibung weiter unten folgt.

Ebenfalls mit Regeln wird die Anordnung von Objekt- und Slotname im Feld festgelegt.

Die Abarbeitung der Regeln geschieht in BABYLON mit den Mitteln des Regelinterpretierers; es wird somit durch die Anwendung eines Basis-Mittels, hier die Regel-Interpretation, eine höherwertige Systemeigenschaft von BABYLON, hier die Fragegenerierung, geschaffen (Bootstrapping).

Für die Generierung akzeptabler Fragen werden syntaktische und semantische Informationen benötigt, die in der Fragedeklaration des Slots und - für den Objektnamen - im Slot "obj-self" des Objektes stehen.

Die Meta-Informationen beschreiben das Objekt bzw. den Slot, nicht etwa die Regelaussage.

Entscheidungsfragen

1. *Aussage:* Motor dreht hoch
   Frage: Dreht der Motor hoch?
   Antworten: ja / nein

   Motor
         dreht_hoch - :frage - :antwort (:ONE-OF ja nein)

2. *Aussage:* Schlechte Leistung
   Frage: Schlechte Leistung?

   Leistung
         schlecht - :frage - :antwort (:ONE-OF ja nein)

3. *Aussage:* Schlechte Beschleunigung
   Frage: Schlechte Beschleunigung?

   Beschleunigung
         schlecht - :frage - :antwort (:ONE-OF ja nein)

4. *Aussage:* Endgeschwindigkeit wird nicht erreicht
   Frage: Wird die Endgeschwindigkeit erreicht?

   Endgeschwindigkeit
         erreicht - :frage - :antwort (:ONE-OF ja nein)

Ergänzungsfragen

1. *Aussage:* Motor dreht hoch
   Frage: Wie ist die Drehzahl des Motors?
   Aussage: Schlechte Leistung
   Frage: Wie ist die Leistung des Motors?

   Motor
         Drehzahl - :frage - :antwort (:ONE-OF hoch ...)
         Leistung - :frage - :antwort (:ONE-OF schlecht gut)

2. *Aussage:* Schlechte Beschleunigung
   Frage: Wie ist die Beschleunigung des Fahrzeugs?
   Aussage: Endgeschwindigkeit wird nicht erreicht
   Frage: Wird die Endgeschwindigkeit erreicht?

   Fahrzeug
         Beschleunigung - :frage - :antwort (:ONE-OF schlecht gut)
         Endgeschwindigkeit - :frage -
             :antwort (:ONE-OF erreicht nicht_erreicht)

Abbildung 2.1: Der Einfluß des bevorzugt angestrebten Fragetyps auf die Objekt- bzw. Slotlastigkeit einer objektorientierten Wissensbasis

Regelaussage: Festbremsen in "R" nicht möglich
Vorfeld und Feld: *Wie ist das Verhalten beim* Festbremsen *im Zustand* in "R" ?

Regelaussage: Schlechte Leistung
Vorfeld und Feld: *Wie ist* d- Leistung d- Motor ?

Regelaussage: über 45 km/h
Vorfeld und Feld: *Wie groß ist* d- Geschwindigkeit d- Fahrzeug ?

Abbildung 2.2: Beispiele für Vorfeld und Feld bei der Fragegenerierung

a) Regelaussage: (langsames Beschleunigen:) 1500-2000/min
   Motor
        obj-self - :frage (GEGENSTAND)
        Umdrehungen/min - :frage (QUANTITAT)
           :antwort (:INTERVALL 1500 2000)
b) Regelaussage: über 45 km/h
   Fahrzeug
        obj-self - :frage (GEGENSTAND)
        Geschwindigkeit - :frage (QUANTITAT) :antwort (> 45)
Die Metabeschreibungen dieser Teil-Objekte stimmen bis auf die Antwort-
Metabeschreibungen überein.
Regel zu b):

<u>wenn</u> OBJ-SELF-FRAGE = GEGENSTAND <u>und</u> SLOT-FRAGE = QUANTITAT <u>und</u>
ANTWORT-OPERATOR = ">"

<u>dann</u>
FELD = "d- slot d- obj"
VORFELD = "Wie groß ist"

Regel zu a):

<u>wenn</u> OBJ-SELF-FRAGE = GEGENSTAND <u>und</u> SLOT-FRAGE = QUANTITAT
<u>und</u> ANTWORT-OPERATOR = INTERVALL

<u>dann</u>
FELD = "d- slot d- obj"
VORFELD = "In welches Intervall kann man FELD einordnen"

Abbildung 2.3: Beispiele für Regeln zur Fragegenerierung

   Auf diese Meta-Informationen und auf die Meta-Informationen in der
Antwort-Deklaration beziehen sich die Regeln, die das Vorfeld und das Feld
einer Frage bestimmen (vgl. Abbildung 2.3).
   Die Meta-Informationen in der Antwortdeklaration sind Typ- und Mengen-
beschreibungen.
   Die Meta-Informationen in der Fragedeklaration lassen sich unterteilen
in:

- syntaktische Meta-Informationen,
- semantische Meta-Informationen,
- Meta-Informationen zur Fragetextsynthese.

Beispiele hierzu sind in Abbildung 2.5 zu finden.

Die derzeit einzige *textbezogene Meta-Information*, EXPLI, ist der Explizit-machungshinweis (vgl. 2.1), der im Zuge der Analyse der aussagenorientierten Regeln bei der Wissensakquisition dem Objekt oder Slot immer dann zugeordnet wurde, wenn ein nur implizit in der Regelaussage enthaltenes Beschreibungskriterium explizit gemacht wurde, d.h. zu einem Objekt oder Slot gemacht wurde.

EXPLI bezieht sich auf den Slot, wenn es in der Fragedeklaration eines Slot steht. Dies gilt <u>nicht</u> für den Slot obj-self. Dann bezieht sich der Explizitmachungshinweis auf das Objekt, wobei zu beachten ist, daß die Explizierung eines Objektes stets in Bezug auf einen Slot des Objektes zu sehen ist. In dem in 2.1 genannten Beispiel, wo aus der "Beschleunigung" auf das Objekt "Fahrzeug" geschlossen wurde, fehlt dieser Bezug. Das Objekt müßte richtiger wie folgt aussehen:

Fahrzeug
    obj-self - :frage (EXPLI Beschleunigung)
    Beschleunigung :frage - :antwort (:ONE-OF schlecht)

Die *syntaktischen Meta-Informationen* dienen der Beschreibung alternativer syntaktischer Darstellungsformen für semantisch identisch beschriebene Fragen. Die syntaktische Information S kennzeichnet Slot/Objekt als Substantiv, V als Verb; SUBST weist auf substantivischen Gebrauch einer ansonsten verbalen, VERBAL auf verbalisierten Gebrauch einer ansonsten nominalen Objekt- oder Slotbezeichnung hin. Bei V und VERBAL kann nach AKTIV und PASSIV unterschieden werden. Beispiele für syntaktische Meta-Informationen sind in Abbildung 2.4 zu finden.

Die syntaktischen Meta-Informationen sind Angaben über die syntaktische Form, die die (Objekt-, Slot-)Bezeichnung *im Objekt hat;* die syntaktische Form, die in der aussagenorientierten Regel vorkommt, soll also nicht rekonstruiert werden (was für andere Zwecke, etwa die Generierung von Erklärungen, sinnvoll wäre). Dabei ergeben sich folgende Verhältnisse:

Syntaktische Form der Slot-, Objektbezeichnung			
substantiviertes Verb	verbalisiertes Substantiv	Substantiv	Verb
SUBST	VERBAL	S	V

Tabelle B: Syntaktische Meta-Information in den Objekten in Abhängigkeit von der syntaktischen Form in den Regeln

Der Grundbestand an *semantischen Meta-Informationen* ist - wie auch die syntaktischen Meta-Angaben - Gegenstand von Experimenten. Derzeit sind folgende semantische Charakterisierungen möglich (1):

VORGANG ZUSTAND
QUALITAT QUANTITAT
ZEIT
ORT
GEGENSTAND
STOFF

---

1) Die Liste ist als ein Minimum anzusehen, mit dem man vielleicht auskommt; es wird aber nicht ausgeschlossen, daß vom Benutzer *ad-hoc-Erweiterungen* vorgenommen

```
Schalten
    obj-self - :frage (SUBST VORGANG)
    Regelaussage: schaltet nicht
Fahrpedal
    obj-self - :frage (GEGENSTAND)
    betätigt - :frage (V PASSIV VORGANG QUALITAT)
      :antwort (:ONE-OF stark wenig)
    Regelaussage: Fahrpedal wenig betätigt
Motor
    obj-self - :frage (GEGENSTAND EXPLI)
    heult - :frage (V AKTIV QUALITAT) :antwort (:ONE-OF stark wenig)
    Regelaussage: starke Heulgeräusche
```

Abbildung 2.4: Beispiele für syntaktische Meta-Informationen

In den folgenden Beispielen für semantische Meta-Informationen (Abbildung 2.5) sind außer den Objekten auch einige Vorfelder (kursiv) und Felder angegeben.

Alle Metabeschreibungsmittel können vom Wissensingenieur erweitert werden. Die genannten werden zur Zeit vom System angeboten.

In der Wissensbasis stehen Regeln zur Generierung der Fragen aus dem Objektnamen, dem Slotnamen und den Meta-Informationen in der Frage- und Antwortdeklaration. In Abbildung 2.6 sind einige weitere Beispiele für solche Regeln gezeigt (für Objekte aus Abbildung 2.4).

In den Regeln werden für das Feld Strings verwendet, die statt der korrekt flektierten Artikel ein "d-" enthalten. Die Einsetzung der Flexionsformen erfordert einen zusätzlichen Aufwand durch die Hinzunahme eines Wörterbuchs.

Die Meta-Informationen können auch hinsichtlich der Konsistenzüberprüfung der Angaben in der Frage- und Antwortdeklaration genutzt werden. Mit Hilfe von Regeln lassen sich gültige und ungültige Kombinationen von Meta-Angaben beschreiben. Dies kann als ein bescheidener Ansatz zum weitgehend noch unbearbeiteten Bereich der Konsistenzüberprüfung von Wissensbasen angesehen werden. Einige Beispiele hierfür stehen in Abbildung 2.7; sie sollen der Verdeutlichung dienen; sie stammen nicht aus der praktischen Arbeit an einem Expertensystem. Solche Meta-Regeln sind sicherlich abhängig vom Diskursbereich.

Will man mit den eben genannten Mitteln Verhältnisse beschreiben, die in der aussageorientierten Regel mit mehrwertigen Verben ausgedrückt werden, so stößt man an eine Grenze unseres Ansatzes (zugleich möglicherweise eine Grenze der Repräsentation mit Objekten überhaupt), sofern davon ausgegangen wird, daß die interne Darstellung , wenn möglich, der Oberfläche der Regelaussage ähnlich sein sollte. In solchen Fällen müßten

---

werden müssen. Die mit der Aufstellung einer Liste von "semantic primitives", und um eine solche Liste handelt es sich ja, verbundenen Probleme (ausreichende Anzahl, aber nicht zu viele, wegen der nicht mehr kontrollierbaren Zahl von Kombinationen; Absolutsheitsanspruch, der gern mit einer solchen Liste verbunden wird) sehen wir auch. Über Vor- und Nachteile der Verwendung von "semantic primitives" s. [Rich 83] : "... even in very simple domains, the correct set of primitives is not obvious [p.210]".

Festbremsen
    obj-self - :frage (VORGANG)
    in_R - :frage (ZUSTAND QUALITAT)
      :antwort (:ALTERNATIVE i.O. nicht_möglich)
    in_D - :frage (ZUSTAND QUALITAT)
      :antwort (:ALTERNATIVE i.O. nicht_möglich)
    in_2 - :frage (ZUSTAND QUALITAT)
      :antwort (:ALTERNATIVE i.O. nicht_möglich)

    Wie ist das Verhalten beim obj *im Zustand* slot

Motor
    obj-self - :frage (GEGENSTAND)

    Drehzahl - :frage (VORGANG ZEIT QUALITAT)
      :antwort (:ONE-OF hoch ...)
    Wie verändert sich slot d- obj

    Leistung - :frage (QUALITAT) :antwort (:ONE-OF schlecht gut ...)
    Wie ist d slot d- obj

    Zustand - :frage (ZUSTAND) :antwort (:ALTERNATIVE i.O. n.i.O.)
    Wie ist der Zustand slot d- obj
    (Tilgung von slot bei Identität
    von Bezeichnung und Meta-Information)

    Umdrehungen/min - :frage (QUANTITAT)
      :antwort (:INTERVALL 1500 2000)
    In welches Intervall kann man d slot d- obj *einordnen*

Fahrzeug
    obj-self - :frage (GEGENSTAND)
    Endgeschwindigkeit - :frage (VORGANG QUALITAT)
      :antwort (:ALTERNATIVE erreicht nicht_erreicht)
    Wie verändert sich slot d- obj
    Geschwindigkeit - :frage (QUANTITAT) :antwort (> 45)
    Wie groß ist d slot d- obj

Öl
    obj-self - :frage STOFF
    Temperatur - :frage VORGANG QUALITAT
      :antwort (:ONE-OF sehr_heiß heiß ...)
    Wie verändert sich d slot d- obj

Abbildung 2.5: Beispiele für Meta-Informationen in der Fragedeklaration

Bezug Objekt Fahrpedal:

> **wenn**
> SLOT-FRAGE = V PASSIV QUALITÄT **und**
> OBJ-FRAGE = GEGENSTAND
>
> **dann**
> FELD = "d- obj slot"
> VORFELD = "Wie wurde/ist FELD"
>
> *Wie wurde/ist* d Fahrpedal betätigt ?

Bezug Objekt Motor:

> **wenn**
> SLOT-FRAGE = V AKTIV QUALITÄT **und**
> OBJ-FRAGE = GEGENSTAND
>
> **dann**
> FELD = " slot d- obj"
> VORFELD = "Wie"
>
> *Wie* heult d- Motor ?

Abbildung 2.6: Weitere Beispiele für Regeln zur Fragegenerierung (für Objekte aus Abb. 2.4)

kasusrahmenähnliche Objekte definiert werden und mit deren Slots die Valenzinformationen ausgedrückt werden. Will man dann noch fakultative Ergänzungen zulassen, müßten zwei Slot-Typen unterschieden werden bzw. in den Fragedeklarationen zusätzliche Meta-Hinweise aufgenommen werden, die es erlauben, zwischen Slots, die den Valenzen nach nötig sind, und Slots, die darüber hinausgehende Informationen enthalten, zu unterscheiden. Dies scheint uns den objektorientierten Ansatz zur Wissensrepräsentation zu sehr zu strapazieren. Hier bietet sich eher eine Repräsentation durch logische Relationen an; in BABYLON könnte dies durch PROLOG-Relationen geschehen (s. Abbildung 2.8).

Damit hat man zugleich die theoretische Begründung für einen praktischen Hinweis an den Wissensingenieur bezüglich der Entscheidung, unter welchen Bedingungen die Darstellung mit PROLOG günstig sein kann. Der Hinweis könnte lauten: Wenn die aussagenorientierten Regeln mehrwertige Verben enthalten, dann beschreibe diese mit PROLOG-Mitteln.

Es muß allerdings darauf hingewiesen werden, daß die Fragegenerierung bei der Repräsentation mit PROLOG-Relationen eigene Probleme aufwirft, die von uns nicht behandelt werden.

Wieweit sind die zu Beginn von 2.2 genannten Ziele durch unseren Ansatz wirklich erreicht?

Die Fragetexte sind aus der internen Beschreibung der Objekte voll synthetisierbar. Damit ist die Bedingung der Konsistenzerhaltung weitgehend erfüllbar. Die Konsistenzüberprüfung muß sich jetzt auf die Meta-

Zwischen Fragedeklaration und Antwortdeklaration:

<u>wenn</u>
  SLOT-FRAGE = QUALITAT

<u>dann nicht</u>
  ANTWORT-OPERATOR = "<", ">", INTERVALL

<u>wenn</u>
  SLOT-FRAGE = QUANTITAT

<u>dann nicht</u>
  ANTWORT-OPERATOR = :ONE-OF, :SOME-OF

Zwischen Meta-Informationen in den Fragedeklarationen von Objekt und Slot:

<u>wenn</u>
  OBJ-FRAGE = V

<u>dann nicht</u>
  SLOT-FRAGE = V

Zwischen Meta-Informationen in der Fragedeklaration eines Slots:

<u>wenn</u>
  SLOT-FRAGE = VORGANG

<u>dann nicht</u>
  SLOT-FRAGE = QUANTITAT

<u>wenn</u>
  SLOT-FRAGE = GEGENSTAND

<u>dann nicht</u>
  SLOT-FRAGE = V

Abbildung 2.7: Beispiele für Konsistenz-Regeln für Meta-Angaben in Frage- und Antwortdeklarationen

Informationen und die Regeln beziehen. Vorgefertigte Texte ("canned texts") im Sinne von direkt dem Objekt zugeordneten Strings werden nicht verwendet. Allerdings ist keine beliebige Vielfalt möglich, da die Regeln aus wiederum vorgefertigten Vorfeld-Formulierungen auswählen. Uns scheint die über die Meta-Informationen gesteuerte Auswahl durch Fragegenerierungsregeln hinreichende Möglichkeiten zu bieten, um zu kommunikativ akzeptablen

wenn
Drosselventil schließt Hauptleitungsdruckkanal
dann
Drosseldruck sinkt

sinkt(Drosseldruck) :- schließt(Drosselventil, Hauptleitungsdruckkanal)

wenn
schlechte Beschleunigung bis ca. 48 km/h
dann
Freilauf stützt nicht das Leitrad

stützt_nicht(Freilauf, Leitrad) :-
    (Fahrzeug Beschleunigung_bis_48_km/h = schlecht)

Abbildung 2.8: Darstellung mehrstelliger Verben als PROLOG-Relationen

Fragen zu kommen. Eine gewisse Fragevielfalt wird damit erreicht; durch die Angabe zur Fragetextsynthese (EXPLI) ist die Möglichkeit eröffnet, auch akzeptable Fragefolgen zu generieren. Daß kommunikativ akzeptable Fragen nicht unbedingt kommunikativ adäquat zu sein brauchen, ist uns bewußt.

3. Literatur

Brinkmann, H.: Die Antwort als sprachliche Erscheinung. In: Brinkmann, H.: Sprache als Teilhabe - Aufsätze zur Sprachwissenschaft ... hrsg. von M. Scherner, Düsseldorf: Schwann, 1981, S. 52-63.

Cohen, B.; Murphy, G.L.: Models of Concepts. *Cognitive Science* 8 (1984), 27-58.

Grewendorf, G.: Präsuppositionen bei disjunktiven Fragen. *Linguistische Berichte* (1977)52, S. 13-31.

Henne, H.: Sprachpragmatik. Tübingen 1975.

Hindelang, G.: Zur Klassifikation der Fragehandlungen. In: Sprache, Band "Verstehen und Handeln", 15. Linguistisches Kolloquium, Münster 1980. Hrsg. von Hindelang und Zillig. Tübingen: Niemeyer 1981, S. 215-225.

Hiz, H. (Ed.): Questions. Dordrecht: Reidel, 1978.

Hundsnurscher, F.: Semantik der Fragen. *Zeitschrift für germanistische Linguistik* 3(1975)1, S. 1-14.

Kanth, R.: Kommunikativ-pragmatische Gesprächsforschung: neuere gesprächs- und konversationsanalytische Arbeiten. *Zeitschrift für germanistische Linguistik* 9(1981)2, S. 202-222.

Kiefer, Ferenc: Some semantic and pragmatic properties of wh-questions and the corresponding answers. *SMIL quarterly journal* (1977)3, S. 42-71.

Klar, W. und K.H. Wittur: Ein Expertensystem zur Fehlerdiagnose im automatischen Getriebe C3 von Ford. In: GMD-Jahresbericht 1984, St. Augustin: Gesellschaft für Mathematik und Datenverarbeitung, 1985.

Krallmann, D. und D. Stickel (Hrsg.): Zur Theorie der Frage. Tübingen: Narr, 1981.

Manor, R.: Dialogues and the logics of questions and answers. *Linguistische Berichte* (1981)73, S. 1-28.

van Melle, W.: A Domain-Dependent System That Aids in Constructing Knowledge-Based Consultation Programs. Stanford: Dept. of Computer Science, 1980. (STAN-CS 80-820)

di Primio, F. und G. Brewka: BABYLON: Kernsystem einer integrierten Umgebung für Entwicklung und Betrieb von Expertensystemen. *Nachrichten für Dokumentation* 36(1985)1, 33-37.

Puppe, F.: MED1 - ein heuristisches Diagnosesystem mit effizienter Kontrollstruktur. Diplomarbeit, Kaiserslautern 1983.

Rich, E.: Artificial Intelligence. London: McGraw-Hill 1983.

Swartout, W.R.: XPLAIN: a System for Creating and Explaining Expert Consulting Programs. *Artificial Intelligence* 21(1983), 285-325.

Todt, G. und J. Schmidt-Radefeldt: Wissensfragen und direkte Antworten Fragelogik LA?. *Linguistische Berichte* (1979)62, S. 1-24.

Vandeweghe, W.: Fragen und ihre Funktion: Versuch einer Typologie auf pragmatischer Basis. In: Semantik und Pragmatik. 11. Linguistisches Kolloquium. Hrsg. von Sprengel, Bald und Viethen, Tübingen: Niemeyer, 1977.

Weinrich, H.: Textgrammatik der französischen Sprache. Stuttgart: Klett, 1983.

Eine Textgrammatik für Wetterberichte
und deren Verwendung
für die Zusammenfassung von Texten.

Josef Michel
Technische Universität Berlin
Institut für quantitative Methoden
Sekr. FR 6-7
Franklinstr. 28-29
1000 Berlin 10

Abstract:

Im nachfolgenden wird eine Textgrammatik für Wettermeldungen vorgestellt.Mit dieser Grammatik kann einem Text eine textuelle Struktur zugewiesen werden. Aufgrund dieser Struktur können Ergebnisse eines Zusammenfassungs-experiments interpretiert werden. Die Resultate lassen Einblicke in den Zusammenfassungsprozeß zu.

Eine der Wurzeln der Textgrammatik ("oder Storygrammar") liegt in der strukturalistischen Untersuchung von Texten. Vladimir Propp untersuchte 1926 mit seiner Arbeit "Die Morphologie des Märchens" Märchentexte auf textkonstituierende Einheiten. Diese Einheiten sind Invarianten der Handlungen. Propp bezeichnet sie als "Funktionen" und definiert:

"Unter Funktion wird hier eine Aktion einer handelnden Person verstanden, die unter dem Aspekt ihrer Bedeutung für den Gang der Handlung definiert wird." PROPP75 S.27

Mit diesen "Funktionen" kann die Struktur von Märchen beschrieben werden. Propp führt in seiner Arbeit die Regelhaftigkeiten in der Folge der "Funktionen" auf. Er entwickelt dabei eine Grammatik von russischen Zaubermärchen.

Eine andere Wurzel der Textgrammatik liegt in den Arbeiten Bartletts (BARTLETT32) Er beobachtete, daß beim wiederholten Erinnern von Geschichten ein Grundmuster der Geschichte erinnert wird. Weitere Evidenz erhielt er durch ein Experiment, in dem er Personen eine Geschichte weitererzählen ließ. Die Geschichte schrumpfte zu einer Grundstruktur zusammen. Dieses Muster nannte er "Schema". Ein "Schema" ist eine kognitive Entität. Eine Geschichte ist die Realisation eines "Schemas". Bartlett und Propp stellen zwei verschiedene Positionen im Gebiet der Textgrammatiken dar. Sie unterscheiden sich durch ihre Motivation und ihre Methode der Untersuchung.

Bartletts Arbeitsgegenstand ist primär die Untersuchung der Gedächnisstrukturen und Prozesse. Er verwendet hierzu die Untersuchung der Fähigkeiten des Geschichtenerinnerns und -produzierens, um seinem Ziel näher zu gelangen. Er orientiert sich mehr an Prozessen.

Propp dagegen untersucht primär die Strukturen der Texte. Er gelangt über diese Untersuchung zu einer Grammatik, die auf der Gegenstandsstruktur der Texte basiert. In den Märchen ist es die Handlungsstruktur.

Das Vorgehen meiner Untersuchung ist näher bei der Methode Propps zu suchen. Die Grammatik, die dabei entstand, richtet sich nach der Gegenstandsstruktur der Texte. Die interessanteste Frage, die sich aus dieser Sicht stellt, ist: Wie können mit einer Untersuchung der Gegenstandsstruktur Aussagen über kognitive Strukturen gemacht werden. (Hierzu siehe JOHNSON & MANDLER80)

Die Texte, für die die nachfolgende Grammatik gilt, sind Wetterberichte der Berliner Tageszeitung "Der Tagesspiegel" vom 1.07.1982 bis zum 30.10.1982. . Die Beschreibung der Wetterberichte orientiert sich an Phrasen-Struktur-Grammatiken, wobei sie um Transformationen erweitert wurden. (Die Grammatik wird detaillierter in MICHEL84 beschrieben) Die terminalen Konstituenten der Grammatik sind Propositionen.

Die Regeln der Grammatik:

W1: $WB^2 ---> WB^1$ (es ist ein Mehrfachauftreten möglich)

W2: $WB^1 ---> MB^1 + WB^0$

W3: $MB^1 ---> MB^0 + UWE$

W4: $WB^0 --->$ allgemeine Beschreibung +
spezifische Beschreibung +
(Statistik)

WB^2: Die Konstituente WB^2 stellt die Wettermeldungen dar, wie sie im Tagesspiegel erscheinen.

WB^1: Die Unterteilung von WB^2 erfolgt aufgrund zeitlicher oder räumlicher Kriterien. In den unter WB^1 hängenden Propositionen wird das Wettergeschehen einer Region beschrieben. Es werden die meteorologischen Ursachen eines

Wetters und eben jenes Wetter aufgeführt. Das folgende Beispiel enthält 2 **WB¹**: die Propositionen **p1-p3** und die Propositionen **p4-p7** (Abbildung 1 zeigt den Strukturbaum).

WB⁰: Dieser Konstituente sind die Wetterbeschreibungen untergeordnet. Diese Wetterbeschreibungen bestehen aus Propositionen, die in **allgemeine Beschreibung, spezifische Beschreibung** und **Statistik** unterteilt werden. Im Beispiel wird die Proposition **p3** unter **WB⁰** geordnet. Sie wird darin unter die Konstituente **allgemeine Beschreibung** geordnet. Beispiel für **spezifische Beschreibungen** sind die Propositionen **p5–p7**.

MB¹: Dieser Konstituente sind Propositionen untergeordnet, die die Ereignisse beschreiben, in die meteorologische Objekte involviert sind. Diese Ereignisse sind die Ursachen für das Wetter, das durch die Propositionen beschrieben wird, die unter die Konstituente **WB⁰** geordnet sind. **MB¹** muß noch weiter unterteilt werden in die Konstituenten **MB⁰** und **UWE**.

MB⁰: Die Propositionen, die unter **MB⁰**gehängt werden, beschreiben Ereignisse, in die große meteorologische Objekte wie Tiefdruckgebiete oder Hochdruckgebiete involviert sind. Im Beispiel ist dies die Proposition **p1**.

UWE: Das Unmittelbare Wetterwirksame Ereignis beschreibt die Ursache für das Wetter einer Region. In **UWE** werden meist Bewegungen kleinerer meteorologischer Objekte, wie Ausläufer von Tiefdruckgebieten, Strömungen kalter oder warmer Luft beschrieben. Im Beispiel muß die Proposition **p2** unter **UWE** aufgeführt werden.

Wenn ein Hochdruckgebiet das Wetter einer Region beherrscht, dann ist das unmittelbare wetterwirksame Ereignis gleich dem Ereignis des Beherrschens durch das Hochdruckgebiet. In diesem Fall wird unter **UWE** ein Verweis auf **MB⁰** gehängt.

Wetterbericht vom 15.7.82

p1: Das ausgedehnte Hochdruckgebiet Chlodwig mit seinem Schwerpunkt über Skandinavien änderte seit gestern seine Lage nur wenig. **p2**: An seinem Rande wird weiterhin sehr warme und feuchte Luft von Osten her nach Deutschland geführt, **p3**: sodaß es tagsüber verbreitet schwül ist. **p4**: Von der Ostsee gelangte in der Nacht zu gestern etwas kühlere Luft in das Norddeutsche Binnenland, **p5**: sodaß es zur Bildung von Nebelfeldern kam, **p6**: die sich in den Morgenstunden vorübergehend bis in die nördlichen Bezirke Berlins ausdehnten, **p7**: am Vormittag aber wieder verschwunden waren.:

Die textuelle Struktur des Wetterberichts läßt sich mit der Grammatik wie folgt beschreiben:

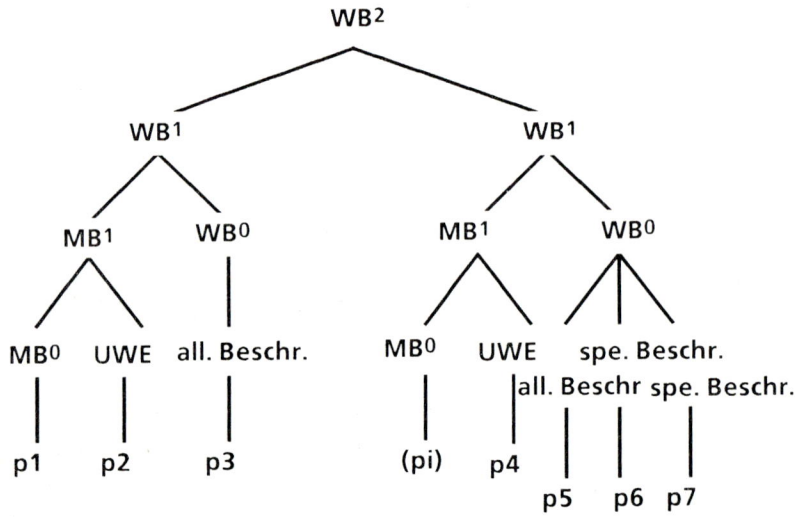

Abbildung 1

Für jeden **WB¹** gibt es eine Grundstruktur.

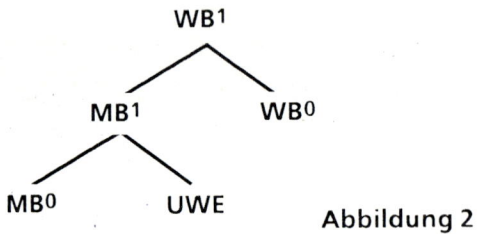

Abbildung 2

Die Wettermeldungen enthalten selten alle Konstituenten, die durch die Grammatik gefordert werden. Die Konstituenten, die nicht im Text realisiert scheinen, werde ich "leere Konstituenten" nennen.Sie könnten durch Inferenzen gefüllt werden. Im Beispiel fehlt die Konstituente **MB⁰** unter der zweiten Konstituente **WB¹**. Bei Inferenzen könnte ein Kandidat für das meteorologische Ereignis das Ereignis sein, daß durch **p1** beschrieben wird. Die Annahme einer Grundstruktur erleichtert durch die Einschränkung des Suchraums Inferenzen.

Außerdem können mit ihr regelmäßige Veränderungen der Grundstruktur durch Transformationen beschrieben werden.

Die Transformation der Grundstruktur:

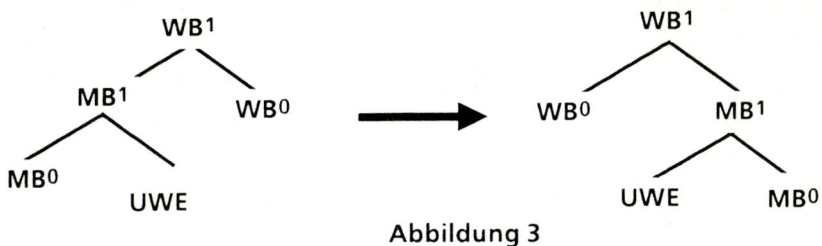

Abbildung 3

Die Transformation tritt meist auf, wenn die Wetterbeschreibungen von zwei **WB^1** sehr ähnlich oder sehr unterschiedlich sind. In diesen Fällen hat der erste **WB^1** die normale Struktur, der zweite **WB^1** wird dann gemäß der Transformation verändert.

Durch die oben kurz skizzierte Grammatik kann einer Wettermeldung eine texuelle Struktur zugewiesen werden. Sie gibt zum einen die im realisierten Text erscheinende Reihenfolge der Propositionen wieder. Anderseits könnte sie erweitert werden, um die dem Text zugrunde liegende semantische Struktur zu repräsentieren und repräsentiert in der oben skizzierten Form das "Schema" eines Wetterberichts. Sie kann somit von einer Verstehenskomponente eines Systems verwandt werden, um den Verstehensprozeß zu leiten. Sie kann als Repräsentation der Oberflächenstruktur verwandt werden. Sie kann auch für die Produktionskomponente als eine Art Wohlgeformheitskriterium für den zu produzierenden Text herangezogen werden. Sie kann für einen Zusammenfassungsprozeß als Hilfmittel verwandt werden. Diesen letzten Punkt werde ich nun im nachfolgenden aufnehmen.

Zusammenfassungen

Menschen sind in der Lage einen Text oder mehrere Texte zusammenzufassen. Wie läßt sich diese Fähigkeit beschreiben? Unter welchen Rahmenbedingungen findet der Zusammenfassungsprozeß statt? Welche Regelmäßigkeiten treten bei diesem Prozeß auf? (siehe RUMELHART77)

Der Aufsatz wird im weiteren nicht alle diese Fragen beantworten. Hierzu ist sehr viel mehr Arbeit und Zeit notwendig. Er wird nur einige Punkte dieses Prozesses näher skizzieren. Wichtig ist bei alledem nicht das hier aufgezeigte Ergebnis, sondern die Methode. Es wird eine Methode angedacht, mit der die kognitiven Prozesse untersucht werden können. Die Methode ist nicht von mir entwickelt, ich habe sie versucht aufzunehmen von anderen kognitiven Wissenschaftlern wie Rumelhart, Schank oder andere.

Die Modellbildung mit oder über den Computer ist als Methode zu verstehen, um Prozesse des Menschen beschreiben oder verstehen zu lernen. Die strukturierte Aufnahme eines eng umgrenzten Bereichs und der Versuch der Formalisierung und Beschreibung durch das Instrumentarium der "Künstlichen Intelligenz" sind Schritte auf einem Weg zum Verstehen menschlicher Prozesse. (Vorschläge für ein Vorgehen machen HAYES79 und SCHANK82) Dieses zu erreichen bleibt Ziel.

In diesem Rahmen ist diese Arbeit zu sehen.

Das Experiment, das ich durchführte - informell und ohne Validität im Sinne der Psychologie - bestand aus einer Zusammenfassungsaufgabe. Die Versuchspersonen (Vpnen) erhielten 10 Wetterberichte, die einen Zeitraum von 14 Tagen umfaßten. Sie erhielten die Anweisung, diese Wetterberichte zusammenzufassen. Ohne weitere Anweisung entstanden unter anderem Zusammenfassungen mit folgenden textuellen (Teil-) Strukturbäumen:

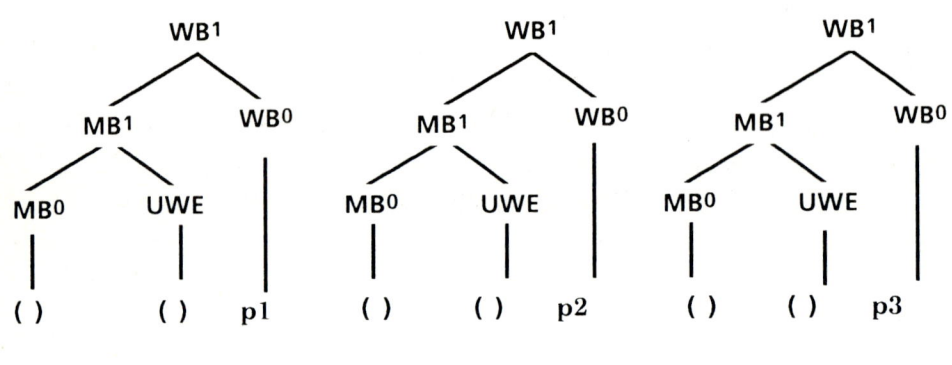

Abbildung 4 (Vpn 1)

Vpn1:

p1: Vom Sonntag den 5.7.82 bis Mittwoch den 8.7.82 war das Wetter in Berlin kühl und mehr oder weniger regnerisch. **p2**: Danach wurde es sonnig und angenehm warm. **p3**: Bis zum 10.07.82 stieg die Temperatur bis 25 Grad Cel.. **p4**: In den folgenden Tagen gibt es gewisse Wetterschwankungen aber die Erwärmung schreitet im großen und ganzen weiter fort, **p5**: bis zum 16.7. über 30 Grad Cel. erreicht werden. **p6**: Danach wird es wieder kalt.

Vpn2:

p1: Vom 4.7 bis zum 7.7 war das Wetter bei Berlin recht kühl: **p2**: es gab auch schauerartige Regenfälle, **p3**: durch die Tiefdruckgebiete Martha und Norma. **p4**: Im folgendem verstärkte sich der Einfluß des Hochdruckgebietes Bertram auch auf Norddeutschland, dem später die Hochdruckzelle Chlodwig folgte, **p5**: so daß bis zum 15.7 eine warme Witterung anhielt. **p6**: Teilweise gab es aufgrund der warmfeuchten Luft in den Nacht- und Morgenstunden Nebel, **p7**: aber erst der Tiefdruckwirbel Quendula brachte am 16.7. Gewitter nach Berlin. **p8**: In den Tagen bis zum 19.7. verstärkte sich der Einfluß des Hochdruckgebiets Darius mit einer leichten Abkühlung und Wolkenfeldern.

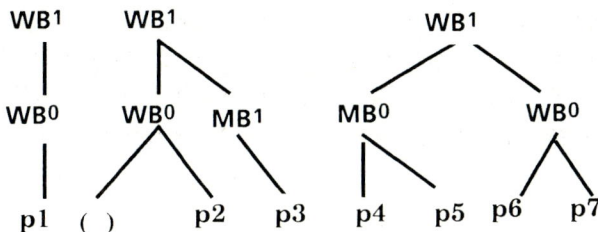

Abbildung 5 (Vpn2)

Fragestellungen der Zusammenfassung

Aus den Strukturbäumen läßt sich der Unterschied zwischen den Zusammenfassungen der beiden Personen ersehen. Die Vpn1 hat offensichtlich ein größeres Gewicht auf die Beschreibung des Wetters gelegt als Vpn2. Diese legt mehr Gewicht auf die Beschreibung der meteorologischen Ursachen des Wetters. Aus diesen beiden Positionen können nun zwei Aspekte, oder, wie ich es nannte, "Fragestellungen der Zusammenfassung" abgeleitet werden.

Die Fragestellung: **fokussiere die Wetterbeschreibung einer Region** und die Fragestellung: **fokussiere die meteorologischen Ereignisse der Wettermeldungen** stellen die beiden Extreme in den Zusammenfassungen dar.

Die Produktion der Zusammenfassung erfolgt unter Fokussierung des Gegenstandsbereichs, so muß das Ergebnis des Experiments interpretiert werden. Menschen scheinen Fragestellungen , Aspekte und Facettierungen an ihr Wissen zu legen, um Texte aus ihm zu erzeugen.

Hier müssen dann weitere Fragen gestellt werden: Unter welchen Aspekten kann eine Zusammenfassung eines Textes hergestellt werden.
Wie weit determiniert der Gegenstand, auf den der Text referiert, den Aspekt oder wieweit wird der Aspekt von Variablen des Produzenten bestimmt. Hierauf können die Zusammenfassungen der Versuchspersonen ebenfalls einen Hinweis geben. Die Aspekte, unter denen die Zusammenfassungen entstehen können, müssen in den Variationsmöglichkeiten der Gegenstandsstruktur enthalten sein. Diese Aspekte sind beschreibbar durch die Bezugnahme auf die vorgeschlagene Grammatik.

Wie läßt sich nun im weiteren der Zusammenfassungsprozeß beschreiben? Wichtig scheint zuerst einmal die Wahl der Fragestellung. Im Experiment machten sich die Versuchspersonen Notizen, die genau diese Hypothese stützen. Einige von ihnen schrieben sich die Wetterbeschreibungen aus den Texten heraus, andere unterstrichen nur die meteorologischen Ereignisse. Diese Beobachtung führt dazu, daß als nächster Schritt eine Löschung der nicht fokussierten Teile angenommen werden kann.

Zusammenfassungslöschung

Je nach Fragestellung kann nun angenommen werden, daß alle Propositionen unter entweder WB^0 oder unter MB^1 gelöscht werden. Der Text der Vpn1 ist ein Beispiel für die Löschung der Propositionen unter MB^1. Der andere Text ist wahrscheinlich eher ein Beispiel für die Löschung der Propositionen unter WB^0.

Hier möchte ich noch einmal darauf hinweisen, daß das vorgeschlagene Verfahren nicht kognitiv adaequat ist. Es stellt vielmehr einen Versuch da, erste Strukturen in dem Zusammenfassungsprozeß aufzuzeigen. Die alternativen Schritte lassen sich wie folgt beschreiben:

-- Löschung der Propositionen unter WB^0,
-- Löschung der Propositionen unter MB^1

In den Zusammenfassungstexten finden sich keine Propositionen, die unter die Konstituente **UWE** geordnet werden müßten.

Zusammenfassungsregeln

Die Zusammenfassung könnte dann weiter mit semantischen Transformationen der verbliebenen Propositionen erfolgen. Die Transformationen fassen die Propositionen zusammen. Sie fassen beispielsweise das sonnige Wetter von mehreren Tagen zu einer Beschreibung des Wetters einer Woche zusammen. In meinem Verfahren schlage ich hierfür Produktionsregeln vor.

Die Leistung der Grammatik bei diesem Prozeß ist es, daß nur Propositionen gleicher Kategorie für diesen Zusammenfassungsprozeß zugelassen werden. Ebenso ist die Reihenfolge der Verwendung der Propositionen durch die texuelle Struktur vorgegeben.

Weitere Aussichten

Dieser Aufsatz läßt viele Fragen offen. Es blieb bislang unerwähnt, daß der kognitive Status der Grammatik nicht geklärt ist. Beschreibt diese Grammatik kognitive Schemata oder die Struktur des Gegenstandsbereichs oder anderes?

Das Experiment muß mit einer größeren Anzahl von Versuchspersonen und unter kontrollierteren Bedingungen ablaufen. Die Einflüsse auf den Zusammenfassungsprozeß umfassen natürlich noch wesentlich mehr Punkte als ich hier aufführte. Der Hörerbezug muß untersucht werden, ein Aspekt wie z. B. Textualität muß näher erläutert werden und der Gegenstandsbereich müßte geändert werden, um die Verwendungen von Grammatiken in anderen Textklassen und anderen Gegenstandsbereichen zu erforschen.

Es müssen auch Fragen nach der Verwendung von Textgrammatiken gestellt werden. So läßt sich an einen Einsatz beim Verstehen oder Produzieren von Texten denken.

Mein Aufsatz konnte nur einige wenige Punkte beleuchten. Das Ziel, menschliches Textproduzieren zu verstehen, liegt noch in weiter Ferne.

Literaturverzeichnis:

Bartlett, F. Rembering. Cambridge,MA:Cambridge Press 1932.

Hayes, Patrik. The naive physics manifesto. In: D. Michie .(Hrsg.) Expert systems in the mircoelectronic age. Edinburgh, 1979.

Johnson, N. & Mandler, J. A tale of two structures: underlying and surface structure forms in stories. Poetics 9: 51-86. (1980)

Michel, Josef. Untersuchungen zur maschinellen Generierung und Zusammenfassung von Texten am Beispiel von Wettermeldungen. Diplomarbeit. TU-Berlin.Dez. 1984.

Rumelhart, D. E. Understanding and summarizing brief stories. In: laBerge &Samuels (Hrsg.) Basis processes in reading: perception and comprehension. 1977, Hillsdale.N.J.:Erlbaum.

Propp, Vladimir . Morphologie des Märchens. Suhrkamp Verlag. 1975.

Schank, Roger. Dynamic memory. Cambridge University Press. 1982.

TEXTLINGUISTISCHE KOMPONENTEN IN DER INFORMATIONSERSCHLIESSUNG

Annely Rothkegel

Sonderforschungsbereich 100
Elektronische Sprachforschung

Universität Saarbrücken

Zusammenfassung

Die Programmsysteme PROLID und TEXAN werden in zwei Perspektiven vorgestellt. Einmal geht es um den textlinguistischen und sprachhandlungsorientierten Hintergrund, der für die hier behandelte Art der Texterschließung relevant ist. Dieser Ansatz wird drei weiteren Möglichkeiten des Textzugangs gegenübergestellt. Zum andern geht es um die Skizze der Analyse selbst. Hier wird nach Analysemodell und Analyseverfahren unterschieden. Die jeweiligen Teilschritte werden im einzelnen erläutert.

1. Zum Projekt

Informationserschließung aus vollständigen, vorgegebenen Texten wird mit recht unterschiedlichen Zielsetzungen angegangen (KARLGREN/WALKER 1983). (Nicht gemeint sind sogenannte Textverarbeitungssysteme, in denen das Textmaterial gespeichert, sortiert und möglicherweise ediert wird. Ein Beispiel hierfür ist TESKEY 1982.) In der inhaltlichen Informationserschließung spielt die Art der Textanalyse, die die Textinformationen zugänglich macht, die ausschlaggebende Rolle. Eine der Möglichkeiten wird in den Systemen PROLID (Programm zur Rollenidentifikation) und TEXAN (Textanalyse) realisiert. Die Systeme wurden bzw. werden im Projektbereich A3 des SFB 100 entwickelt. PROLID ist implementiert (HARBUSCH/ROTHKEGEL 1984), TEXAN (ROTHKEGEL 1985b) wird 1986 abgeschlossen.

2. Textinteresse

Was interessiert uns an Texten, und wie sind diese Informationen durch maschinelle Verfahren erschließbar? Wie üblich bei computerlinguistischen Fragestellungen, spielen sowohl das Was als auch das Wie eine Rolle. Interesse an der Sache und Machbarkeit beeinflussen sich gegenseitig. Linguistische Theorien werden für die Problemlösung eingesetzt, die Ausführung wird durch Verfahren der Implementierung bestimmt.

Welche Theorien angewendet werden, ist abhängig vom Textinteresse und den daraus abgeleiteten Fragestellungen. Eine Rolle spielt auch die interessierende Textsorte, die damit verbundene Funktion des Textes und sein Gebrauchsumfeld. Wir beziehen uns hier auf interaktionsregelnde Texte, vornehmlich Abkommen im Bereich des Handels zwischen der EG und Drittländern. In unserem Konzept und Verfahren zur Textanalyse möchten wir Informationen zugänglich machen, die zu tun haben mit den Interaktions- und Sachverhaltszusammenhängen, in denen der Text steht. Dies bedeutet, daß wir Handlungs- und Wissensaspekte miteinbeziehen. Wir meinen, daß ein solcher Zugang den spezifischen Eigenschaften der behandelten Textsorte Rechnung trägt.

So ist es denkbar zu fragen, 'welche Regelungen gibt es im Hinblick auf welche Fälle?' und 'welche Bedingungen und/oder Verpflichtungen gibt es im Hinblick auf diese Regelungen?'. REGELN (Fall x), FIXIEREN (Bedingung y), VERPFLICHTEN (Aktivität z), das sind Bezeichnungen von Sprachhandlungen, an denen die genannten Fragen festzumachen wären.

In dieser Perspektive gibt es wenig Vorgaben durch andere automatische Verfahren. Es wird daher relativ viel Raum zur Darstellung von Fragestellung und Konzept verwendet. Für die Entwicklung eines Systems, das solche Sprachhandlungen in einem Text erfaßt, empfiehlt es sich, Analysemodell und Analyseverfahren zu trennen. Das Analysemodell bildet die linguistische Komponente ab. Es liefert die Regeln und Grammatiken, die im Analyseverfahren angewendet werden. Im Analysemodell verknüpfen wir Interaktionswissen und Textwissen. Die Verknüpfung ist organisiert über die Beschreibungskategorie der Texthandlung. Hierbei geht es um solche Sprachhandlungen, mit denen Texte hergestellt werden. Insofern ist das Analysemodell als ein Modell für die Rekonstruktion von Textproduktion zu verstehen. Grundlage ist eine textlinguistische Sichtweise mit drei Schwerpunkten:
- Anwendung des Kompositionsprinzips im Rahmen eines Schema-Konzepts für Texte (de BEAUGRANDE 1980, 1984 , van DIJK 1980),
- Handlungsaspekte unter dem Gesichtspunkt der Textproduktion (KOCH/ROSENGREN/SCHONE-BOHM 1983, MOTSCH/VIEHWEGER 1983, VIEHWEGER 1983, 1984, ROTHKEGEL 1984),
- Wissensverarbeitung im Hinblick auf Texte (Beiträge in METZING 1980).

3. Einige Möglichkeiten des Textzugangs

Der Text repräsentiert einen Wirklichkeitsausschnitt. Teile davon sollen gezielt zugänglich gemacht werden. Wir wollen wissen, welche Referenzen es gibt, d.h. welche Personen, Objekte, Zeiten oder Orte im Text vorkommen. Als interessant gelten Aussagen über Zustände und Ereignisse, sowie Verknüpfungen solcher Aussagen ('was liegt vor'; 'was geschieht'; 'was geschieht, nachdem x geschehen ist' oder 'weil x geschehen ist'; usw.). Oder es sind Handlungen, die interessieren. Hier werden Personen, Objekte und Ereignisse mit Zielen der Wirklichkeitsveränderung verknüpft ('was tut x in Bezug auf y im Hinblick auf das Ziel z')..

Die Verfahren der textlichen Informationserschließung können wir charakterisieren
nach den jeweils inhaltlichen und sprachlichen Aspekten von Fragen und Antworten,
die sich auf den Text beziehen. Unter inhaltlichen Gesichtspunkten spielt das Interpretationsschema (standardisierte Beschreibungskategorien) eine Rolle, nach dem
die Fragen gestellt werden. Unter sprachlichen Gesichtspunkten geht es um die linguistischen Einheiten, die als Antworten erwartet werden: Wörter, Sätze, Textpassagen.
Wir unterscheiden vier Typen der textlichen Informationserschließung (I= Interpretationsschema):

Fragen	Antworten
(a) Inhaltsfragen (I: vom Text vorgegeben)	Sätze aus dem Text
(b) Verständnisfragen (I: Wissensbasis)	neue Sätze (nicht aus dem Text)
Vorkommensfragen	
(c) (I: Beschreibungskategorien verschiedener Disziplinen)	Wörter aus dem Text
(d) (I: Textlinguistische Basis)	Textpassagen aus dem Text

(a) Das Textinteresse richtet sich auf Inhaltsfragen, formulierbar durch w-Fragen
(wer, was, womit, usw.) bzw. Entscheidungsfragen (ja/nein). Der Text selbst bildet die Vorgabe. Die im Text enthaltenen Aussagen werden in Fragen umformuliert.
Dies geschieht auf die Weise, daß die jeweiligen Satzglieder als Leerstelle eingeführt werden. Das Interpretationsschema ist insofern textintern bestimmt. Der
Text ist vergleichbar der Umgebung eines Leuchtturms, wobei der Lichtkegel auf je
verschiedene Ausschnitte gerichtet ist, so daß die gesamte Umgebung sukzessive
beleuchtet wird. Je nach Lichtquelle sind die Ausschnitte kleiner (w-Fragen)
oder größer (Entscheidungsfragen). Insgesamt ist charakteristisch, daß das ganze
Gebilde in einzelnen Positionen hervorgehoben werden kann. Man muß allerdings den
Text kennen, um Fragen stellen zu können. Als Antwort erhält man die zugehörigen
Sätze aus dem Text. Prinzipien dieses Texterschließungssystems werden z.B. in den
Prager Arbeiten zu einem Frage-Antwort-System für Texte angewandt (SGALL 1983).

(b) Ein textexternes Interpretationsschema ist dagegen erforderlich, wenn es um Ver-
ständnisfragen geht. Sie weisen über den Text hinaus. Dies ist z.B. der Fall, wenn
kausale Zusammenhänge in erklärenden Texten oder Begründungszusammenhänge in argu-
mentativen Texten erfragt werden, oder wenn Anaphern zu analysieren sind. Es werden Inferenzen auf der Grundlage von Wissensrepräsentationen ausgeführt. Die dort
aufgeführten Beschreibungskategorien geben das Raster für mögliche Fragestellungen
ab. Als Antwort erhält man neue Aussagen, zu formulieren in neuen Sätzen, die ursprünglich nicht im Text enthalten waren. Der Text gleicht einer Pflanze, die
ständig neue Ableger liefert. Zusätzlich zum alten Text entstehen prinzipiell
beliebig viele neue Texte. Begrenzung und relevante Selektion sind das Problem,

auch der Grad der Globalisierung bzw. Detaillierung. Beispiele finden sich bei CONTRA (u.a. HAUENSCHILD 1984), KIT (u.a. HABEL 1984), PLAIN (HELLWIG 1977) und TOPIC (u.a. KUHLEN 1984).

Vorkommensfragen sind ebenfalls textextern bestimmt. Hier interessiert, ob Inhalte aus einem extern definierten Strukturierungsraster im Text vorkommen. Diese Perspektive, die wir in der traditionellen Inhaltsanalyse finden, wird in dem hier zu präsentierenden System TEXAN mit einer textlinguistischen Analyse verknüpft (s.(d)).

(c) In der Inhaltsanalyse spielen verschiedenste Arten von Interpretationsschemata eine Rolle. Die geläufigsten stammen aus sozialwissenschaftlichen Disziplinen (Soziologie, Psychologie, Sozialpsychologie, Publizistik). An die Stelle der Personenbefragung tritt die Befragung von Dokumenten. Hier interessiert das Vorkommen von Personen, ihren Handlungen, Einstellungen, Bewertungen, von Objekten, Themen. Sprachliche Bezugseinheit ist das Wort. Man geht davon aus, daß die im Text vorkommenden Wörter Auskunft geben über die interessierenden Wirklichkeitsausschnitte. Die Relevanz wird dabei aus Vorkommenshäufigkeiten abgeleitet. Dieser quantitative Ansatz hat bereits seit den 50ern die Anwendung maschineller Verfahren begünstigt (u.a. DEICHSEL 1975, Kritik bei LISCH/KRIZ 1978).

Text wird aufgefaßt als Kette von Wörtern, die gleichsam wie Perlen hintereinander aufgereiht sind. Der Textzusammenhang spielt nur indirekt eine Rolle, indem die als Suchbegriffe bzw. Suchwörter ausgewählten Einheiten als Repräsentanten dieses Zusammenhangs gelten. In computerlinguistischer Perspektive stehen solche Probleme im Vordergund, die mit der Lemmatisierung von Wortformen, mit Disambiguierung sowie mit Aufbau und Verarbeitung von Lexika und Thesauri zu tun haben. Insofern haben in der wortbezogenen Inhaltanalyse linguistische Fragestellungen den Status von Hilfsoperationen. Die inhaltliche Erschließung von Texten ist dagegen Gegenstand textbezogener Ansätze.

(d) Die Methoden der Informationserschließung sind auch im Zusammenhang der spezifischen Informationen zu sehen, die ein Text bietet. Unter diesem Gesichtspunkt mag die Textsorte des Texts ein wesentlicher Faktor sein. Bei Vertragstexten ist es wichtig, daß man sich auf den Textwortlaut beziehen kann. Isolierte Wörter sind uninteressant (zu weiteren Möglichkeiten vgl. CIAMPI 1982). Mögliche Fragestellungen beziehen sich auf Sachverhalte wie

- Fälle werden geregelt
- Objekte werden definiert und spezifiziert
- die zukünftigen Aktivitäten der Vertragspartner werden festgelegt
- die Bedingungen werden festgelegt
- Zeitpunkte und Fristen werden festgelegt.

Ein informationserschließendes System hat nun die Aufgabe, die jeweils einschlägigen Textpassagen ausfindig zu machen. Dies erscheint uns möglich über ein Interpretationsschema, das Sprachhandlungen erfaßt, mithilfe derer die genannten Aktionen ausgeführt werden. Die Identifikation von Sprachhandlungen ist ein komplexer Prozeß. Sprachhandlungen im Text sind in der Regel implizit und müssen über weitere Kontextinformationen erschlossen werden. Der Text erscheint als eine Art Teppich mit sich wiederholenden Mustern, in denen man, je nach Ausgangspunkt, verschiedene Stränge von miteinander verbundenen Figuren verfolgen kann. In dieser Weise kann man die Regelungen, die Terminierungen, die Definitionen oder das, worauf sie sich beziehen, herauslösen. Die hierbei anfallenden linguistischen Arbeiten erfordern eine Analyse, in der Textfunktion und Textthema berücksichtigt werden. Als Ergebnis erhält man Angaben zu Textstellen ('Objekt x', 'Frist y') bzw. Kopien der Textstellen selbst.

Im folgenden Beispiel geht es um die Regelung eines Allgemeinfalls (ein Artikel aus einem Abkommenstext):

```
                TERMINIEREN  . . . . . . . . . . Für die Dauer dieses Abkommens
REGELN . . . . . . . . . . . . . . . wendet die Gemeinschaft
           LEGITIMIEREN  . . . . . . . .    im Rahmen ihres Angebots
                                            Allgemeiner Zollpräferenzen
       BEZIEHUNG EXPLIZIEREN  . . . . .     autonom
                                            für Verarbeitungserzeugnisse aus Jute
       DEFINIEREN  . . . . . . . . . .      mit Ursprung in und Herkunft aus
                                            Indien
                                            die Zollsätze
           LEGITIMIEREN . . . . . . . . .   des Gemeinsamen Zolltarifs
                                            an,
                                            für die sich die Höhe und die Zeit der
                                            Aussetzung
       DEFINIEREN  . . . . . . . . .        aus Anhang B ergeben.
```

4. Texthandlungen als Informationserschließer

Sprachhandlungen, mit denen Texte hergestellt werden, bezeichnen wir als Texthandlungen (von POLENZ 1980, ZILLIG 1980, ROSSIPAL 1982, ROTHKEGEL 1984). Im folgenden beschränke ich mich auf den Typ der funktionalen Texthandlungen. Diese verweisen auf Ziele und Veränderungsabsichten der an der Kommunikationssituation beteiligten Partner sowie auf die damit verbundenen Inhalte.Abkommen sind Teil und Ergebnis der in dieser Situation stattfindenden Interaktion. Teile dieser Interaktion finden im Text ihren Niederschlag und können wiederum rekonstruiert werden. Für die Erschließung solcher Informationen gilt es nun, jeweils relevante Faktoren zu isolieren und in einen systematischen Zusammenhang zu bringen.

Textlinguistisch formuliert richtet sich ein solches Interesse auf Angaben zu Textillokution und Textthema. In der Beschreibungskategorie der Texthandlung werden diese beiden Komponenten mit oberflächensprachlichen Ausdrücken verknüpft. Hierbei gilt die Hypothese, daß es textsortenspezifische Repertoires lexikalischer und syntaktischer Art gibt, die im Sprachgebrauch üblich sind. Entsprechend führen wir ein:

(1) TH : (I, P, R)

Die Dreiteilung hat eine Korrespondenz in der Sprechakttheorie. Danach werden Texthandlungen beschrieben als eine Konfiguration von Illokution (I, Handlungsaspekt), P (propositionalem Gehalt) und R (Äußerungsaspekt, hier als einzelsprachliche Repertoires). Im weiteren verweisen die drei Komponenten auf verschiedene Typen von Wissen, durch das sie weiter spezifiziert werden: I auf Interaktionswissen (W_i), P auf Sachverhaltswissen (W_s) und R auf Sprach- bzw. Textwissen (W_t), letzteres aufgeteilt nach Lexik (L), Syntax (S) und positionellen Arrangements (A). (1) wird entsprechend erweitert:

(2) TH : ($I(W_i)$, $P(W_s)$, $R(W_t$: L,S,A))

Lassen wir zunächst die sprachliche Oberfläche beiseite und versuchen die Komponenten I und P jeweils zu differenzieren. Hierzu müssen wir auf textexternes Wissen zurückgreifen, z.B. Sekundärtexte wie Kommentare, übergeordnete Verträge. Auch zeigen sich bei der Untersuchung mehrerer Abkommen Wiederholungen, so daß eine Struktur erkennbar wird. Ziele bzw. Teilziele und Themen bzw. Teilthemen sind die konstitutiven Teile der Interaktion und damit zugleich gliedernde Einheiten in der Textstruktur. Wir haben folgende Aufteilung gefunden:

```
INTERAKTION (Partner, Teilziel₁: DEFINIEREN (Situation)
             Teilziel₂: FESTLEGEN (Gegenstand)
             Teilziel₃: REGELN (Fall)
             Teilziel₄: REGELN (Ausführung)
             Teilziel₅: REGELN (Kontrolle)
             Teilziel₆: DELEGIEREN (Aufgaben)
             Teilziel₇: TERMINIEREN (Abkommen)
             Teilziel₈: AUTORISIEREN (Texte)
```

Nehmen wir ein Teilziel heraus, etwa $Teilziel_4$ (, das wir bearbeitet haben), so läßt sich diese Zerlegungsprozedur weiter durchführen:

```
REGELN (Fall, Teilziel₁: KONKRETISIEREN (Aktivität)
        Teilziel₂: SPEZIFIZIEREN (Objekt)
        Teilziel₃: DEFINIEREN (Objekt)
        Teilziel₄: TERMINIEREN (Aktivität)
        Teilziel₅: LEGITIMIEREN (Aktivität)
```

Auf diese Art kommen wir zu den Inventaren von Texthandlungen, die in solchen Texten üblicherweise gebraucht werden. Zugleich haben wir die einzelnen Komponenten, die, mit den zugehörigen Textpassagen verknüpft, für die Erschließung des Textes von Relevanz sind.

5. Zur Textanalyse

5.1 Konzept der Analyse

Für die Analyse der nur implizit gegebenen Texthandlungen stützen wir uns auf drei Informationsquellen.

- Die Einbettung des Textes in einen Interaktionszusammenhang liefert ein Kategorienschema für die Interpretation der Handlungen (vgl. oben). Was die diesbezügliche Strukturierung des Textes betrifft, können wir uns - bei der stark standardisierten Textsorte - auf eine Art Schema, einen konventionalisierten Standard für diesen Typ von Interaktion verlassen. Dieser Aspekt macht die Analyse top-down-orientiert.

- Die propositionale Komponente ist einer semantischen Analyse zugänglich. Die entsprechenden sprachlichen Einheiten sind explizit gegeben. Ihr Zusammenhang im Rahmen des Textthemas erlaubt einen Zugang über eine Kasusgrammatik auf der Basis thematischer Rollen (vgl. Modell AGRICOLA 1979).

- Sprachhandlungen haben einen Äußerungsaspekt. In der behandelten Textsorte können wir von spezifischen Repertoires der Verwendung ausgehen. Auch diese Informationen sind explizit gegeben.

Es stellt sich somit die Aufgabe, die implizit gegebenen Informationen durch die expliziten zu ermitteln. Das ist möglich, da regelhafte Verknüpfungen der drei Komponenten vorliegen. Wir trennen daher Analysemodell und Analyseverfahren. Das Analysemodell ist top-down ausgerichtet und liefert die Regeln bzw. Grammatiken sowie die Repertoirelisten. Das Analyseverfahren ist bottom-up ausgerichtet und verarbeitet die Grammatiken und Listen.

5.2 Analysemodell

Da wir unsere Regeln über die Kategorie von Textherstellungshandlungen formulieren, haben wir zugleich die Rekonstruktion der Textproduktion. Eine Textproduktionsgrammatik ist bisher nicht ausgearbeitet. Sie wird hier in ihren Grundlagen skizziert. Die verwendeten Verbalisierungsregeln geben die für die jeweiligen Texthandlungen üblichen Verknüpfungen von Illokutionen, propositional-thematischen Teilen und sprachlicher Oberfläche an. Das Regelsystem wird relativ komplex, wenn die Spezifikationen, wie in (2) festgelegt, ihrerseits komplex sind.

Neben der internen Struktur der einzelnen Texthandlungen ist die Struktur zu berücksichtigen, die durch Auswahl, Verkettung und Sequenz von Texthandlungen in einem Text entsteht. Eine solche Struktur bezeichnen wir als Textmuster (TM). Entsprechend den beteiligten Komponenten unterscheiden wir vier aufeinander folgende Stufen der Textproduktion:

1.   TM (N_i)   Auswahl des Illokutionsinventars von TM

2.   TH (I_t- P(p))   Bestimmung der Texthandlungen

3.   TM (TH - G)   Erzeugung des Textmusters

4.   TH( ) - O(R)   Zuordnung von Texthandlungen und Oberflächen-
einheiten

(5.   •   Textgenerierung)

G   globale Struktur des Textmusters (Verkettungen, Sequenzen von TH)
I_t Illokutionstyp
N_i Inventar von Illokutionstypen
O Einheiten der sprachlichen Oberfläche
P   Beschreibung propositionaler Teile
     (thematisch orientiert)
p   spezifizierte Beschreibung propositionaler Teile
     (sachverhaltsorientiert)
R   textsortenspezifische Repertoires sprachlicher Ausdrücke
TH   Texthandlung
TM   Textmuster

zu 1: Ausgangspunkt ist die Auswahl eines Inventars von Illokutionstypen (I_t), die für ein Textmuster typisch sind ($N_{i,TM}$), z.B. REGELN, DEFINIEREN, vgl. oben. Die Auswahl basiert auf Interaktionswissen (W_i), das diese Inventare enthält. Hierzu lassen sich entsprechende Listen erstellen:

(3) W_i :   ($N_{i,TM1}$, $N_{i,TM2}$, ..., $N_{i,TMn}$)

        $N_{i,TM}$:   (I_{t1}, I_{t2}, ..., I_{tn})

zu 2: Die einzelnen Illokutionstypen werden regelhaft mit propositionalen Gehalten verknüpft. Wenn z.B. GEREGELT wird, dann sind es immer 'Fälle', die GEREGELT werden, oder es sind immer 'Objekte', die DEFINIERT werden. Während sich die Auswahl der Illokutionsinventare auf die Textfunktion bezieht, kommt bei der Beschreibung des propositionalen Gehalts das Textthema ins Blickfeld. Wir unterscheiden hier zwei Ebenen: P (groß) verweist auf eine semantische Beschreibung, wie sie z.B. im Rahmen von thematischen Rollen (spezieller Typ von Kasusgrammatik) ausgeführt wird. Der Schwerpunkt liegt auf textinterner Betrachtungsweise. p (klein) eröffnet dagegen die Möglichkeit, die semantische Beschreibung P mit Katgorien des Sachverhaltswissens zu verknüpfen. (Zur Darstellung der Sachverhaltskomponente mit den textsortenspezifischen Kategorisierungen vgl. ROTHKEGEL 1985a.) So können Definitionen z.B. differenziert werden danach, ob man 'Objekte' im Hinblick auf die geografische Herkunft des Produkts (o) oder durch Aufzählung in einer Liste (t) definiert:

    "Verarbeitungserzeugnisse aus Jute mit Ursprung in und Herkunft aus Indien"
       DEFINIEREN (objekt (o))

    "die in Anhang C genannten Erzeugnisse"
       DEFINIEREN (objekt (t))

Durch die Verknüpfung von Illokutionstyp und Beschreibung des propositionalen Gehalts haben wir die Bestimmung des jeweiligen Texthandlungstyps (TH_t):

(4)   B: TH_t (I_t, P(p))

Die einzelnen Bestimmungen werden in einer Texthandlungsgrammatik aufgeführt.

zu 3: Das Textmuster wird vervollständigt. Auf Stufe 1 geht es um einfache Texthandlungstypen. Hier dagegen geht es um komplexe Texthandlungstypen. Sie setzen sich durch Verkettungen von einfachen TH zusammen und erzeugen die globale Struktur des Textes. Bei den Verknüpfungen (TH_i, TH_j) gibt es vier Arten:

(a) TH_i und TH_j stehen in hierarchischer Relation (indem-Relation, 'man regelt einen Spezialfall, indem man Bedingungen fixiert':

REGELN ($Fall_s$), indem FIXIEREN (Bedingung)

(b) TH_i und TH_j stehen in assoziativer Relation (dabei-Relation, 'man regelt einen Fall und definiert dabei ein Objekt':

REGELN (Fall), dabei DEFINIEREN (Objekt)

(c) TH_i und TH_j stehen in sequentieller Relation (vor/nach-Relation, 'man regelt einen Spezialfall nach einem Allgemeinfall':

REGELN ($Fall_s$), nach REGELN ($Fall_a$)

(d) TH_i und TH_j stehen in reihender Relation (und noch-Relation, 'man regelt einen Spezialfall und noch einen und noch einen':

REGELN ($Fall_s$), und noch REGELN ($Fall_s$)

zu 4: Texthandlungstypen (einfach oder komplex) werden mit Oberflächenausdrücken verknüpft. Hierbei wird auf die textsortenspezifischen Repertoires zurückgegriffen. DEFINIEREN (Objekt (t)) ist z.B. im Deutschen immer durch einen eingebetteten Partizipialsatz realisiert. Im lexikalischen Bereich können Klassen (k), Rollen (r) oder einzelne Ausdrücke (a) angenommen werden. Für die Syntax geht es um Satztypen (st), Phrasentypen (pt), Modi (m), Tempus (t), usw. Bei den Arrangements geht es um vor/nach Positionen (v/n). Allgemein gilt für einfache TH (TH_e) und komplexe TH (TH_c) folgendes:

(5) TH_e (I_t, P(p)) : R (L(k,r,a), S(st,pt,m,t,...), A(v/n))

(6) TH_c (TH_i, TH_j) :   "

(5) regelt die Verbalisierung einzelner Äußerungen, (6) berücksichtigt lexikalische, syntaktische oder positionelle Eigenschaften in Abhängigkeit der vier Verkettungstypen. Die Regeln werden in Tabellenform notiert und liefern die sprachlichen Einheiten für die Textgenerierung. Die Textgenerierung selbst ist nicht mehr Teil des Analysemodells, in dem es um das Explizit-Machen der Texthandlungen geht.

5.3 Analyseverfahren

Um die Verbalisierungsregeln für Texthandlungen zu ihrer automatischen Identifikation ausnutzen zu können, müssen verschiedene Vorinformationen zu den Sätzen des Textes zur Verfügung stehen. Wir orientieren uns hier an einem modularen Aufbau von Analysen verschiedener sprachlicher Ebenen, so daß Austauschbarkeit von Programmsystemen prinzipiell möglich ist. Wir teilen auf nach Oberflächenanalyse, semantischer Analyse und Sprachhandlungsanalyse. Wie in 4.2 geben wir die Teilsysteme durch die an ihnen beteiligten Komponenten an:

I.	Text $-$ O		Morphosyntaktische Analyse/Lemmatisierung (Phrasenstrukturgrammatik, SATAN)
II.	O $-$ P		Semantische Analyse (Kasusgrammatik, PROLID)
III.	O,P $-$ TH,TM		Sprachhandlungsanalyse (Texthandlungsgrammatik, Textmustergrammatik, TEXAN)

zu I: Erforderlich ist die Lemmatisierung der Wörter sowie die Identifikation der einzelnen Phrasen im Satz mit Bestimmung der jeweiligen nominalen bzw. verbalen Kerne. Im Projekt verwenden wir die ebenfalls im SFB 100 entwickelte syntaktische Analyse ('SATAN' in SALEM 1980). Die Anwendung anderer Systeme ist aber ebenfalls denkbar.

zu II: In der semantischen Analyse geht es um die Interpretation der propositionalen Einheiten. Im Programmsystem PROLID erfolgt diese Interpretation bereits im Hinblick auf die thematischen Rollen im Text, wobei die einzelnen Kategorien bereits textsortenspezifisch bestimmt sind. Die Analyse selbst basiert auf einem lexikalistischen Ansatz, d.h. die lexikalische Konfiguration des Kasusrahmens bildet eine Art Filter, in dem sich die Rollen gegenseitig bestimmen bzw. ausschließen. Das Identifikationsverfahren arbeitet mit einer Grammatik, die als Matrix (Prädikatsklassen/Rollen) aufgebaut ist und die in einem ATN-ähnlichen Parser abgearbeitet wird (HARBUSCH/ ROTHKEGEL 1984). Folgende Teilschritte werden unterschieden:

1.	O $-$ O_p		Erzeugung der propositionalen Struktur
2.	O_p $-$ K		Erzeugung einer Rahmenkonfiguration aus den Lemmata
3.	K $-$ L		Wörterbuchvergleich
4.	F_p $-$ F		Vergleich der Rahmenkonfigurationen (aus Text und Grammatik)

zu 1: Die Phrasenstrukturbeschreibung wird in eine propositionale Beschreibung transformiert.

zu 2: Aus den Lemmata der verbalen und nominalen Kerne wird eine Rahmenkonfiguration (K) hergestellt (z.B. 'einführen (Gemeinschaft, Beschränkungen)').

zu 3: Die Lemmata der Rahmenkonfigurationen werden über ein Prädikats- und Rollenlexikon auf ihre potentiellen Füllerfunktionen hin überprüft.

zu 4: Potentielle Füller (F_p) und Konfiguration laut Grammatik (F) werden miteinander verglichen. Bei Übereinstimmungen wird die in der Grammatik angegebene Interpretation auf den aktuellen Satz übernommen. Für PROLID existiert eine Grammatik mit 6 Prädikatsklassen und 13 Rollen.

zu III: In der Sprachhandlungsanalyse werden Oberflächenausdrücke und Rollenbeschreibungen spezifiziert und mit Illokutionstypen und deren Verkettungen im Textmuster in Beziehung gesetzt. Auf diese Weise ist es möglich, die einzelnen Texthandlungen und das gesamte Textmuster im aktuellen Text zu identifizieren. Hierbei werden die im Analysemodell entwickelten Kategorisierungen und Regeln angewendet. Entsprechend ergeben sich vier Teilschritte:

1.	P	− (p)	Spezifikation der Rollenbeschreibung durch Sachverhaltskategorien
2.	O	− R	Spezifikation der Oberflächenbeschreibung durch textsortenspezifische Repertoires
3.	R	− (P(p)-I_t)	Identifikation von Texthandlungen Texthandlungsgrammatik
4.	R	− (TH − G)	Identifikation des Textmusters Textmustergrammatik

zu 1: Für die Spezifikation der Rollen durch Sachverhaltsbeschreibungen verwenden wir die im Analysemodell entwickelten Kategorisierungen. Die Spezifikationen sind erforderlich für die spätere Zuordnung der oberflächensprachlichen Repertoires.

zu 2: Die Oberflächenbeschreibung, wie sie durch die morphologisch-syntaktische Analyse erzeugt worden ist, wird in Beziehung gesetzt zu textsortenspezifischen Repertoires. Diese sind in Listen aufgeführt und werden in der Weise berücksichtigt, daß die entsprechenden Einheiten als solche im Satz markiert sind ('Element aus R', spezielles Oberflächenmerkmal).

zu 3: Die den Texthandlungstyp bestimmenden Faktoren liegen nun vor. Die propositionale Beschreibung wird zunächst mit Illokutionstypen verknüpft. Dies geschieht nach Regeln der Texthandlungsgrammatik (vgl. Schritt 2 und Regeltyp (4) im Analysemodell). Die Zuordnung wird dann durch die Einheiten des Repertoires bestätigt bzw. nicht bestätigt.

6. Schluß

Die Analyse der thematischen Rollen durch PROLID hat sich als brauchbar erwiesen. Die Sprachhandlungsanalyse durch TEXAN ist noch in der Entwicklung begriffen. Auf der Grundlage der vorliegenden Datenstrukturen und Regelformen werden die Grammatiken in einer den Standards der Programmiersprache COMSKEE nahen Notation ausformuliert. Es ist vorgesehen, daß sie durch einen ATN-Parser verarbeitet werden.

Eine andere Frage betrifft die Generalisierbarkeit des Systems. Unter diesem Aspekt sind Daten und Prozeduren so organisiert, daß die Inhalte flexibel gehandhabt und ausgetauscht werden können.

Literatur

AGRICOLA, E., 1979. Textstruktur - Textanalyse - Informationskern. Veb-Verlag, Leipzig.

de BEAUGRANDE, R., 1980. Text, Discourse, and Process. Ablex Publ. Corp., Norwood, New Jersey.

--- 1984. Text Production. Toward a Science of Composition. Ablex Publ. Corp., Norwood, New Jersey.

CIAMPI, C. (Hg.), 1982. Artificial Intelligence and Legal Information Systems. North-Holland Publ. Comp., Amsterdam.

DEICHSEL, A., 1975. Elektronische Inhaltsanalyse. Zur quantitativen Beobachtung sprachlichen Handelns, V. Spiess, Berlin.

van DIJK, T.A., 1980. Macrostructures. An Interdisciplinary Study of Global Structures in Discourse, Interaction, and Cognition. Erlbaum, Hillsdale, New Jersey.

HABEL, Ch., 1984. SRL und Textverstehen. In: Rollinger, C.-R. (Hg.), Probleme des (Text-)Verstehens. Ansätze der Künstlichen Intelligenz, 3-23. Niemeyer, Tübingen.

HAUENSCHILD, Ch., 1984. Entwurf eines Textmodells zur Erfassung anaphorischer Bezüge. In: Rothkegel, A./Sandig, B. (Hg.), Text - Textsorten - Semantik. Linguistische Modelle und maschinelle Verfahren, 131-148. Buske, Hamburg.

HELLWIG, P., 1977. Ein Computermodell für das Folgern in natürlicher Sprache. In: Eisenberg, P. (Hg.), Semantik und Künstliche Intelligenz, 59-85. de Gruyter, Berlin.

KUHLEN, R., 1984. A Knowledge-Based Text Analysis System for the Graphically Supported Production of Cascaded Text Condensates. Bericht TOPIC 9, Universität, Konstanz.

KARLGREN, H./WALKER, D.E., 1983. The Polytext System - A New Design for a Text Retrieval System. In: Kiefer, F.(Hg.), Questions and Answers. 273-294. Reidel, Dordrecht.

KOCH, W./ROSENGREN, I./SCHONEBOHM, M., 1981. Ein pragmatisch orientiertes Text-analysprogramm. In: Rosengren, I. (Hg.), Sprache und Pragmatik, Lunder Symposium 1980, 155-206. CWK Gleerup, Malmö.

LISCH, R./KRIZ, J., 1978. Grundlagen und Modelle der Inhaltsanalyse. Bestandsaufnahme und Kritik. Rowohlt, Hamburg.

METZING, D. (Hg.), 1980. Frame Conceptions and Text Understanding. de Gruyter, Berlin.

MOTSCH, W./VIEHWEGER, D., 1981. Sprachhandlung, Satz und Text. In: Rosengren, I. (Hg.), Sprache und Pragmatik. 125-154. CWK Gleerup, Malmö.

von POLENZ, P., 1980. Möglichkeiten satzsemantischer Textanalyse. Zeitschrift für Germanistische Linguistik 8, 133-153.

ROSSIPAL, H., 1983. Argumentationswert und Interaktionswert von Sprechakten und Textakten. In: Rosengren, I. (Hg.), Sprache und Pragmatik. Lunder Symposium 1982. 373-420. Gleerup, Malmö.

ROTHKEGEL, A., 1984. Sprachhandlungstypen in interaktionsregelnden Texten. Text-handlungen in Abkommen. In: Rosengren, I. (Hg.), Sprache und Pragmatik. Lunder Symposium 1984, 255-278. Almqvist & Wiksell International, Stockholm.

--- 1985a. Text Acts in Machine Translation. L.A.U.T. Paper no. 133, Series B., Trier.

--- 1985b. TEXAN. Skizze einer Textanalyse. TEMA no.1, Arbeitsberichte des Projekts A3, SFB 100, Universität Saarbrücken.

SALEM, Hrs.v. Sonderforschungsbereich 100, Projektbereich A., 1980. Ein Verfahren zur automatischen Lemmatisierung deutscher Texte. Niemeyer, Tübingen.

SGALL, P., 1983. Relevance of Topic and Focus for Automatic Question Answering. In: Kiefer, F. (Hg.), Questions and Answers, 257-272. Reidel, Dordrecht.

TESKEY, F.N., 1982. Principles of Text Processing. Halsted Press, New York.

VIEHWEGER, D., 1983. Sequenzierung von Sprachhandlungen und Prinzipien der Einheitenbildung im Text. In: Ruzicka, R./Motsch, W. (Hg.), Untersuchungen zur Semantik, 369-394. Akademie-Verlag, Berlin.

---1984. Illokutionsstruktur von Anordnungstexten. In: Rosengren, I. (Hg.), Sprache und Pragmatik, Lunder Symposium 1984. 279-291. Almqvist & Wiksell Int., Stockholm.

ZILLIG, W., 1980. Textakte. In: Tschauder, G./Weigand, E. (Hg.), Perspektive: textextern. 189-200. Niemeyer, Tübingen.

HARBUSCH, K./ROTHKEGEL, A., 1984. PROLID - ein Programmsystem zur Rollenidentifikation. Linguistische Arbeiten, N.F. 8, SFB 100, Universität Saarbrücken.

Entwurfsprinzipien und Architektur des Textkondensierungssystems TOPIC*

Udo Hahn / Ulrich Reimer

Universität Konstanz
Informationswissenschaft
Postfach 5560
D-7750 Konstanz 1

Zusammenfassung

Ausgehend von einer informationswissenschaftlichen Motivation für die Volltextverarbeitung in Informationssystemen wird zunächst ein Überblick über die konzeptionellen Grundlagen des Textkondensierungssystems TOPIC gegeben: partielles Textverstehen als für das indikative Abstracting funktional adäquate Parsing-Strategie, Integrität der auf einem formal spezifizierten Frame-Repräsentationsmodell basierenden Wissensbasis, Erkennung von Textkohäsions- und Textkohärenzmustern in Fachtexten durch einen entsprechend ausgerichteten Text-Parser sowie unterschiedliche thematische Aggregationsgrade der erzeugten Textkondensate (Textzusammenfassungen). Anschließend wird eine strukturierte Beschreibung des gesamten TOPIC-Systems gegeben, das sich aus drei Hauptprozessen zusammensetzt: Text-Parsing auf der Basis extensiver Interaktionen zwischen Frame-Wissensbasis und Wortexperten-Parser, Textkondensierung auf der Basis dominanter Konzeptmuster der Textrepräsentationsstrukturen und schließlich der Aufbau eines Textgraphen, der die Wissensstrukturen des Kondensats auf unterschiedlichen Ebenen inhaltlicher Komprimierung enthält, auf die beim graphisch-interaktiven Retrievaldialog flexibel zugegriffen werden kann.

1. Informationswissenschaftliche Motivation für die Volltextverarbeitung

Von der zunehmenden Verbreitung rechnergestützter Verfahren zur Erstellung, Speicherung und Verteilung von Texten, etwa in Textsystemen, Volltext-Informationsbanken, Textkommunikations- (text filing) und elektronischen Publikationssystemen geht unmittelbar ein qualitativ neuartiges Nachweis- und Präsentationsbedürfnis für Volltexte aus. Denn es stellt sich vor dem Hintergrund solcher Texttechnologien das Informationsproblem, relevante Texte, die prinzipiell nicht in gedruckter, sondern allein in maschinenlesbarer Form (etwa Textdepots im Sinne des 'publishing-on-demand') vorliegen, nachzuweisen bzw. signifikante Fakten

---

* Dieser Beitrag ist entstanden im Rahmen des TOPIC-Projekts, das vom Bundesminister für Forschung und Technologie (Projektträger: Gesellschaft für Information und Dokumentation) unter PT200.08 gefördert wurde.

aus den Originaltexten gezielt bereitzustellen. Dieser aus der direkten maschinellen Verfügbarkeit großer Mengen von Originaltexten resultierende Anspruch hinsichtlich referenz- und faktenorientierter Retrievaloperationen auf Volltexten sowie deren textsorten-spezifische Charakteristika (im Gegensatz zu den im Information Retrieval bislang vorherrschenden Kurzreferaten) verlangen dem angepaßte Textrepräsentationsverfahren, die in der Lage sein müssen, sowohl die Organisation thematischer Schwerpunkte in Texten zu charakterisieren als auch die Darstellung aus Texten extrahierter Fakten zu ermöglichen. Darüber hinaus legt die Durchsuchung von Volltext-Datenbanken wegen des eingeschränkten Funktionenvorrats bislang gebräuchlicher Steuerungs- und Orientierungstechniken (Blättern, Anwahl von Textstellen durch Vorgabe von Stringmustern, Seiten- oder Zeilenangaben usw.) einen veränderten Interaktionsstil mit einem Volltext-Informationssystem nahe, der sowohl auf die speziellen technologischen Vorteile der rein rechnergestützten Textverwaltung als auch die informationellen Sondierungs- und Zugriffsmuster von Informationssuchenden zugeschnitten sein sollte. Dabei bietet sich wegen der hohen Informationsdichte, Abstraktionskraft und Anschaulichkeit graphischer Darstellungsmittel insbesondere bei der Verfügbarkeit strukturierter Wissensrepräsentationsformen ein graphischer statt natürlichsprachlicher Interaktions- und Retrievalmodus mit Textwissensbeständen an. Schließlich folgt aus dem massiven Mengenwachstum entsprechend organisierter Textbestände in der Informationspraxis auch ein beachtlicher quantitativer Impuls, der neben der oben skizzierten Bedürfnis- auch die Bedarfskomponente für die Überwindung von einfachen Volltextspeicherungssystemen in Richtung auf entwickeltere Volltext-informationssysteme unter Einbeziehung der oben skizzierten Textkondensierungs- und Textretrievalkonzepte deutlich hervortreten läßt.

Am Lehrstuhl für Informationswissenschaft der Universität Konstanz wird derzeit ein entsprechendes Volltext-Informationssystem entwickelt, dessen Schwerpunkte Verfahren zur Textrepräsentation und Textkondensierung (TOPIC) und zum interaktiv-graphischen Information Retrieval auf Textwissensbasen (TOPOGRAPHIC) sind:

TOPIC (Text-Oriented Procedures for Information Management and Condensation of Expository Texts) dient als Textanalysesystem, das deutschsprachige Fachtexte aus dem Bereich der Informationstechnik auf variablen Stufen thematischer Kondensierung zusammenfaßt. Die Funktionalität der aktuellen Systemversion ist beschränkt auf die Bereitstellung der wesentlichen Themen und signifikanter Fakten des Ausgangstexts auf einem primär indikativen Textkondensierungsniveau von Strukturreferaten (zur terminologischen Unterscheidung von Referattypen vgl. DIN 73).

TOPOGRAPHIC (TOPic Operating with GRAPHical Interactive Components) ist das interaktive graphische Interface zum TOPIC-System. Die dort entwickelten Zugangs- und Präsentationsverfahren sollen die Manipulation großer und relational reich vernetzter Wissensnetze sowohl technisch als auch kognitiv optimal unterstützen. Zur Erhöhung der Flexibilität des Textretrieval werden unterschiedliche (graphische) Frage- und Suchstrategien (Zoomen, Browsen, Animation usf.) angeboten (HAMMWÖHNER/THIEL 84).

2. Konzeptionelle Grundlagen von TOPIC

Im folgenden konzentriert sich die Darstellung auf das TOPIC-System. Seine konzeptionellen Grundzüge können folgendermaßen umrissen werden:

* Mit der aktuellen TOPIC-Version wird ein partielles Textverstehen des Originaltexts angestrebt, das der Anforderung, Kondensate auf einem indikativen Informationsniveau (d.h. Textthemen) bereitzustellen, vollauf genügt. Diese flache Form des Textverstehens wird erreicht durch Modellierungsmaßnahmen auf der Ebene des Welt- und Sprachwissens. Im Weltwissen werden lediglich durch Nomen oder Nominalgruppen bezeichnete Konzepte repräsentiert, womit auf propositionale Analysen explizit verzichtet wird. Das Sprachwissen stellt dasjenige syntaktische und textstrukturelle Wissens bereit, das von einem auf die Analyse nominal bezeichneter Konzepte restringierten Text-Parser benötigt wird. Auf diese Weise kann die auf inhaltlicher und sprachlicher Ebene immense strukturelle Komplexität von Volltexten auf handhabbare und für das Analyseziel hinreichende Größen zurückgeschnitten werden (ähnlich dem "integrierten Parsing" bei SCHANK/LEBOWITZ/BIRNBAUM 80).

* Das der Textanlyse zugrunde liegende Weltwissen wird mittels eines Frame-Repräsentationsmodells dargestellt. Es ist im wesentlichen charakterisiert durch die stringente Spezifikation der semantischen Relationen zwischen den jeweiligen Konzepten sowie die vollständige Spezifikation des Modells durch Beschreibung der in ihm zugelassenen Operationen (REIMER/HAHN 83). Die Frame-Strukturen inhärente Schematisierung von Wissen über den modellierten Weltausschnitt stellt umfassende Informationen über den unmittelbaren semantischen Kontext eines Konzepts bereit. Integritätsbedingungen gewährleisten die Gültigkeit der in der Wissensbasis repräsentierten Wissensstrukturen und spielen eine zentrale Rolle, z.B. bei der korrekten Zuweisung von Eigenschaften zu Konzepten. Die aus dem Text-Parse resultierenden Strukturen sind Wissensstrukturen im Sinne des Frame-Modells, d.h. gültige Extensionen der

semantischen Repräsentation des modellierten Weltausschnitts in bezug auf den analysierten Text. Die Betonung der methodologischen Mittel zur Integritätssicherung der Wissensbasis ergibt sich aus der Antizipation von großen, realen Weltausschnitten und Textmengen, an denen sich der Entwurf von experimentellen Informationssystemen (im Unterschied etwa zu natürlichsprachlichen Simulationssystemen) prinzipiell zu orientieren hat.

* Nimmt man texttheoretische Argumente ernst (vgl. etwa PETÖFI 79), dann bilden Texte ein von Sätzen verschieden zu modellierendes linguistisches Objekt aufgrund von Verkettungsmechanismen, die Textualität oberhalb der Satzebene herstellen. Unterschieden wird dabei (analog zu HUTCHINS 77) zwischen der formalen Ebene der lokalen _Textkohäsion_ (für Phänomene textueller Mikrostruktur, wie Anaphora/Kataphora, Satzkonnektive, Ellipsen, lexikalische Kohäsion durch semantische Relationen, lokale Inferenzen) und der thematischen Organisation in Form von _Textkohärenz_, die die globale Strukturierung von Texten (Makrostruktur) unter Beachtung von textuellen Wohlgeformtheitsbedingungen leistet (etwa durch Expansion, Aufsplittung oder Wechsel des Textthemas mittels bekannter Formen der Thema/Rhema-Entwicklung). Fehlende Berücksichtigung beider Textualitätstypen führte unweigerlich zu invaliden (Textkohäsion) und unterstrukturierten (Textkohärenz) Textwissensbasen, die dann allein defizitäre, satzweise kumulierte Wissensstrukturen enthielten ohne jegliche textstrukturelle Organisation, obwohl diese in den Texten explizit und implizit gegeben ist. Entsprechend sichert in TOPIC die Einbeziehung von Kohäsionseigenschaften von Texten die Integrität der Wissensbasis, während die Erkennung von Kohärenzmustern eines Textes zur dynamischen Überlagerung des Textwissens beiträgt (vergleichbare Argumente bringt MANN 84 für die Textgenerierung vor). Mit einem konstruktiven Ansatz (im Unterschied zu mehr analytischen, etwa dem der 'story grammars' (RUMELHART 75)) wird die Extension von Textthemen dynamisch begrenzt und deren Organisation im Sinne der Verknüpfung atomarer, universeller Textschemata (HOBBS 82, HAHN 84) unterstützt (hier etwa im Gegensatz zu auf affektive Faktoren des Verstehens von Narrativtexten eingegrenzten Modellierungsversuchen (DYER 82)). Die Erkennung von durch Textstrukturen induzierten Kohärenzmustern in TOPIC ermöglicht dabei eine wesentlich genauere Darstellung der thematischen Struktur eines Textes als dies durch die bloße Erkennung von Themenwechseln durch Verschiebungen des Fokus im Weltwissen möglich wäre.

* Die bei der Textkondensierung aufgebauten Repräsentationsstrukturen gestatten unterschiedliche Abstufungen der thematischen Spezialisierung und Explizitheit des Kondensats. Dabei bestimmt der Benutzer des Informationssystems das ihm adäquat erscheinende Niveau der Informationsaufbereitung abhängig vom Zustand

seines aktuellen Wissens und der Art des Informationsproblems. Unter den wählbaren informationellen Zieleinheiten sind Textgraphen (graphische Darstellungen von Textthemen auf verschiedenen Abstraktionsgraden), relevante Fakten, signifikante Textextrakte, ausgefüllte Textmuster*, etc. Statt eines a priori festzulegenden Spezialisierungsgrades des Abstracts (etwa in FUM/GUIDA/TASSO 82), ist die thematische Aggregationsstufe flexibel wählbar, ganz im Sinne sog. Kondensat-Kaskaden (KUHLEN 84).

Eine experimentelle Version des TOPIC-Systems ist in C realisiert und läuft unter UNIX, momentan auf einem Z8000-Rechner. Die Wissensbasen umfassen derzeit ca. 100 Frames und 60 Wortexperten.

3. Die logische Struktur des TOPIC-Systems**

Die Prozedur topic monitor (s.u.) gibt eine abstrakte Sicht auf das gesamte TOPIC-System. Eingabe ist der zu analysierende Text, dessen Inhalt sukzessive durch Aktivierung und Füllung von Frames und Slots entsprechend der thematischen Struktur des Texts und den aus ihm extrahierten Fakten in der Weltwissensbasis repräsentiert wird. Das Textwissen vollständig analysierter Textteile wird für die Zwecke der Textkondensierung aus der Weltwissensbasis in die Textwissensbasis transferiert und die Weltwissensbasis (bis auf eine als Fokus-Markierung interpretierbare Restaktivierung des abgeschlossenen Textabschnitts) auf ihren Anfangszustand zurückgesetzt. Diese Textwissensbasis wird dann Kondensierungsprozeduren unterworfen, die bestimmte Formen der Wissensaggregation durchführen. Die so komprimierten Wissensstrukturen des Originaltexts werden schließlich im Textgraphen, der Ausgabe des TOPIC-Systems, zusammengefaßt repräsentiert.

Der erste große Komplex von topic monitor umfaßt den Prozeß des Text-Parsing, der sich zusammensetzt aus der Erkennung morphologischer Varianten von Frame-Namen oder Wortexperten-Namen, der Erhöhung des Aktivierungsgewichts von im Text auftretenden Konzepten des Weltwissens, dem Durchlauf entsprechender Konzepte durch den

---

* TOPIC verfügt über keine über die Interpretation von Text-Templates hinausgehende Textgenerierungskomponente.

** Eine umfassendere und detaillierte strukturelle Beschreibung des TOPIC-Systems geben (HAHN/REIMER 85).

```
topic_monitor(Text)                                              topic_monitor
begin
  do until Textende
    bestimme aktuelles Texttoken;                                Text-Parsing
    if  aktuelles Texttoken ist nicht Absatzende  then
    begin
      bestimme die morphologische Normalform des aktuellen Texttoken;

      if  normalisiertes Texttoken bezeichnet einen Frame  then
        erhöhe Aktivierungsgewicht des entsprechenden Frame;

      if  normalisiertes Texttoken bezeichnet einen Frame oder Wortexperten  then
        repeat
          übergebe normalisiertes Texttoken an den Wortexperten-Parser zur
          Erarbeitung einer Lesart;
          case  werte den Typ der ermittelten Lesart aus (vgl. 4.2. (3))
            'shift':      verlagere Aktivierungsgewicht zwischen Frames
            'fweight_inc':  erhöhe Aktivierungsgewicht eines Frame
            'sweight_inc':  erhöhe Aktivierungsgewicht eines Slot
            'sval_assign':  schreibe einen Sloteintrag
            'splitting_rheme', 'constant_theme', 'splitting_theme',
            'cascading_theme', 'descending_rheme':
                          sammle Kohärenzlesart
            'no_reading':  keine Aktion
        until  es konnte keine Lesart erarbeitet werden ;
    end
    else                                                         Textkondensierung
    begin
      Absatzende erreicht:
      erarbeite eine Themenbeschreibung aus dem Parse des aktuellen Absatzes;
      if  zwischen der aktuellen Themenbeschreibung und der des vorangegangenen
          Absatzes besteht eine Teilmengenbeziehung  then
      begin
        füge den aktiven Teil der Wissensbasis dem Textwissen dieser
        Textkonstituente hinzu;
        füge die Themenbeschreibung des aktuellen Textabschnitts der der laufenden
        Textkonstituente hinzu;
      end
      else
      begin
        schließe die aktuelle Textkonstituente ab, eröffne eine neue und weise ihr
        den aktiven Teil der aktuellen Wissensbasis zu;
        weise die Themenbeschreibung des aktuellen Textabschnitts dieser neuen
        Textkonstituente hinzu;
      end;
      überlagere die aktuelle Textkonstituente mit den ermittelten
      Kohärenzrelationen;
      setze die Aktivierungsdaten der Wissensbasis (bis auf Fokusindikatoren)
      zurück;
    end;
  end;
  Textende erreicht:                                             Textgraph
  konstruiere den Textgraphen des analysierten Texts aus den verfügbaren
  Themenbeschreibungen;
end;
```

Wortexperten-Parser und schließlich der Interpretation der dabei erzeugten Lesarten: Kohäsionslesarten werden auf Operationen in der Weltwissensbasis umgesetzt, um damit zur Entsprechung von Textinhalt und Aktivierungs- bzw. Füllungsmustern in der Frame-Wissensbasis beizutragen; Kohärenzlesarten werden dagegen zunächst nur gesammelt und als Makrostrukturen in der Textwissensbasis durch den nachfolgenden Kondensierungsprozeß interpretiert.

Den zweiten Teil von topic monitor bildet die Textkondensierung. Aufsetzpunkt dieser Komponente sind die aus dem Text-Parsing resultierenden Text-Repräsentationsstrukturen, aus denen die elementaren thematischen Einheiten des Texts, die Textkonstituenten, erzeugt werden. Am Ende jedes Absatzes wird dieser Prozeß in Gang gesetzt, um entweder die zuletzt gebildete Textkonstituente zu erweitern oder sie abzuschliessen und eine neue aufzubauen.

Die Konstruktion des Textgraphen nimmt diese Textkonstituenten und die zwischen ihnen bestehenden konzeptuellen Bezüge auf. Es handelt sich dabei um ein hierarchisches Netz, das unterschiedliche Formen verallgemeinerter Beschreibungen von Themen und den zwischen ihnen herrschenden semantischen Relationen - ausgehend von den bereits erzeugten Textkonstituenten als Endknoten - repräsentiert.

4. Text-Parsing

4.1 Repräsentation des Weltwissens

Das Wissen über den zugrunde liegenden Diskursbereich ist in einem Frame-Repräsentationsmodell beschrieben. Dessen formale Semantik ist spezifiziert durch axiomatische Definitionen der Relationeneigenschaften, im Modell geltende Integritätsbedingungen sowie durch die formale Spezifikation seiner Operationen (REIMER/HAHN 83). Im vorliegenden Papier wird aus Gründen der gewählten, vorwiegend natürlichsprachlichen Darstellungsform auf die Einbeziehung entsprechend formalisierter Konstrukte verzichtet.

4.2 Repräsentation des Sprachwissens

Jedem für das Text-Parsing als relevant erachteten Wort wird ein Wortexperte (vgl. SMALL/RIEGER 82, HAHN/REIMER 83) zugeordnet*. Die nonterminalen Knoten des Entscheidungsnetzes eines Wortexperten enthalten prädikatenlogische Ausdrücke, deren elementares Vokabular Konfigurationstests vor allem in zwei Datenbereichen beschreibt. In der Weltwissensbasis können etwa folgende Tests durchgeführt werden:

        is_a(fl, f2) :
            fl ist Unterbegriff von f2
        instance_of(fl, f2) :
            fl ist Instanz von f2
        part_of(fl, f2) :
            fl ist Teil von f2
        f_exist(f) :
            f ist ein Frame
        s_exist(f, s) :
            s ist ein Slot des Frame f
        is_perm_entry(f, s, e) :
            e ist ein erlaubter Eintrag im Slot s des Frame f
        has_entry(f, s, e) :
            e ist ein aktueller Eintrag im Slot s des Frame f
        comm_sup(fl, f2, f) :
            fl und f2 haben den gemeinsamen Oberbegriff f

Folgende Tests beziehen sich auf die unmittelbare Textumgebung (Kotext):

        before(dist, stringl, string2) :
            stringl tritt im Text maximal dist viele Stellen vor string2 auf
        in_phrase(stringl, string2) :
            stringl tritt im gleichen Satz wie string2 auf
        match_type(string, type) :
            string ist vom Tokentyp type (d.h.: Framename, Wortexpertenname usw.)
        f_act(f) :
            Frame f ist von einer Operation im Weltwissen betroffen
        s_act(f, s) :
            Slot s von Frame f ist von einer Operation im Weltwissen betroffen

---

* Dies ist die externe Sicht auf das Wortexpertensystem. Intern Ebene kommen dagegen im TOPIC-System einige Modellierungsmaßnahmen zum tragen, die dem Größenwachstum von Wortexpertenkollektionen und der Inflexibilität von Wortexperten-Modifikationen gegensteuern. Wesentliches Merkmal entsprechender Modellierungsmaßnahmen ist die Faktorisierung gemeinsamen Wissens von Wortexpertenfamilien durch Wortexperten-Prototypen. Die Änderungsinflexibilität wird durch stark generalisierte Wortexpertenkommandos (s.u.) bereits minimiert und durch ein konzeptionell noch auszuformulierendes Modell rekursiver Wortexperten zusehends entschärft.

Die terminalen Knoten des Entscheidungsnetzes eines Wortexperten enthalten die Lesarten der mit dem Wortexperten assoziierten lexikalischen Einheit. Es werden zwei grundsätzliche Typen von Lesarten unterschieden (vgl. topic_monitor): Kohäsionslesarten dienen dazu, in Entsprechung zum Textinhalt korrekte Zustände im Weltwissen zu garantieren, und zwar hinsichtlich der Aktivierungs- und Slotfüllungsdaten. Dazu werden sie als auf dem Weltwissen auszuführende Operationen interpretiert:

```
shift(fl, f2) :
    verlagere Aktivierungsgewicht von Frame fl auf Frame f2
fweight_inc(f) :
    erhöhe Aktivierungsgewicht von Frame f
sweight_inc(f, s) :
    erhöhe Aktivierungsgewicht von Slot s von Frame f
sval_assign(f, s, se) :
    ordne den Sloteintrag se dem Slot s von Frame f zu
```

Kohärenzlesarten werden dagegen gesammelt und überlagern als Kohärenzrelationen nach der Ermittlung durchgängiger Kohärenzmuster das Weltwissen textspezifisch (zusätzlich zu den konzeptuellen Relationen); grundlegende Kohärenzlesarten für das Thema/Rhema-Muster (HAHN 84) sind etwa:

```
splitting_rheme(fl, sl) :
    sl ist Slot von Frame fl
descending_rheme(fl, f2, s2) :
    s2 ist Slot von Frame f2, der Slot von Frame fl ist
splitting_theme(fl, sl, sel) :
    sel ist Sloteintrag von Slot sl von Frame fl
constant_theme(fl, f2, rel) :
    Frame fl ist Unterbegriff, Instanz oder Teil-von Frame f2
cascading_theme(fl, sl, f2, s2, se2) :
    se2 ist Sloteintrag von Slot s2 von Frame f2,
    der wiederum Sloteintrag ist von Slot sl von Frame fl
```

Ein Beispiel für eine durch Kohärenzrelationen des Typs constant_theme und splitting_theme überlagerte Wissensstruktur zeigt die u.s. Grafik:

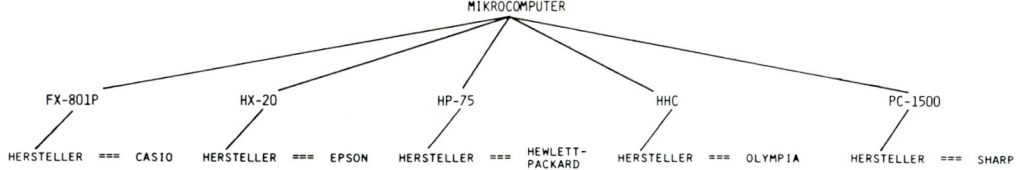

Wie oben erläutert, ist jeder Wortexperte deklarativ durch sein Entscheidungsnetz dargestellt. Eine prozedurale Interpretation des Wortexpertensystems geben HAHN/REIMER 83.

5. Textkondensierung

5.1 Bestimmung von Textkonstituenten

Eine Textkonstituente beschreibt das Thema einer kohäsiven Textpassage maximaler Länge. Eine neue Textkonstituente wird erzeugt, wenn ein Themenwechsel auftritt. Aufgrund struktureller Eigenschaften von Texten wird angenommen, daß ein solcher Themenwechsel bevorzugt an Absatzgrenzen eintritt, so daß die Textkonstituente einer Textpassage dem Umfang eines oder mehrerer Absätze des Originaltexts entspricht – eine Annahme, die zumindest in der von TOPIC behandelten Textsorte trägt. Die Kohärenzrelationen, die unterschiedliche Aspekte einer Themenentwicklung erfassen, überlagern die Wissenstrukturen einer Textkonstituente.

Zur Bestimmung des Themas eines geparsten Absatzes werden zunächst die zentralen Konzepte im zugehörigen Textwissen bestimmt, wobei auf einer technischen Ebene unterschieden wird zwischen dominierenden Frames, dominierenden Slots von Frames und dominierenden Clustern von Frames. Anschließend werden die dominierenden Konzepte entsprechend den zwischen ihnen vorliegenden Ober/Unterbegriffs-, Prototyp/Instanz- oder Frame/Slot-Beziehungen geordnet und verknüpft. Die damit festgelegten Themenbeschreibungen sind Ketten von Frame- oder Slotnamen zunehmender konzeptueller Spezialisierung.

In TOPIC werden eine Reihe von Dominanzkriterien experimentell erprobt. Statt einer detaillierten Diskussion (vgl. HAHN/REIMER 84) wird zunächst ein sehr einfacher Fall der Dominanzberechnung vorgestellt, der sowohl Aspekte der relativen Häufigkeit aktiver Konzepte im Weltwissen als auch Relationeneigenschaften für die Berechnung dominanter Frames berücksichtigt. Darin wird die Gesamtzahl aller Sloteinträge zu einem Frame verglichen mit der relativen Slotfüllungshäufigkeit aller aktiven Frames:

$$\Sigma_i \Sigma_j \text{ svalue(frame}_i\text{(slot}_j\text{)) * active(frame}_i\text{) /|active-slots|}$$

$$\leq \Sigma_j \text{ svalue(frame}_m\text{(slot}_j\text{)) } \Longrightarrow \text{ frame}_m \text{ ist ein dominierender Frame}$$

wobei folgende Vereinbarungen gelten:

- active(f) $= \begin{cases} 1, \text{ Frame f ist aktiv} \\ \emptyset, \text{ sonst} \end{cases}$
- svalue(f(s)) : Anzahl der Einträge in Slot s von Frame f
- active-slots : Die Menge der aktiven Slots in der Wissensbasis

Ein weitergehenderes Verfahren zur Dominanzberechnung, in das wesentlich stärker die semantischen Eigenschaften der Frame-Repräsentationssprache von TOPIC eingehen, ist das sog. "wissensbasierte Clustering" (die unten erwähnten Top-Frames sind diejenigen Frames der Wissensbasis, die keine Oberbegriffe haben):

```
for all  Top-Frames der gegebenen Wissensbasis do
begin
  if  Anzahl transitiver Unterbegriffe des aktuellen Top-Frame, die
       aktiv sind > Minimum then
  begin
    for all  unmittelbare Unterbegriffe des aktuellen Top-Frame  do
    begin
      if  Anzahl transitiver Unterbegriffe des aktuellen Unterbegriffs, die aktiv
           sind > Minimum then
      begin
        repeat
          bestimme den unmittelbaren Unterbegriff des aktuellen Unterbegriffs mit
          maximalem Aktivierungsgewicht und bezeichne diesen so charakterisierten
          Unterbegriff mit Umax;
          if  die Anzahl aktiver, transitiver Unterbegriffe des aktuellen
               Unterbegriffs ist identisch mit der Anzahl aktiver, transitiver
               Unterbegriffe von Umax then
                 mache Umax zum aktuellen Unterbegriff;
        until  durch weiteren Abstieg gehen aktive Unterbegriffe verloren;
        der aktuelle Unterbegriff ist Cluster-Frame;
      end;
    end;
    if  kein Cluster-Frame gefunden  then
        der aktuelle Top-Frame ist Cluster-Frame;
  end;
end;
```

Der oben beschriebene Cluster-Algorithmus vermittelt einen Eindruck von den Leistungsmerkmalen des wissensbasierten Clustering. Der wesentliche Unterschied zu konventionellen Clustering-Prozeduren im Information Retrieval liegt im abweichenden Semantik-Konzept (ähnliche Ansätze, die ebenfalls die Konnektivität von semantisch typisierten Wissensbasen für die Zwecke der Textzusammenfassung ausnutzen, beschreiben TAYLOR 74 und LEHNERT 82): Statistische Assoziationsrelationen diskriminieren nicht zwischen unterschiedlichen Typen semantischer Relationen (Ober/Unterbegriff, Instanz/Prototyp, Teil-von, Frame/Slot, Frame/Sloteintrag) wie das TOPIC zugrunde liegende Frame-Modell, sondern spielen alle diese Relationen auf die generelle und damit unspezifischere statistische Assoziation zurück. Damit können relationenspezifische Unterscheidungen, wie sie im wissensbasierten Clustering notwendig sind, mit einem statistischen Ansatz nicht getroffen werden. Ferner kommen Heuristiken zur Minimierung des potentiellen Suchraums relational verbundener Konzepte hinzu (wie sie durchaus auch für konventionelle Clusterverfahren üblich sind). Eine unrestringierte Suche in der Wissensbasis zur Ermittlung aller maximalen Teilmengen aktiver Frames mit einem gemeinsamen Oberbegriff durch die sukzessive Prüfung aller möglichen Teilmengen (also der

Betrachtung aller Elemente der entsprechenden Potenzmenge!) wäre auf halbwegs realistisch dimensionierten Wissensbasen nicht mehr durchführbar.

Die Berechnung von Themenbeschreibungen für ein gegebenes Textwissen wird für jeden geparsten Absatz durchgeführt. Da aber eine Textkonstituente nicht notwendigerweise auf einen Absatz begrenzt werden kann, müssen die Themenbeschreibungen jeweils benachbarter Absätze miteinander verglichen werden: Ist eine Übereinstimmung zwischen benachbarten Themenbeschreibungen feststellbar (d.h. es besteht die Teilmengenbeziehung zwischen den Themenbeschreibungen), bilden sie eine zusammengehörige Textkonstituente. Ist keine Übereinstimmung feststellbar, dann ist ein Themenwechsel erkannt worden und die beiden Absätze werden zwei getrennten Textkonstituenten zugeordnet. Die Wissensstruktur einer <u>Textkonstituente</u> enthält somit

* die Themenbeschreibung
* den einem Textsegment entsprechenden aktiven Teil der Wissensbasis als Ergebnis des Text-Parsing (vgl. <u>topic monitor</u>)
* das zugehörige Volltextsegment

Die Bereitstellung dieser drei Strukturtypen bildet die Grundlage für die postulierte Flexibilität des Retrieval von Volltexten auf unterschiedlichen Ebenen inhaltlicher Spezifität.

Das folgende Beispiel zeigt eine Menge dominanter Konzepte und die von dieser Menge abgeleitete Themenbeschreibung (':' bezeichnet die Relation "hat-Slot", '-' die Relation "ist-ein Oberbegriff/Prototyp"):

dominierende Slots (in Frame)	dominierende Frames	dominierende Cluster
Produkt (Mikrosoft)	Mikrosoft	Hersteller
Programmiersprache (IBM_PC)	IBM	BASIC
Systemsoftware (IBM_PC)	IBM_PC	Programmiersprache
	BASIC	Software
	MBASIC	
	IBM_BASIC	

Themenbeschreibung
Hersteller - Mikrosoft : Produkt
Hersteller - IBM
Software - System-Software
IBM_PC : Programmiersprache - BASIC - MBASIC
IBM_PC : Programmiersprache - BASIC - IBM_BASIC
IBM_PC : System-Software

577

5.2 Der Textgraph

Der Textgraph ist ein hierarchisches Netz, dessen Endknoten die oben beschriebenen Textkonstituenten sind und dessen übrige Knoten Generalisierungen der Themen der einzelnen Textkonstituenten mit nach oben hin abnehmender Spezifität darstellen (analog dem Konzept von Mikro- und Makropropositionen (CORREIRA 80)). Diese Knoten werden durch unterschiedliche Relationen, wie sie im Frame-Modell modelliert sind, dargestellt: Ober/Unterbegriff, Instanz/Prototyp, Teil-von, Frame/Slot, Frame/Sloteintrag. Auf diesen unterschiedlichen informationellen Niveaus, wie sie in Textgraphen (besser: Kondensatgraphen) angeboten werden, kann sich ein Systembenutzer entsprechend seinen Informationsbedürfnissen während des Retrievalprozesses orientieren (HAMMWÖHNER/THIEL 84). Zu einer weiter differenzierenden Suche können schließlich die jeder Textkonstituente zugehörigen Wissenstrukturen angewählt werden (Themenbeschreibung, aktiver Weltwissens-ausschnitt, zugehöriges Volltextsegment).

6. Abschließende Bemerkungen

Die logische Struktur des TOPIC-Systems ist auf einer globalen Ebene beschrieben worden, wobei drei wesentliche Komponenten unterschieden wurden: Text-Parsing, Textkondensierung und die Erstellung des Textgraphen.

Wesentliches empirisches Anliegen der Versuchsläufe des Systems soll die Absicherung der Hypothese sein, daß der konzeptorientierte Wortexperten-Parser ein beherrschbares und adäquates Instrument für partielles Text-Parsing ist und die extensive semantische Kontrolle der Wissensbasis den Komplexitätsanforderungen wissensbasierter Textanalyse auf einem indikativen Niveau gerecht wird. In der angelaufenen zweiten Projektphase wird neben der weiteren Ausdifferenzierung des Text-Parsers und des Weltwissenssystems ein neues Ziel die Entwicklung von Retrievaloperationen sein, die auf einer Textwissensbasis, die aus den Repräsentationsstrukturen mehrerer analysierter Texte besteht, aufsetzen. Dazu muß ein über TOPICs interaktive graphische Retrievalschnittstelle formuliertes Anfragenetz verglichen werden mit den Repräsentationsstrukturen in den Textkonstituenten der einzelnen Textwissen, um relevante Texte oder Textpassagen zu bestimmen. (zur Gesamt-Konzeption dieses Fortsetzungsprojekts vgl. HAHN et al. 84).

LITERATUR

Correira, A. (1980)
   Computing Story Trees. In: American Journal of Computational Linguistics 6.
   1980, Nos.3-4, pp.135-149.

DIN (1973)
   DIN 1426: Inhaltsangaben in Information und Dokumentation. Abstracts for
   Information and Documentation. o.O.: Fachnormenausschuß Bibliotheks- und
   Dokumentationswesen im Deutschen Normenausschuss (DNA), Nov. 1973.

Dyer, M.G. (1982)
   Affect Processing for Narratives. In: AAAI-82: Proc. of the National Conference
   on Artificial Intelligence. August 18-20, 1982, Carnegie-Mellon Univ./Univ. of
   Pittsburgh, Pittsburgh, Pennsylvania. AAAI, 1982, pp.265-268.

Fum, D. / G. Guida / C. Tasso (1982)
   Forward and Backward Reasoning in Automatic Abstracting. In: COLING 82:
   Proceedings of the 9th International Conference on Computational Linguistics.
   Prague, July 5-10, 1982. Prague: Academia, 1982, pp.83-88.

Hahn, U. (1984)
   Textual Expertise in Word Experts: An Approach to Text Parsing Based on
   Topic/Comment Monitoring. In: COLING 84: Proceedings of the 10th International
   Conference on Computational Linguistics & 22nd Annual Meeting of the Association
   for Computational Linguistics. 2-6 July 1984, Stanford University, California.
   ACL, 1984, pp.402-408.

Hahn, U. / R. Hammwöhner / R. Kuhlen / U. Reimer / U. Thiel (1984)
   TOPIC II / TOPOGRAPHIC II: Automatische Textkondensierung und text-orientiertes
   Informationsmanagement. Projektziele - State-of-the-Art. Konstanz: Universität
   Konstanz, Informationswissenschaft, Projekt TOPIC & TOPOGRAPHIC, Dez. 1984 (=
   Bericht TOPIC-12/84 & TOPOGRAPHIC-3/84).

Hahn, U. / U. Reimer (1983)
   Wortexperten-Parsing: Text-Parsing mit einer verteilten lexikalischen Grammatik
   im Rahmen des automatischen Textkondensierungssystems TOPIC. In: Linguistische
   Berichte 1983, No.88, pp.56-78.

Hahn, U. / U. Reimer (1984)
   Computing Text Constituency: An Algorithmic Approach to the Generation of Text
   Graphs. In: C.J. van Rijsbergen (ed): Research and Development in Information
   Retrieval. Proceedings of the 3rd Joint BCS and ACM Symposium. King's College,
   Cambridge, England, 2-6 July 1984. Cambridge: Cambridge U.P., 1984, pp.343-368.

Hahn, U. / U. Reimer (1985)
   The TOPIC Project: Text-Oriented Procedures for Information Management and
   Condensation of Expository Texts. Final Report. Konstanz: Univ. Konstanz,
   Informationswissenschaft, May 1985 (= Bericht TOPIC-17/85).

Hammwöhner, R. / U. Thiel (1984)
   TOPOGRAPHIC: eine graphisch-interaktive Retrievalschnittstelle. In: G. Enderle
   et al. (eds): MICROGRAPHICS: Graphik auf Arbeitsplatzrechnern. Fachgespräch der
   Gesellschaft für Informatik e.V., GI-Fachgruppe 4.1.1 "Graphische Systeme".
   Wissenschaftszentrum Bonn-Bad Godesberg, 26.-27. Nov. 1984. Bonn: Gesellschaft
   für Informatik e.V., 1984, pp.155-169.

Hobbs, J.R. (1982)
   Towards an Understanding of Coherence in Discourse. In: W.G. Lehnert / M.H.
   Ringle (eds): Strategies for Natural Language Processing. Hillsdale/NJ etc.: L.
   Erlbaum, 1982, pp.223-243.

Hutchins, W.J. (1977)
On the Structure of Scientific Texts. In: UEA Papers in Linguistics 1977, No.5, pp.18-39.

Kuhlen, R. (1984)
A Knowledge-Based Text Analysis System for the Graphically Supported Production of Cascaded Text Condensates. Konstanz: Universität Konstanz, Informationswissenschaft, Projekt TOPIC, May 1984 (= Bericht TOPIC-9/84).

Lehnert, W.G. (1982)
Plot Units: a Narrative Summarization Strategy. In: W.G. Lehnert / M.H. Ringle (eds): Strategies for Natural Language Processing. Hillsdale/NJ etc.: L. Erlbaum, 1982, pp.375-412.

Mann, W.C. (1984)
Discourse Structures for Text Generation. In: COLING 84: Proceedings of the 10th International Conference on Computational Linguistics & 22nd Annual Meeting of the Association for Computational Linguistics. 2-6 July 1984, Stanford University, California. ACL, 1984, pp.367-375.

Petöfi, J.S. (ed) (1979)
Text vs Sentence: Basic Questions of Text Linguistics. 2 Vols. Hamburg: H. Buske, 1979 (= Papers in Textlinguistics 20, 1/2).

Reimer, U. / U. Hahn (1983)
A Formal Approach to the Semantics of a Frame Data Model. In IJCAI-83: Proceedings of the 8th International Joint Conference on Artificial Intelligence. 8-12 August 1983, Karlsruhe, W. Germany. Vol.1. Los Altos/CA: W. Kaufmann, 1983, pp.337-339.

Rumelhart, D.E. (1975)
Notes on a Schema for Stories. In: D.G. Bobrow / A. Collins (eds): Representation and Understanding: Studies in Cognitive Science. New York etc.: Academic Pr., 1975, pp.211-236.

Schank, R.C. / M. Lebowitz / L. Birnbaum (1980)
An Integrated Understander. In: American Journal of Computational Linguistics 6. 1980, No.1, pp.13-30.

Small, S. / Rieger, C. (1982)
Parsing and Comprehending with Word Experts (a Theory and its Realization). In: W.G. Lehnert / M.H. Ringle (eds): Strategies for Natural Language Processing. Hillsdale/NJ: L. Erlbaum, 1982, pp.89-147.

Taylor, S.L. (1974)
Automatic Abstracting by Applying Graphical Techniques to Semantic Networks. Evanston/Illinois: Northwestern University, Computer Science, (Aug) 1974, (Ph.D.Thesis).

Erkennung und Anonymisierung von Personenkonzepten in Psychotherapietexten

Barbara Drewek

Sonderforschungsbereich 129

Universität Ulm

Zusammenfassung

Der folgende Beitrag enthält ein computerlinguistisches und forschungsethisches Gedankenexperiment zur automatischen Erkennung von Eigennamen als Ausgangspunkt für die
Anonymisierung datenschutzwürdiger psychotherapeutischer Texte.

1. Einleitung

Natürliche Sprache stellt heute die wesentlichste Informationsquelle zur Untersuchung
psychotherapeutischer Prozesse dar. Im Rahmen des Sonderforschungsbereiches 129 der
Universität Ulm wird seit zehn Jahren an dem Forschungsinstrument ULMER TEXTBANK gearbeitet. Es ermöglicht die computergestützte Sammlung, Archivierung und Auswertung
psychotherapeutischer Texte. Die Bereitstellung wortgetreuer Protokolle psychotherapeutischer Behandlungsgespräche für Forschung und Lehre bedingt besondere Maßnahmen
zum Schutz dieses persönlichen und extrem vertraulichen Datenmaterials. Jeder Text
durchläuft daher bei der Aufnahme in die Textbank eine Anonymisierungsprozedur, die
momentan auf einem manuellen Verfahren kombiniert mit einer Verschlüsselung beruht.
Mit diesem Vortrag sollen Überlegungen dargestellt werden, die sich mit der automatischen Erkennung von Eigennamen sowie deren Ersetzung durch geeignete Pseudonyme befassen.

Im folgenden wird zuerst auf das besondere Verhältnis von Sprache und Psychoanalyse
eingegangen und anhand der Datenschutzproblematik aufgezeigt, welche Vorkehrungen
speziell für ein psychotherapeutisches Textkorpus zu treffen sind. Welche semantischen
Einheiten sind in Texten zu identifizieren, so daß die Aussagen am Gespräch beteilig-
ter Personen erhalten bleiben, jedoch aus dem Text selbst auf keine lebende Person
Rückschlüsse gezogen werden können? Wie sind Eigennamen definiert? Wie lassen sie sich
klassifizieren und erkennen? Sind sämtliche Eigennamen eines Textes zu verschlüsseln?
Dies sind Fragen, auf die anschließend versucht wird, eine Antwort zu finden. Zum En-
de wird gezeigt, wie Wissen zur Erkennung von Eigennamen und deren Ersetzung durch
Pseudonyme mit Hilfe semantischer Netze abgelegt werden kann.

2. Sprache und Psychoanalyse

Die Sprache bzw. das Wort als Mittel zur Bezeichnung von Gegenständen und Sachverhalten, als Möglichkeit Gedanken, Urteile, Gefühle, Wünsche etc. auszudrücken, spielt in der Psychoanalyse und Psychotherapie eine zentrale Rolle. Denn durch das Gespräch des seelisch Kranken mit dem Arzt wird die Therapie begonnen und deren Verlauf bestimmt.

Die Untersuchung dieses Prozesses gewann in den letzten Jahren zunehmend an Bedeutung (Kächele, 1983). Sie hat das Ziel, die Abhängigkeit der Behandlungsergebnisse vom Geschehen im therapeutischen Prozeß zu erfassen und Mechanismen aufzudecken, die dem Behandlungserfolg bzw. -mißerfolg zugrunde liegen. Das psychoanalytische Geschehen stellt sich als besondere Redesituation dar, in der den Berichten, Wünschen, Phantasien, Traumbildern und freien Einfällen des Patienten Deutungen und Interpretationen des Analytikers gegenüberstehen. Durch unbewußte Vorgänge in Analysand und Analytiker, wie z. B. Übertragung - Gegenübertragung, Widerstand, Projektion, Verdrängung, Identifikation, wird das Gespräch gesteuert und damit eine Veränderung der Arzt-Patienten-Beziehung zum einen, zum anderen der Kommunikationssituation selbst hervorgerufen.

Die psychoanalytische Behandlung wird von einem Analytiker folgendermaßen definiert:

> 'Der Einfluß des Psychoanalytikers scheint sich auf eine reine Deutung zu beschränken, bei der die therapeutische Zielrichtung möglichst offengelassen wird, um den Freiheitsspielraum des Patienten nicht einzuengen und seine kritische Mitarbeit zu fördern bzw. die Entwicklung der Übertragung nicht zu stören.' (Thomae, 1984)

Die Interaktion zwischen Arzt und Patient vollzieht sich nicht nur in den verbalen und nicht verbalen Äußerungen, sondern auch im Rhythmus der Rede (Volumen und Klangfarbe der Stimme, Sprechgeschwindigkeit) sowie in der Anzahl und Art der Sprechpausen. Hinzu treten noch die außersprachlichen Phänomene, wie Gesichtsausdruck, Blickkontakt, Gestik und Körperhaltung.

Mit der Einführung von Tonbandaufnahmen in die psychotherapeutische Verlaufsforschung (1933) war die Voraussetzung für die Erforschung bestimmter psychotherapeutischer und -analytischer Fragestellungen geschaffen. Bis dahin war die Validierung psychoanalytischer Theorien und Hypothesen nur aufgrund von Aufzeichnungen des behandelnden Psychoanalytikers möglich und wegen seiner Doppelrolle als Forscher und Forschungsgegenstand mit Unsicherheit belastet. Die Herstellung wortgetreuer Protokolle der Behandlungsgespräche mit Hilfe von Tonbandaufnahmen eröffnet die Möglichkeit, daß sich neben den am therapeutischen Prozeß unmittelbar Beteiligten auch Außenstehende mit dem Material auseinandersetzen können. Der Informationsgewinn von Verbatimprotokollen ist gegenüber der Auswertung von Notizen für wissenschaftliche Fragestellungen erheblich (Kächele, 1983).

Neben den technischen Problemen (Transkription) gibt es bei der Redeaufzeichnung das grundsätzliche Problem, daß Kommunikationspartner in ihrer Direktheit gehemmt werden,

wenn sie wissen, daß ein Tonband eingeschaltet ist. Dies ist für das psychotherapeutische und -analytische Gespräch gravierend. Freud ist auf dieses Dilemma in den Vorlesungen zur Einführung in die Psychoanalyse eingegangen:

'Wir werden also die Verwendung der Worte nicht geringschätzen und werden zu-
frieden sein, wenn wir Zuhörer der Worte sein können, die zwischen dem Analytiker und seinem Patienten gewechselt werden. Aber auch das können wir nicht.
Das Gespräch, in dem die psychoanalytische Behandlung besteht, verträgt keinen
Zuhörer; es läßt sich nicht demonstrieren. Man kann natürlich auch einen Neu-
rastheniker oder Hysteriker in einer psychiatrischen Vorlesung den Lernenden
vorstellen. Er erzählt dann von seinen Klagen und Symptomen, aber auch von
nichts anderem. Die Mitteilungen, deren die Analyse bedarf, macht er nur unter der Bedingung einer besonderen Gefühlsbindung an den Arzt; er würde sofort verstummen, sobald er einen einzigen, ihm indifferenten Zeugen bemerkte.
Denn diese Mitteilungen betreffen das Intimste seines Seelenlebens, alles was
er als sozial selbständige Person vor anderen verbergen muß, und im weiteren
alles, was er als einheitliche Persönlichkeit sich selbst nicht eingestehen
will. Sie können also eine psychotherapeutische Behandlung nicht mitanhören.
Sie können nur von ihr hören und werden die Psychoanalyse im strengsten Sinne
des Wortes nur vom Hörensagen kennenlernen.' (Freud, 1916/17, S. 10)

3. Die ULMER TEXTBANK

An der Universität Ulm, Abteilung Psychotherapie, wurde und wird seit den letzten Jahren ein Forschungsinstrument aufgebaut, welches einer Vielzahl von Fragestellungen
nachzugehen erlaubt. Durch die Sammlung psychotherapeutischer Gesprächsprotokolle entstand ein repräsentatives Textkorpus, das primär eine Basis für wissenschaftliche For-
schungsarbeiten und sekundär eine konkrete Hilfe in Lehre sowie in der klinischen Praxis darstellt.

Das psychoanalytische Textkorpus setzt sich zusammen aus den Video/Tonbandprotokollen,
den in Normalschrift transkribierten Texten und den in maschinenlesbarer Form vorliegenden Gesprächsprotokollen. Nach Art der Texthaltung teilt es sich in ein Video/Ton-
bandarchiv und in die Textbank auf. Beide Teile werden computerunterstützt verwaltet.
Das computergespeicherte Textkorpus umfaßt derzeit 8,2 Millionen Wortformen, die auf
ca. 70.000 Types zurückgehen.

Die Verwendung des Textkorpus in der Forschung hat das Ziel, den psychoanalytischen
Behandlungsprozeß zu beschreiben und damit aus der Theorie abgeleitete Hypothesen zu
bestätigen, wie z. B. die Vermutung, daß anhand der Veränderungen von Sprachmerkmalen
Rückschlüsse auf die Psychotherapie gezogen werden können. Das Textkorpus stellt einer-
seits eine sehr gute Informationsquelle dar für klinische Fallstudien, systematische
Beschreibungen von Behandlungsverläufen und für die Bewertung klinischer Konzepte. An-

dererseits dient es als Untersuchungsgegenstand, indem die Rede des Analytikers, die Rede des Patienten sowie die Interaktion im psychoanalytischen Gespräch untersucht wird. Bei der Analyse werden rein formale (z. B. verbale Aktivität, Äußerungslängen, Redundanz, Wortschatzstatistik), grammatische (z. B. Wortartenbestimmung, Tempusanalysen, Fürwortanalysen) und inhaltliche (Verteilung von Angstthemen) Gesichtspunkte beachtet. (Kächele, Mergenthaler, 1983)

Der Einsatz des Textkorpus in der Lehre erfolgt vornehmlich zur Demonstration der verschiedenen Behandlungstechniken und klinischer Probleme im Rahmen des Unterrichts für Medizinstudenten. Eine klinische Anwendung der transkribierten Gesprächsprotokolle stellt die Supervision dar. Es handelt sich dabei um die Bewertung einer psychotherapeutischen Behandlung durch eine nichtbeteiligte, klinisch erfahrene Person. Anhand der vorliegenden Transkripte kann die psychotherapeutische Situation objektiviert und bewertet werden.

4. Die Datenschutzproblematik

Das Bundesdatenschutzgesetz (BDSG) soll, ergänzt durch die jeweiligen Landesdatenschutzgesetze, personenbezogene Daten vor Mißbrauch bei Speicherung, Übermittlung, Veränderung und Löschung, vor allem aber gegen Einsicht und Zugriff Unbefugter schützen und damit der Beeinträchtigung schutzwürdiger Belange der Betroffenen entgegenwirken (§ 1 BDSG). Im Sinne des Gesetzes sind personenbezogene Daten Einzelangaben über persönliche oder sachliche Verhältnisse einer bestimmbaren Person. Verstöße gegen die Datenschutzvorschriften werden mit Geldbuße belegt oder Straße geahndet (s. Abbildung 4.1).

Straftaten	§41	bis zu einem Jahr Freiheitsstrafe oder Geldstrafe, wer geschützte Daten unbefugt übermittelt, verändert, abruft oder sich verschafft
		bis zu zwei Jahren Freiheitsstrafe, wenn der Täter gegen Entgelt oder in Bereicherungs- oder Schädigungsabsicht handelt
Verfolgung der Tat	§41	nur auf Antrag
Ordnungs-widrigkeiten	§42	bis zu 50.000,- Geldbuße, wer vorsätzlich oder fahrlässig bestimmte gesetzliche Vorschriften verletzt

Abbildung 4.1   Straf- und Bußgeldvorschriften im BDSG

Keine Gültigkeit hat das BDSG bei anonymisierten Daten, bei Akten oder Aktensammlungen. Das Verbot der Verarbeitung personenbezogener Daten tritt außer Kraft, wenn die Einwilligung des Betroffenen vorliegt.

Die wortgetreuen Protokolle psychoanalytischer Behandlungen stellen ein hochgradig zu schützendes Datenmaterial dar, da sie das "Intimste des Seelenlebens" (Freud, 1916/17) eines Menschen enthalten.

Die ULMER TEXTBANK unterliegt dem Datenschutzgesetz und ist im Datenschutzregister des Landes Baden-Württemberg eingetragen. Das mit Arbeiten an der Textbank betraute Personal ist an der Abteilung Psychotherapie angesiedelt und unterliegt dem Datengeheimnis, auf das es besonders verpflichtet wurde. Für die Ausleihe von Ton- und Videoaufzeichnungen, Berichten und Transkripten für wissenschaftliche Zwecke gelten restriktive Ausleihbedingungen. Der Datensicherung, die den technischen Aspekt des Datenschutzes umfaßt, wird durch Paßwortschutz und durch Zugangskontrollen in Räume der Datenerfassung versucht nachzukommen. Allerdings ist bekannt, daß derlei Maßnahmen nie ausreichend sind, vor allem dann, wenn das ethische Bewußtsein aller Beteiligten keinen hohen Standard aufweist.

Grundsätzlich werden Ton/Video-Aufnahmen, Verbatimprotokolle und Berichte nur in die Textbank aufgenommen, wenn eine Einverständniserklärung des betroffenen Patienten vorliegt. Gespeichert werden die Texte in anonymisierter Form. Sie werden einer Verschlüsselung unterzogen, die jedem Text eine Identifikationsnummer erteilt, die keine unmittelbare Bezugnahme zu persönlichen Daten erlaubt. Die Referenzdaten zu den Urhebern der Texte werden strikt getrennt verwaltet.

Das momentane Verfahren zur Erkennung von Eigennamen ist sehr zeit- und arbeitsaufwendig, besonders aber fehleranfällig. Zudem ist der Text zu lange in Klartextform in der Hand des Erfassungspersonals - ohne damit ein Mißtrauen unterstellen zu wollen. Vor allem aber werden nur die Eigennamen als Identifikatoren berücksichtigt. Aussagen, wie "meine Hochzeit am 22. November" oder "meine drei an Tuberkulose erkrankten Kinder", die ebenfalls identifizierend sein können, bleiben im Text erhalten.

5. Eigennamen

Wie ist der Begriff 'Eigenname' definiert? In der Terminologie zur neueren Linguistik findet man unter dem Stichwort 'Eigenname' keinen erläuternden Text, sondern nur die beiden Verweise auf die Termini 'Appelativum' und 'Ostensiver Eigenname'. Die Duden-Grammatik liefert folgende "Definition": Mit einem Eigennamen wird etwas Bestimmtes, Einmaliges benannt; er ist einzelnen Lebewesen oder Dingen zugeordnet und gestattet, diese zu identifizieren. Auch Pluralitanta wie 'die Niederlande', 'die Vogesen', die 'Alpen' sind als Eigennamen zu werten, weil sie eine Gruppe sozusagen als Einzelwesen zu identifizieren gestatten. Wenn viele Personen Peter, Müller, Schmidt oder mehrere Orte Neustadt heißen, wird mit dem Eigennamen trotzdem etwas Einmaliges bezeichnet, denn jede Person und jeder Ort bleibt Individuum, d. h. ein bestimmtes unteilbares Einzelnes. Diese Begriffsbestimmung geht auf Heinz Vater zurück, ist sehr global und nicht hinreichend operationalisierbar.

KATEGORIEN	BEISPIELE	KATEGORIEN	BEISPIELE
Familienname	Molter	Partei	Grüne
Vorname		Gebiet	
männlich	Fridolin	Nord	Norddeutschland
weiblich	Susanne	Süd	Süditalien
männlich + weiblich	Maria	Ost	Ostbayern
Kurzname	Susi	West	München-West
		Mittel	Mitteleuropa
Kosename	Mausi	Gegenstände	
Siedlung		Auto	Ferdinand
Stadt	Ulm	Zug	Donaukurier
Kleinstadt	Illertissen	Geistige Schöpfung	Faust
Dorf	Ampfelbronn	Tiere	Bello
Kreis	Alb/Donaukreis	Sehenswürdigkeiten	Ulmer Münster
Erdteil	Asien		
Land	Frankreich		
Orte			
Platz	Friedrich-Ebert-Platz		
Straße	Königsstraße		
Weg	Holunderweg		
Vorstadt	Riem		
Landschaften			
Berg	Kuhberg		
Tal	Donautal		
Ebene	Poebene		
Gebirgszug	Karwendel		
Sonstiges	Voralpen		
Gewässer			
Meer	Nordsee		
See	Ammersee		
Fluß	Donau		
Bach	Ramsbach		
Teich			
Tümpel			
Quelle	Isarquelle		
Medikamente	Dulcolax		
Institution/Behörde	Heilsarmee		
Firma	Bayer		

Abbildung 5.1   Kategorien von Eigennamen

In Abbildung 5.1 sind Kategorien von Eigennamen mit einem Beispiel dargestellt. Diese Einteilung erhebt nicht den Anspruch auf Vollständigkeit. Sie soll einen Einblick davon geben, welche Vielfalt an Bezeichnungen im Sprachgebrauch vorkommen.

Mit der Vergabe eines Namens für ein Individuum oder Gegenstand wird eine persönliche Beziehung hergestellt. Sie macht deutlich, daß es bzw. er zu der eigenen Welt gehört. Ein Beispiel hierzu ist die Namensgebung für eine Puppe, für ein Auto etc. In der magischen Vorstellungswelt herrscht der Glaube vor, daß das Aussprechen eines Namens das Erscheinen des Namensträgers auslöst. Der böse Geist wird durch seine Benennung herbeizitiert, der 'Gottseibeiuns' soll eben dies vermeiden.

Nicht alle Eigennamen werden direkt mit Individuen in Verbindung gebracht. Eigennamen sind einerseits sprecherbezogen, wenn die Bezeichnung die Gesprächsteilnehmer zitiert, andererseits nicht sprecherbezogen, wenn sie beliebige Personen oder Dinge
außerhalb des Gesprächs erwähnen (z. B. Günther Grass). Erstere sind unbedingt durch
Pseudonyme zu ersetzen, bei den letztgenannten ist die Pseudonymvergabe nicht unbedingt notwendig.

Welche Eigennamen sind durch welche Pseudonyme zu ersetzen? Diese Frage schließt hier
an und ist nicht leicht zu beantworten. Bei der Vergabe von Pseudonymen sind zwei
Punkte zu beachten: Erstens muß der Sinngehalt des Gesprächs erhalten bleiben und
damit die Validität der Ergebnisse der Textanalyse garantieren, zweitens darf kein
Sprecher wiedererkannt werden.

Diesen widersprüchlich anmutenden Forderungen ist sehr schwer nachzukommen, ja vielleicht ist es sogar unmöglich. Bei der bloßen Ersetzung von Eigennamen durch andere
Bezeichnungen sind die genannten Bedingungen nicht erfüllt. Das Erkennungsraster
eines Individuums drückt sich nicht nur in dessen Namen aus, sondern ist durch viele
Details in Aussagen über etwas oder jemanden im ganzen Text verstreut.

In der frühen Aera der ULMER TEXTBANK wurde die Ersetzung der Eigennamen durch Pseudonyme sehr willkürlich und ohne große Überlegung vorgenommen. Die 'Susanne' wurde
im Text durch die 'Sabine' ersetzt. Einige Zeilen weiter wurde die 'Susi' jedoch zur
'Heidi'. Von da an gab es zwei Personen in diesem Text. Der Satz 'ich fuhr nach Köln,
abends ging ich auf der linken Rheinseite spazieren' ging über in die Mitteilung 'ich
fuhr nach Basel und ging an der linken Alsterseite spazieren'. Zuordnungen von Ländern,
Städten und Flüssen blieben nicht aufrechterhalten. Großstädte wurden zu Kleinstädten,
deutsche Städte lagen plötzlich an ausländischen Flüssen. Auch blieb die Syntax der
Äußerungen unberücksichtigt: 'ich besuchte ihn auf dem Donautal' war die anonymisier-
te Variante von 'ich besuchte ihn auf dem Kuhberg'. Anhand des Trainings der Erfas-
sungskräfte werden mittlerweile bei der manuellen Pseudonymvergabe solche auffälligen
Fehler vermieden.

Psychotherapeutische Gespräche sind durchsetzt von Eigennamen und persönlichen Mitteilungen. Um deren Sinngehalt aufrechtzuerhalten, ist es notwendig, sinnverwandte Begriffe dafür einzusetzen. Dabei eine 1 : 1-Abbildung zu gewährleisten, ist schlicht-
weg unmöglich. Existiert in Deutschland für den Bodensee, gekennzeichnet durch die
drei anliegenden Länder und als 'schwäbisches Meer' bezeichnet, ein Pendant? Ist dies
in Nord-, Ost- oder Westdeutschland zu finden? Wenn ja, haben Norddeutsche nicht eine
andere Mentalität als die Süddeutschen? Gibt es eine Blumeninsel auf diesem See? Die
Konnotationen, die an diesen See geknüpft sind, bleiben einmalig an ihm haften. Ange-
näherte Ersetzungsvarianten können sinnentstellend sein und damit die Textanalyse
wertlos machen.

Eine andere Methode der Textanonymisierung besteht darin, keine Ersetzung durch reale Objekte anzustreben, sondern die Eigennamen durch Ausblenden mit anschließender Markierung (*Land, deutet auf ein Land hin) im Text zu ersetzen. Hier wird die Erkennung eines Individuums zwar ausgeschlossen, jedoch ergibt sich so etwas wie der 'Marquise-von-O.'-Effekt. Niemand weiß, wo O. liegt, aber ...

Die Verlagerung des ganzen Geschehens in eine fiktive Welt, als Abbild der wirklichen, stellt eine weitere Möglichkeit der Pseudonymvergabe dar. Im Text werden für die Eigennamen fiktive Namen eingefügt, die in einer zusätzlichen, separaten Beschreibung genau erläutert sind. Der Sinngehalt wird hier zwar mit einer gewissen Abbildtreue transformiert, jedoch ist es wie bei der literarischen Fiktion: Der Schlüssel zum Verständnis deutet umso stärker wieder auf die reale Welt zurück, als die Fiktion sie zu verschleiern versucht. Diese Methode entlarvt sich als Zirkel.

6. Ausblick

Was bleibt also machbar?

- Das Ausschalten des subjektiven Fehlers und des voyeuristischen Einblicks verschlüsselnder Personen durch ein vollautomatisches Verfahren.

- Eine Identifikatorenerkennung, die die groben Fehler der Pseudonymvergabe vermeidet und das Orts-, Zeit- und Personenraster soweit durch abstrakte Codes ersetzt, daß nur dem autorisierten Analytiker eine Klartextversion zur Verfügung steht. Für alle anderen Personen entstünde eine Art Lückentext-Test, in der alle erkannten Rasterelemente ausgeblendet sind und der unberechtigte Leser keine, außer den eigenen, assoziativen Anknüpfungspunkte hat.

Zur Erreichung dieser Ziele ist das zentrale linguistische Problem die Mustererkennung, in welcher Eigennamen sowie Orts-, Zeit- und Ereignisreferenzen (Identifikatoren) klar aus dem Text herausgefiltert werden. Sinnvoll erscheint hier die Anwendung semantischer Netze, deren slots durch konkrete Instanzen aus dem Text zu füllen und in einen geordneten Zusammenhang zu bringen sind. Einstiegspunkte sind unter Vermeidung vollständiger syntaktischer Analyse diejenige Verbvalenzen, deren Kasus mit den Teilkomponenten des Identifikatorennetzes gematcht werden. Konkordanzauswertungen lassen erkennen, daß dies mit dem sogenannten Inselparsing möglich ist.

In dem nun folgenden Ideenkonzept lehne ich mich an die äußerst brauchbaren Vorarbeiten von R. J. Brachmann und der Erlanger Forschungsgruppe zur Spracherkennung an. Es stellt ein Minimalkonzept zur Erkennung von Eigennamen dar, das die vier Hauptkomponenten 'Individuum', 'Ort', 'Zeit' und 'Thema' aufweist. In ihm enthalten ist das "Weltwissen" über die im Gespräch erwähnten Individuen und Orte, das Wissen über die Zeit und zeitliche Gegebenheiten sowie über psychotherapeutische Themata (siehe Abbildung 6.1).

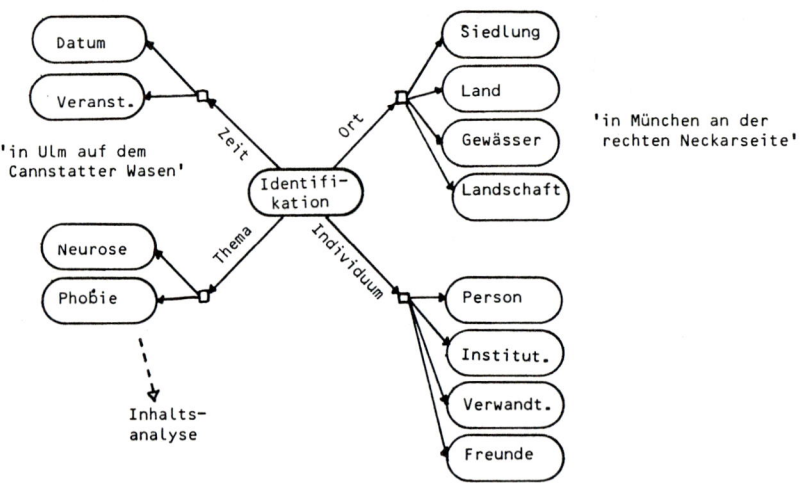

Abbildung 6.1   Minimales Konzeptnetz zur Erkennung von Eigennamen

Zur Verdeutlichung sei ein Beispiel genannt. Der Satz 'Heinz feierte mit Onkel Herbert in Friedrichshafen' liefert bei der semantischen Analyse den in Abbildung 6.2 dargestellten, instantiierten Kasusrahmen.

'Friedrichshafen' wird das semantische Merkmal LOCation zugeordnet, 'Heinz' und 'Onkel Herbert' die semantische Kategorie HUMan. Diese semantische Interpretation wird auf das "Weltmodell" Identifikation abgebildet (LOC auf das Ortskonzept, HUM auf das Individuumskonzept), in einen Zusammenhang gebracht, "verstanden" und weiterer Verarbeitung zugänglich.

Die Speicherung der Daten des Instantiierungsprozesses darf nur während des Matchingverfahrens erfolgen. Eine längerfristige Aufbewahrung würde die angestrebten Datenschutzbedingungen unterlaufen.

'Heinz feierte mit Onkel Herbert in Friedrichshafen.'

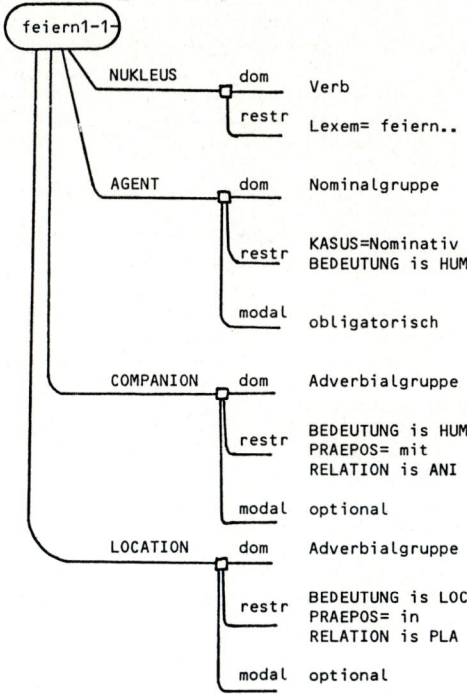

Abbildung 6.2   Ein Kasusrahmen für 'feiern'

7. Schlußbemerkungen

Dies ist bislang nur ein Konzept. Das hier aufgezeichnete Gedankenexperiment zeigt
jedoch in hoffnungsvoller Weise, daß mit computerlinguistischen Verfahren ein methodischer Lösungsweg gegeben ist.

8. Literaturverzeichnis

Brachmann, R. J.: On the Epistemological Status of Semantic Networks. In: Findler, N. V. (Ed.): Associative Networks: Representation and Use of Knowledge by Computers. Academic Press, New York, 1979, 3-50.

Brietzmann, A.: Semantische und pragmatische Analyse im Erlanger Spracherkennungsprojekt. Arbeitsberichte des Instituts für Mathematische Maschinen und Datenverarbeitung (Informatik), Band 17, Nummer 5, Erlangen, 1984.

Bundesdatenschutzgesetz - BDSG. Bundesgesetzblatt, Jahrgang 1977, Teil I.

Duden Band 4: Grammatik der deutschen Gegenwartssprache. 3. Auflage. Bibliographisches Institut, Mannheim, 1973.

Freud, S.: Gesammelte Werke XI. Vorlesungen zur Einführung in die Psychoanalyse (1916/17). Imago Publishing Co., Ltd., London, 1940.

Goeppert, S., Goeppert, H. C.: Sprache und Psychoanalyse. Rowohlt Taschenbuch Verlag GmbH, Reinbek bei Hamburg, Juli 1973.

Helbig, G., Schenkel, W.: Wörterbuch zur Valenz und Distribution deutscher Verben. VEB Bibliographisches Institut, Leipzig, 1982.

Landesdatenschutzgesetz - LDSG. Baden-Württemberg 4. 12. 1979.

Kächele, H.: Zur Methodologie der psychoanalytischen Prozeßforschung. Vortrag, gehalten an der Akademie für Psychotherapie und Psychoanalyse in München, März 1983, Arbeitspapier SFB 129, Projekt B 2.

Kächele, H., Mergenthaler, E.: Auf dem Weg zur computerunterstützten Textanalyse in der psychotherapeutischen Prozeßforschung. In: Baumann, U.: Psychotherapie: Hrsg. Makro- und Mikroperspektiven. Hogrefe, Göttingen, 1983.

Terminologie zur neueren Linguistik. Max Niemeyer Verlag, Tübingen, 1974.

Thomae, H.: Der Einfluß des Psychoanalytikers auf den therapeutischen Prozeß. Praxis der Psychotherapie und Psychosomatik. Springer-Verlag, Berlin Heidelberg New York Tokyo, (1984) 29: 1 - 11.

Zur Pilotanwendung AIR/PHYS der automatischen Indexierung

Gerhard Lustig

Fachgebiet Datenverwaltungssysteme II, Fachbereich Informatik

Technische Hochschule Darmstadt

Zusammenfassung

Es werden Forschungs- und Entwicklungsarbeiten beschrieben, durch die
die TH Darmstadt an der Vorbereitung und Durchführung einer Pilotanwendung der automatischen Indexierung für die Datenbasis PHYS des Fachinformationszentrums Energie Physik Mathematik, Karlsruhe, beteiligt ist.

Zur Pilotanwendung AIR/PHYS der automatischen Indexierung

1   Vorausgegangene Projekte

Im Fachgebiet Datenverwaltungssysteme II des Fachbereichs Informatik
der Technischen Hochschule Darmstadt wird seit 1977 an Problemen der
automatischen Indexierung gearbeitet. Es wird das Ziel verfolgt, die
automatische Indexierung, die seit über 25 Jahren ein Thema der Forschung ist, an die Informationspraxis heranzubringen. Ein erstes Projekt,

WAI (Wörterbuchentwicklung für automatisches Indexing),
1978 - 1981,

befaßte sich mit dem Schlüsselproblem, wie für echte Anwendungsgebiete
ausreichend große Indexierungswörterbücher aufgebaut werden können
(s.z.B. LUSTIG (1982)). Die praktisch notwendige Verwendung statistischer und heuristischer Verfahren zur Gewinnung von Wörterbuchdaten
fürte zur Entwicklung einer fehlertolerierenden Indexierungskonzep-
tion und zu deren Realisierung in den experimentellen automatischen
Indexierungssystemen ALIBABA (Adaptives lernstichprobenorientiertes
Indexierungssystem, basierend auf Beschreibungen abstrakter Objekte)
und DAISY (Darmstädter Indexierungssystem) (KNORZ (1983b) und (1982),
WAI (1980)).Hauptaufgabe eines zweiten Projekts,

AIR (Weiterentwicklung der automatischen Indexierung und
des Information Retrieval), 1981-1984,[+)]

war es, die in WAI entwickelten Verfahren durch einen großen Retrieval-
test mit der Datenbank PHYS des Fachinformationszentrums Energie Physik
Mathematik (FIZ 4), Karlsruhe, zu prüfen. Hierfür wurde zunächst das
Indexierungswörterbuch PHYS-2 aufgebaut. Es enthält (AIR (1982))

130 000 Terms (= einfache oder zusammengesetzte Fachausdrücke
oder Formeln (vgl. Abschnitt 2.2)

50 000 Relationen zwischen je einem Term und einem Teilgebiet
der Physik und

150 000 (z.T. teilgebietsabhängige) Relationen zwischen je einem
Term und einem Deskriptor.

Ferner wurden die Indexierungssysteme entsprechend den durch umfangreiche Konsistenztests gewonnenen Erfahrungen und den Anforderungen
des Anwendungsgebietes Physik weiterentwickelt (KNORZ (1983c)). Der
Retrievaltest wurde mit 15 000 Dokumenten und 300 Fragen aus dem Routinebetrieb der Datenbank PHYS durchgeführt. Aufgrund einer Beurteilung
durch Fachleute wurden jeweils die mit der automatischen Indexierung
und die mit der intellektuellen Indexierung gewonnenen Antworten verglichen. Wenn auch die intellektuelle Indexierung dabei insgesamt etwas
besser abgeschnitten hat (vgl. FUHR & NIEWELT (1984), FUHR & KNORZ
(1984)), so reichten die Ergebnisse der automatischen Indexierung (insbesondere ihre Überlegenheit bezüglich des Recall) dem Fachinformationszentrum Energie Physik Mathematik doch aus, im März 1984 das bis September 1986 laufende Projekt

PILOTANWENDUNG AIR/PHYS (Pilotanwendung von automatischen
Indexing- und verbesserten Retrievalverfahren mit der
Datenbank PHYS)

zu starten. Zum Projekt gehören

- ab Oktober 1985 eine neunmonatige Anwendung der automatischen Indexierung für die laufende Input-Produktion der Datenbank PHYS und
  eine anschließende Auswertung der gewonnenen Erfahrungen nach dokumentarischen, technischen, organisatorischen und wirtschaftlichen
  Gesichtspunkten;

[+)] Die Projekte WAI und AIR wurden vom BMFT als Förderungsmaßnahmen
PT 131.05 und 1013110 finanziert.

- die organisatorische und technische Vorbereitung dieser Anwendung;

- Forschungs- und Entwicklungsarbeiten zur weiteren Verbesserung der automatischen Indexierung und des Information Retrieval.

Neben dem Fachinformationszentrum Karlsruhe sind die Gesellschaft für Information und Dokumentation (GID) in Frankfurt und das Fachgebiet Datenverwaltungssysteme II der Technischen Hochschule Darmstadt an dem Projekt beteiligt. Nachstehend werden die wichtigsten Beiträge der TH Darmstadt beschrieben.

2 Zur Vorbereitung der Pilotanwendung

2.1 Indexierungssystem AIR/PILOT

In der Vorbereitungsphase des Projekts muß das Fachgebiet Datenverwaltungssysteme II vor allem das Indexierungssystem ALIBABA und die von diesem System mitbenutzten Komponenten "Textaufbereitung" und "Erstellung von Relevanzbeschreibungen" des System DAISY zur Pilotanwendungsversion AIR/PILOT weiterentwickeln. Dies geschieht in zwei Richtungen:

Produktionsfähigkeit: Erhöhung der Effizienz, Einsetzbarkeit im Routinebetrieb durch Dritte auf anderen Rechenanlagen.

Qualitätsverbesserungen auf der Basis des aktuellen Know How, insbesondere durch Auswertung des AIR-Retrievaltests.

Im wesentlichen werden folgende Arbeiten durchgeführt:

- Entwicklung eines neuen Indexierungswörterbuches, PHYS/PILOT. (Hierauf wird in Abschnitt 2.2 eingegangen.)

- Verbesserungen in der Textaufbereitung, insbesondere bei der Kennzeichnung von Stoppwörtern, der Grundformreduktion und der Erkennung von Mehrwortgruppen.

- Weiterentwicklung des Formelanalyse-Subsystems FORMIDAS (MUHLER (1983)) aufgrund von Schwachstellen, die sich bei der Auswertung des AIR-Retrievaltests ergeben haben.

- Berücksichtigung zusätzlicher Informationen bei der Erstellung der Relevanzbeschreibungen. (Eine Relevanzbeschreibung ist die Zusammenstellung aller vom Indexierungssystem erkannten Informationen, die in die Entscheidung über die Zuteilung eines einzelnen Deskriptors zu einem Dokument eingehen.)

- Optimierung der Indexierungsfunktion. Nach Weiterentwicklung der

anderen Teile des Indexierungssystems muß die Entscheidungskomponente
neu optimiert werden.

- Entwicklung einer zweiten Indexierungsstufe, in der die zunächst gewonnenen Indexierungen aufgrund der zwischen den Deskriptoren bestehenden Beziehungen modifiziert werden.

- Verbesserung des Laufzeitverhaltens des Indexierungssystems. Insbesondere werden für experimentelle Zwecke sehr flexibel angelegte Programme durch einfachere, den speziellen Anwendungsbedingungen entsprechende Programme ersetzt. Dabei werden auch geringfügigere Quali-
tätsverluste in Kauf genommen.

2.2 Indexierungswörterbuch PHYS/PILOT

Das Indexierungswörterbuch PHYS-2 weist trotz seines beträchtlichen
Umfanges (s. Abschnitt 1) noch immer erhebliche Lücken auf (AIR
(1982), KNORZ (1983b)). Die Vergrößerung des Wörterbuchs wird als wir-
kungsvollste Verbesserungsmöglichkeit angesehen. Daher wird ein neues
Indexierungswörterbuch, PHYS/PILOT, entwickelt. Wie sein Vorgänger
enthält es folgende Relationen:

- die Identitätsrelation, die 21 000 Terms selbst als Deskriptoren ausweist

- eine Pseudo-Identitätsrelation, die im Text erkannte und in eine de-
skriptornahe Darstellung ("Formelbezeichner") umgewandelte Formeln
in Deskriptoren überführt,

- die USE-Relationen aus dem Thesaurus der Datenbank PHYS,

- die Relation Z, die auf einer empirischen Abschätzung der bedingten
Wahrscheinlichkeit

$$z(t,s) = P(s \text{ ist relevant} \mid t \text{ kommt im Referatetext vor})$$

für beliebige Terms t und beliebige Deskriptoren s beruht (s. neben
den bereits zitierten Arbeiten z.B. HÜTHER & KNORZ (1983), LUSTIG
(1979)).

Von diesen Relationen hat Z bei weitem den größten Umfang und den
stärksten Einfluß auf die Indexierungsergebnisse, und in dieser Relation liegt auch - von einer Erweiterung der Relation zwischen Formel-
bezeichnern und Deskriptoren abgesehen - der wesentliche Unterschied
zwischen den beiden Indexierungswörterbüchern. In PHYS/PILOT wird die
Relation Z aus den Referatetexten und der intellektuellen Indexierung
von 390 000 Dokumenten gewonnen; das ist die 5-fache Anzahl gegenüber
der Entwicklung von PHYS-2. Außerdem werden die Parameter dieser statistischen Auswertung großzügiger gewählt, und mit einem intellektuell
zugeteilten Deskriptor werden systematisch auch die hierarchisch

unmittelbar übergeordneten Deskriptoren als relevant angesehen. Auch
wenn gegenüber PHYS-2 die zu Z analoge Relation zwischen Terms und
Teilgebieten der Physik sowie teilgebietsspezifische Relationen Z
wegen ihres relativ geringen Nutzens (AIR (1982)) wegfallen, werden
damit bei der Entwicklung von PHYS/PILOT soviele durch Relationen verbundene Term-Deskriptor-Paare erzeugt, daß im Interesse der Effizienz
des Indexierungssystems eine Reduktion nötig ist. Diese aufgrund der
Redundanz im Relationensystem auch inhaltlich gerechtfertigte Reduktion erfolgt nach heuristischen Kriterien, mit denen ein möglichst
geringer Informationsverlust angestrebt wird.

Die sehr aufwendige Wörterbuchentwicklung erfolgt in Zusammenarbeit
mit der Sektion für Technik der GID unter Benutzung von deren Rechenanlagen.

2.3. Weitere Vorbereitungsarbeiten

Die ziemlich komplexe Inputprozedur des Fachinformationszentrums
Energie Physik Mathematik wird pro Arbeitstag von etwa 500 Dokumenten durchlaufen, die sich auf verschiedene Datenbasen verteilen. Dabei
wird ein Teil der Dokumente mehreren Datenbasen zugeordnet. Die inhaltliche Erschließung dieser Dokumente muß daher gleichzeitig nach verschiedenen Regeln und mittels verschiedener Thesauri bzw. Klassifika-
tionsschemata erfolgen. Außerdem müssen die in die Datenbank PHYS aufzunehmenden Dokumente noch in die Klassifikation und das Sachregister
der Referatezeitschrift PHYSIC BRIEFS/PHYSIKALISCHE BERICHTE eingeordnet werden.

Die inhaltliche Erschließung geht also in jedem Fall über die Indexierung für die Datenbank PHYS hinaus, so daß auch bei Anwendung des Systems AIR/PILOT jedes Dokument zusätzlich von einem Fachmann bearbeitet
werden muß. Dieser kann und soll dabei auch die automatische Indexierung kontrollieren und ergänzen. Dementsprechend sind den Fachleuten
des Fachinformationszentrums verschiedene Varianten der automatischen
Indexierung anzubieten - z.B. mit unterschiedlichen Indexierungstiefen
- um für die Pilotanwendung eine möglichst günstige Mensch-Maschine-
Zusammenarbeit empirisch zu ermitteln. In diesem Zusammenhang sind
auch Verfahren zu entwickeln und zu implementieren, durch welche die
intellektuelle Korrektur und Ergänzung der automatischen Indexierung
systematisch ausgewertet und zur Pflege des Indexierungssystems und
insbesondere des Wörterbuchs benutzt werden.

Ferner sind Programmierarbeiten zu leisten, die infolge der Integration der automatischen Indexierung in die Inputprozedur erforderlich sind.

3 Ausdehnung der automatischen Indexierung

Nach Abschnitt 2.3 liegt es nahe, nach der Automatisierbarkeit der mit der Indexierung für die Datenbank PHYS verzahnten Inhaltserschließungen zu fragen. Während die Entwicklung eines automatischen Indexierungssystems für eine andere Datenbank, also mit einem anderen Thesaurus und anderen Indexierungsregeln, keine grundsätzlich neuen Schwierigkeiten aufwerfen dürfte, steht man bezüglich einer automatischen Inhaltserschließung für die Referatezeitschrift PHYSICS BRIEFS/PHYSIKALISCHE BERICHTE noch ziemlich am Anfang.

3.1 Automatisches Klassifizieren

Die in die Referatezeitschrift aufzunehmenden Dokumente werden nach einer vierstufigen hierarchischen Sachklassifikation geordnet, die insgesamt etwa 650 Klassen umfaßt. Normalerweise wird einem Dokument eine Klasse zugeordnet, mitunter sind es zwei und in Ausnahmefällen mehr als zwei Klassen.

Formal entspricht das Zuordnen einer Klasse dem Zuordnen eines Deskriptors, und man kann daher ein automatisches Indexierungssystem grundsätzlich auch zur Klassifikation verwenden. Erste, auf die 10 Hauptklassen des obengenannten Klassifikationsschemas beschränkte Versuche und die Aufteilung der 15 000 Dokumente des AIR-Retrievaltests (s. Abschnitt 1) auf drei Teilgebiete der Physik wurden auf diese Weise mit dem System ALIBABA durchgeführt (FUHR (1983), AIR (1982)). Als Wörterbuchrelationen dienen dabei die in Abschnitt 2.2 erwähnten Term-Teilgebiet-Relationen von PHYS-2 sowie analog gewonnene Term-Hauptklasse-Relationen.

Für die automatische Einordnung von Referaten in das vollständige System der 650 Klassen wird ein wesentlich genaueres und größeres Wörterbuch mit Term-Klasse-Relationen benötigt. Solche Relationen werden aus den zur Entwicklung des Wörterbuchs PHYS/PILOT benutzten 390 000 Referaten und den diesen intellektuell zugeordneten Klassen erzeugt. Anschließend wird experimentell geprüft, welche Klassifizierungsqualität mittels dieser Relationen vom System ALIBABA erreicht werden können. Von den Ergebnissen und den beobachteten Schwachstellen hängt dann die weitere Vorgehensweise ab.

Gegenüber dem Indexieren ist das Klassifizieren als schwieriger anzu- sehen, vor allem, weil die Klassen noch weniger als die Deskriptoren von einzelnen Textwörtern abhängen. Um den relativ großen "Abstand" zwischen Textwörtern und Klassen besser zu überbrücken, wäre zu er- wägen, die Klassifikation auf der automatischen Indexierung aufzu- setzen, d.h. die einem Dokument zuzuordnende(n) Klasse(n) allein aus seiner Indexierung mittels (zur Relation Z analogen) Deskriptor-Klasse- Relationen zu bestimmen.

3.2 Automatische Zuordnung von Sachregistereinträgen

Die Bestimmung der Einträge in das Sachregister von PHYSICS BRIEFS/ PHYSIKALISCHE BERICHTE stellen eine Verfeinerung der Indexierung und somit eine schwierigere Aufgabe als diese dar. Aus der Menge der einem Dokument zugeteilten Deskriptoren sind einige - in der Praxis durch- schnittlich 2 - geordnete Paare (M_i, Q_i) als Einträge auszuwählen. Dabei ist jeweils M_i das Hauptschlagwort ("Main Heading"), d.h. der obere Suchbegriff im Register, während Q_i ihm als Ergänzung oder Erläuterung (Qualifier) zugeordnet ist und im Register als untergeordneter Suchbe- griff verwendet wird. Bei der Auswahl der Paare (M_i, Q_i) sind einige formale Regeln zu beachten. Ansonsten kommt es auf fachspezifische Argumente und Erfahrung im Recherchieren an, so daß eine direkte Algo- rithmisierung des Vorgangs auch näherungsweise nicht möglich erscheint.

Als erster Schritt zur Entwicklung eines automatischen Ersatzverfahrens bietet sich wieder die Verwendung des Indexierungssystems ALIBABA an. Für diesen Zweck werden im Rahmen der Wörterbuchentwicklung für die Pilotanwendung auch Relationen Z zwischen Terms und Main Headings sowie zwischen Terms und (M_i, Q_i)-Paaren generiert.

4 Verbesserung des Information Retrieval

Mit der Anwendung der automatischen Indexierung wird keineswegs nur ein Rationalisierungseffekt für den Input sondern auch eine Verbes- serung auf der Retrievalseite angestrebt. Im Projekt werden daher auch die nachstehenden Probleme untersucht.

4.1 Ranking

Für das Ranking von Antwortdokumenten nach absteigender mutmaßlicher Relevanz muß diese mittels Relevanzfunktionen geschätzt werden. Die zahlreichen in der Literatur behandelten, aber experimentell noch relativ wenig erprobten Relevanzfunktionen orientieren sich, sofern sie nicht unmittelbar heuristisch gebildet sind, an verschiedenen Retrievalmodellen, und zwar hauptsächlich am Fuzzy-Modell, an linearen oder an probabilistischen Modellen.

Da die automatischen Indexierungssysteme ALIBABA und DAISY für jede Deskriptorzuteilung ein Gewicht liefern (können), welches die Wahrscheinlichkeit der Relevanz der Zuteilung abschätzt, werden im Zusammenhang mit dem Projekt hauptsächlich Relevanzfunktionen entwickelt und am Material des AIR-Retrievaltests (s. Abschnitt 1) erprobt (FUHR (1985)), welche die Verbindung zu den theoretisch besonders interessanten probabilistischen Modellen (s.z.B. ROBERTSON et al. (1982)) herstellen. Durch Verwendung des fehlertolerierenden (Polynom-)Ansatzes (KNORZ (1983b)), der u.a. auch dem System ALIBABA und weitergehenden Konzeptionen (KNORZ (1983a) und (1985)) zugrunde liegt, wird ein Ausgleich gegenüber den praktisch nicht erfüllten theoretischen Unabhängigkeitsvoraussetzungen und der Ungenauigkeit gewisser heuristischer Wahrscheinlichkeitsschätzungen angestrebt.

4.2 Unterstützung bei der Frageformulierung

Im Rahmen einer Online-Recherche, ganz besonders beim Freitext-Retrieval, kommt es im allgemeinen zu wiederholten Modifikationen der Frageformulierung.

Es ist hier zu untersuchen, wie der Benutzer möglichst effektiv und flexibel mittels der für die automatische Indexierung entwickelten Ressourcen (Konzeption, Verfahren, Programme und vor allem das Indexierungswörterbuch) unterstützt werden kann, und zwar durch

- Übersichtsinformationen, z.B.

  - über die bisher benutzten Suchterms und die mit diesen durch Relationen verbundenen Terms, mit zusätzlichen Angaben wie z.B. Vorkommenshäufigkeiten, Relationenbewertungen usw. - (die hierzu benötigten Relationen zwischen beliebigen Terms können vom Indexierungswörterbuch allerdings nur durch Verkettung von direkten und invertierten Term-Deskriptor-Relationen geliefert werden);

  - über die bisher benutzten Frageformulierungen mit ihren logischen Beziehungen untereinander, mit der Anzahl der jeweils gefundenen Dokumente usw.;

- über die bisher gefundenen Dokumente bzw. nur über die Antwortdokumente auf einen ausgewählten Teil der Frageformulierungen, z.B.
  verschiedenartige Register oder ausgewählte Kategorien (Autoren,
  Titel usw.) der durch ein Ranking geordneten Dokumente;
- Vorschläge zur Modifikation, insbesondere zur Erweiterung, der jeweils aktuellen Frageformulierung (vgl. LUSTIG (1979)) - (auch hier
  gilt die obige Bemerkung über die Lieferung von Relationen zwischen
  beliebigen Terms durch das Indexierungswörterbuch);
- Übersetzung von Originalfragen in systemgerechte Frageformulierungen
  - (ein Ansatz geht von einer Analyse der intellektuellen Bearbeitung
  von Originalfragen aus, ein anderer Ansatz versucht, eine möglichst
  umfassende automatische Indexierung von Originalfragen mit der Frage-
  modifikation zu kombinieren).

4.3 Ausblick

Im Gegensatz zur automatischen Indexierung ist die Mehrzahl der genannten Verbesserungsmöglichkeiten des Retrieval noch nicht anwendungsreif.
Eine angemessene Forschung und Entwicklung auf diesem Gebiet geht weit
über den Rahmen des gegenwärtigen Projekts hinaus (vgl. KNORZ (1983a),
(1983b), (1985) sowie KNORZ & LUSTIG (1983)). Das gilt nicht nur für
eine stärkere Einbeziehung von KI-Methoden für benutzerspezifische
Systemleistungen sondern u.a. auch für die Integration verschiedenarti-
ger Formen benutzerneutraler Dialogunterstützung in ein Gesamtsystem,
das den Benutzer auch nicht durch die Reichhaltigkeit und Flexibilität
seines Angebots überfordern darf. Die potentielle Komplexität eines
solchen Systems möge abschließend durch das folgende Beispiel illustriert werden.

In einem "kooperativen" Retrievalsystem seien verschiedene Relevanzfunktionen r_1, r_2, ..., r_m (vgl. Abschnitt 4.1) und verschiedene Verfahren v_1, v_2, ..., v_n zur automatischen Modifizierung von Retrieval-
fragen (vgl. Abschnitt 4.2) implementiert. Die Annahme mehrerer Relevanzfunktionen und mehrerer Fragemodifizierungsverfahren ist Ausdruck
der Tatsache, daß die Qualität solcher Funktionen bzw. Verfahren letztlich durch die Qualität von Retrievalergebnissen beurteilt werden muß,
die ihrerseits wegen unterschiedlicher Benutzerstandpunkte (z.B. höhe-
rer Recall vs. höhere Precision) keine lineare sondern nur eine parti-
elle Ordnung (Halbordnung) bilden. (Dementsprechend kann auch eine an
Retrievalergebnissen optimierte automatische Indexierung zu mehreren
Indexierungsfunktionen führen (vgl. LUSTIG (1984)).)

In einer Recherche möge zu einem beliebig herausgegriffenem Zeitpunkt zuletzt bei der Frageformulierung f das j-te Dokument der Rankingliste der Relevanzfunktion r_i gefunden worden sein. Wie soll nun, falls der Benutzer die Recherche nicht gerade abbrechen will, weitergesucht werden? Es muß entschieden werden, mit welcher Frageformulierung und welcher Relevanzfunktion die Recherche fortgesetzt werden soll. Dabei kann die Entscheidung auch so ausfallen, daß Frageformulierung und Relevanzfunktion beibehalten werden und die gerade vorliegende Rankingliste weiter abgearbeitet wird. Für den Benutzer ergeben sich folgende Möglichkeiten:

(a) Er entscheidet von sich aus, wobei er vom System höchstens Übersichtsformationen (vgl. Abschnitt 4.2) benutzt.

(b) Er läßt sich vom System in der Reihenfolge von dessen Einschätzung der Erfolgsaussichten explizite Vorschläge $(v_k(f), r_h)$, $(v_1(f), r_g)$, ... unterbreiten, unter denen er auswählt. Dabei bezeichnen $v_k(f)$, $v_1(f)$,... die aus der Frageformulierung f durch Anwendung der Modifizierungsverfahren v_k, v_1,... hervorgehenden Frageformulierungen, die aber nicht nur von f sondern vom gesamten bisherigen Rechercheverlauf abhängen können. Der Vorschlag $(v_k(f), r_h)$ besagt dann z.B., daß mit Frageformulierung $v_k(f)$ und Relevanzfunktion r_k weiterrecherchiert werden soll. Als Hilfe für die Entscheidung zwischen diesen Vorschlägen können weitere Übersichtsinformationen nützlich sein, z.B.

  - über die Werteverteilungen auf den Rankinglisten, die den einzelnen Vorschlägen entsprechen,

  - über eine Bewertung der Vorschläge mittels Feedback, d.h. die Vorschläge werden danach bewertet, wie in ihrem Ranking die vom Benutzer bereits akzeptierten bzw. bereits zurückgewiesenen Dokumente abschneiden.

(c) Er läßt das System - ggf. nach Auswahl einer globalen Strategie - bis zur Erfüllung einer von ihm vorgegebenen Abbruchbedingung (einfache Beispiele: Erreichen einer bestimmten Anzahl von Dokumenten oder Unterschreiten gewisser Schwellenwerte für die Relevanzfunktionen) allein weiterrecherchieren. Dabei kann er sich die gefundenen Dokumente zeigen oder sie von vornherein in die Menge der Antwortdokumente aufnehmen lassen.

Literatur

AIR (1982)
Projekt AIR (Weiterentwicklung der automatischen Indexierung und des
Information Retrieval): Sachbericht 1982. (DV II 82-6), TH Darmstadt,
Fachgebiet Datenverwaltungssysteme II, 1982

FUHR (1983)
Fuhr, N.: Klassifikationsverfahren bei der automatischen Indexierung.
In: Dahlberg, I.; Śchader, M.-R. (Hrsg.): Automatisierung in der Klassi-
fikation, Studien zur Klassifikation, Bd. 13, S. 33-60, INDEKS Verlag,
Frankfurt/Main, 1983

FUHR (1985)
Fuhr, N.: A probabilistic model of dictionary based automatic indexing.
Interner Bericht (DV II 85-9), TH Darmstadt, Fachgebiet Datenverwaltungssysteme II, 1985 (erscheint in den Proceedings der Tagung "Recherche
d' informations assistee par ordinateur", Grenoble, 18.-20. März 1985

FUHR & KNORZ (1984)
Fuhr, N.; Knorz, G.: Retrieval test evaluation of a rule based automatic
indexing. In: Research and Development in Information Retrieval, S. 391-
408. Cambridge University Press, Cambridge 1984

FUHR & NIEWELT (1984)
Fuhr, N.; Niewelt, B.: Ein Retrievaltest mit automatischen Indexierungen.
In: Deutscher Dokumentartag 1983, S. 319-339. K.G. Saur Verlag, München
New York London Paris 1984

HÜTHER & KNORZ (1983)
Hüther, H.; Knorz, G.: Schätzung von Zuteilungswahrscheinlichkeiten für
Deskriptoren als Eintrag im Indexierungswörterbuch. In: Deutscher Do-
kumentartag 1982, S. 139-168. K.G. Saur Verlag, München New York London
Paris, 1984

KNORZ (1982)
Knorz, G.: Softwaresystem ALIBABA (Version 3.0). Adaptives lernstichprobenorientiertes Indexierungssystem, basierend auf Beschreibungen abstrakter Objekte. (DV II 82-1). TH Darmstadt, Fachgebiet Datenverwaltungssysteme II, 1982

KNORZ (1983a)
Knorz, G.: Kooperatives (Referenz-)Retrieval - Eine Herausforderung für
KI- und IR-Forschung. (DV II 83-1), TH Darmstadt, Fachgebiet Datenverwal-
tungssysteme II, 1983

KNORZ (1983b)
Knorz, G.: Automatisches Indexieren als Erkennen abstrakter Objekte.
Dissertation. Sprache und Information, (Bd.8), Niemeyer Verlag Tübingen,
1983: 243

KNORZ (1983c)
Knorz, G.: Development of automatic indexing for the AIR retrieval test
- experiments by means of ALIBABA. (DV II 83-3), TH Darmstadt, Fachgebiet Datenverwaltungssysteme II, 1983.

KNORZ (1985)
Knorz, G.: Unsicheres und unvollständiges Wissen in wissensbasierten
Systemen. Kontrolle von Heuristik durch systematische Beobachtung.
In diesem Tagungsband

KNORZ & LUSTIG (1983)
Knorz, G. ; Lustig, G.:Verfahren für das kooperative Retrieval - Konzeption und Planung. Interner Bericht (DV II 83-5), TH Darmstadt, Fachgebiet Datenverwaltungssysteme II, 1983

LUSTIG (1979)
Lustig, G.: Ansätze einer realistischen automatischen Indexierung unter Verwendung statistischer Verfahren. In: Kuhlen, R. (Hrsg.): Datenbasen - Datenbanken - Netzwerke. Praxis des Information Retrieval Bd. 1, Verlag Dokumentation, München, 1979

LUSTIG (1982)
Lustig, G.: Das Projekt WAI: Wörterbuchentwicklung für automatisches Indexing. In: Deutscher Dokumentartag 1981, S. 584-598. K.G. Saur Verlag, München New York London Paris, 1982

LUSTIG (1984)
Lustig, G.: Weiterentwicklung der automatischen Indexierung im Projekt AIR. In: Deutscher Dokumentartag 1983, S. 340-352. K.G. Saur Verlag, München New York London Paris, 1984

MUHLER (1983)
Muhler, I.: Formelverarbeitung für das AIR/PHYS-System. Interner Bericht (DV II 83-2), TH Darmstadt, Fachgebiet Datenverwaltungssysteme II, 1983

ROBERTSON et al. (1982)
Robertson, S.E.; Maron, M.E.; Cooper, W.S.: Probability of relevance: a unification of two competing models for document retrieval. Information Technology: Research and Development 1 (1982), S. 1-21

WAI (1980)
Projekt WAI (Wörterbuchentwicklung für automatisches Indexing): Sachbericht 1980. (DV II 80-3), TH Darmstadt, Datenverwaltungssysteme II, 1980

Unsicheres und unvollständiges Wissen in wissensbasierten Systemen.

Kontrolle von Heuristik durch systematische Beobachtung

Gerhard Knorz

TECHNISCHE HOCHSCHULE DARMSTADT
Fachbereich Informatik, Fachgebiet Datenverwaltungssysteme II
Karolinenplatz 5, 6100 Darmstadt

Zusammenfassung

Zunächst wird die Rolle von Gewichtungen diskutiert, denen in vielen, ganz unterschiedlichen Systemen eine Kontroll- und Optimierungsfunktion zugedacht ist. Inwieweit diese Funktion tatsächlich erfüllt werden kann, hängt entscheidend von der Korrektheit und Konsistenz der Gewichtungen und Gewichtungsfunktionen in der Wissensbasis - und damit vom Systementwickler - ab. Mit zunehmender Systemgröße (und insbesondere unter bestimmten Randbedingungen) erscheint es angebracht, die den Gewichtungen zugeordnete Kontrollfunktion zumindest partiell dem System selbst zu übertragen. Dazu wird ein adaptiver probabilistischer Ansatz vorgeschlagen und am Beispiel eines Produktionensystems erläutert.

1 Wissensbasierte Systeme für "Kooperatives Retrieval"

In KNORZ (1983a) wird "kooperatives Retrieval" als die Herausforderung dargestellt, wissensbasierte Systeme zu entwickeln, die im wesentlichen eine spezielle Art von Beratungsdialog mit dem Benutzer zu führen haben. Retrievalsysteme arbeiten an der Schnittstelle, an der der Informationsbedarf von Benutzern auf ein vorgegebenes Informationsangebot trifft. Dessen Qualität, Quantität, Strukturierung und Repräsentation ist dem Benutzer in der Regel nicht oder nur unzureichend bekannt. Aus diesem und anderen Gründen besitzt der Benutzer vielfach vorab nur vage Vorstellungen über das Ziel seiner Suche. Ein System für ein kooperatives Retrieval muß demnach den Benutzer aktiv darin unterstützen, seinen Informationsbedarf in Interaktion mit der angebotenen Information aus der Datenbank zu spezifizieren, um so seine Informationsvermittlungs-Dienstleistung erbringen zu können. Dies bedeutet, daß zur Erschließung des Informationsbedarfs des Benutzers neben

- der (vor dem Wissens- und Absichtshintergrund des Benutzers formulierten) Recherchefrage und neben
- Präzisierungen und sonstigen Modifikationen der ursprünglichen Frageformulierung im Laufe der interaktiven Recherche

wesentlich auch

- die Reaktionen des Benutzers auf Systemvorschläge (relevance feedback)

herangezogen werden müssen. Die Kompetenz des Benutzers wird sich nämlich in der Beurteilung und Kommentierung angebotener Information zuverlässiger zeigen als bei dem Versuch abstrakter begrifflicher Spezifikationen. Benutzermodelle als wesentlicher Bestandteil eines Systems für kooperatives Retrieval müssen demnach dynamisch während des Recherchedialogs aufgebaut, modifiziert und präzisiert werden. Die Dialoginitiative muß dabei flexibel zwischen Benutzer und System wechseln können (ARZ (1984), MORIK (1985), WAHLSTER (1984)). Die Entscheidung über die jeweils angemessene Systemreaktion stützt sich auf Einschätzungen bezüglich (beispielsweise)

- Brauchbarkeit und Vollständigkeit der Benutzerangaben
- möglicherweise bestehender Fehleinschätzungen des Benutzers
- Ziele und Intentionen des Benutzers

- den Erfolg alternativer Recherchestrategien
- die Relevanz von Informationseinheiten

Diese grobe Skizze macht deutlich, daß ein System für kooperatives Retrieval mit Entscheidungssituationen angemessen umgehen muß, für die zum Teil nur sehr schwache Entscheidungsregeln angegeben werden können. Die Entscheidungsgrundlagen werden vielfach eher den Charakter von Indizienmengen als den von verläßlichen Schluß- folgerungsketten besitzen.

Ein weiterer wesentlicher Gesichtspunkt für die Realisierung eines kooperativen Retrievalsystems ist der weitgehend "offene Diskursbereich" (in Marcus(1982) als Argument gegen eine natürlichsprachige Schnittstelle angeführt). Der fachliche Hintergrund, vor dem der Dialog mit dem Benutzer stattfindet, ist für realistische Anwendungsfälle zu umfangreich, als daß man von einer gleichmäßigen, vollständigen und ausreichend tiefen Abdeckung in der Wissensbasis ausgehen könnte. Daher resul- tiert das besondere Interesse an solchen Problemen, die sich als Folge der prinzipiellen oder auch nur pragmatischen Beschränkung auf unvollständiges, zu "flaches" oder partiell unzuverlässiges Wissen einstellen.

Die zentrale Bedeutung der genannten Problemaspekte für die laufenden und geplanten Arbeiten an der TH Darmstadt ist sicher eng mit dem zugrundeliegenden Information Retrieval-Bereich verbunden. Anerkanntermaßen und offenkundig ist jedoch der Umgang mit unsicherem und unvollständigem Wissen von allgemeiner Bedeutung.

2   Entscheiden auf der Basis unsicheren Wissens

Wissensbasierte Systeme für anspruchsvolle Aufgaben in realen Anwendungen müssen mit Unsicherheit umgehen können. Diagnosesysteme wie Beratungssysteme, als typische Ver- treter, haben geradezu das Ziel, die anfängliche Unsicherheit über den Zustand eines Objektes durch einen möglichst effizienten Dialog zu reduzieren bzw. zu beseitigen (mit dem Ergebnis einer Diagnose oder eines daraus folgenden Angebots). Die Forderung nach einem effizienten Dialog, der mit möglichst wenigen (oder möglichst "billigen") Fragen auskommt, führt auf das Problem, das sich etwas verallgemeinert beispielsweise auch für den Interpreter eines Produktionssystems bei der Auswahl einer Regel aus einer Konfliktmenge stellt.

Um den im nächsten Abschnitt entwickelten Vorschlag für die Behandlung von Unsicher- heit methodisch grob einordnen zu können, seien zwei gegensätzliche Vorgehensweisen gegenübergestellt.

(1) Die klassische Theorie für den Umgang mit Unsicherheit ist die Wahrscheinlich- keitstheorie, deren Anwendung jedoch eine mathematische Modellbildung voraus- setzt. Diese macht tatsächlich den Schwerpunkt der theoretischen IR-Forschung aus und kann wesentlich zur Durchdringung eines Problembereichs beitragen (beispiel- haft: ROBERTSON et. al. (1982)). Die vereinfachenden Annahmen, die notwendig sind, um solche Modelle mathematisch behandelbar zu machen, schränken deren Brauchbarkeit im Kontext wissensbasierter Systeme jedoch stark ein. Es gibt dennoch Arbeiten, die sich mit Rahmenbedingungen und Möglichkeiten für die Einbeziehung probabilistischer Konzepte beschäftigen (z.B. DUDA et al. (1976)).

(2) Einsatz von Heuristik in Form von problemlösungsbezogenem und/oder bereichs- spezifischem Wissens. Insbesondere werden Gewichtungen benutzt, um "Zuverlässig- keiten", "Stärken", "Evidenzen" (welche Interpretation auch immer gewählt sein mag) auszudrücken, aus denen sich mittels eines festgelegten Kalküls Bewertungen ableiten lassen.

Im folgenden Abschnitt wird demgegenüber vorgeschlagen, Bewertungen durch Trainings- phasen des Systems einzuführen, indem den regelbasierten Ableitungen von Entschei- dungen die im Einzelfall korrekten Entscheidungen gegenübergestellt werden. Aus der systematischen Auswertung von Stichproben solcher Gegenüberstellungen können (automatisch) Wahrscheinlichkeitsschätzungen abgeleitet werden. Diese kommen nicht durch mathematische Modellbildung, sondern durch "Beobachtung" zustande. Interpretieren läßt sich dieser Ansatz auf zwei grundsätzlich verschiedene Arten:

- Als Alternative zu Gewichtungsansätzen, die im wesentlichen ad hoc formuliert sind (wie z.B. der pseudoprobabilistische Ansatz im "klassischen" MYCIN-System). Der Ansatz hat demnach den Charakter eines Werkzeuges für die optimierte Anwendung unsicheren Wissens.
- Als additive Komponente, mittels der beliebige Modellierungen mit dem modellierten Weltabschnitt abgeglichen werden. Dies gilt insbesondere auch dann, wenn sich die Modellierung bereits auf die Aspekte von Vagheit und Unsicherheit bezieht.

In beiden Fällen liefert der Gewichtungsansatz eine "Kontrolle": Von Regelanwendungen, von Heuristiken und Modellierungen.

3 Wahrscheinlichkeiten zur Kontrolle von Heuristik

3.1 Gewichtungen und Gewichtungskalküle

Die Verwendung von Gewichten hat Kritiker sehr bald zu der Frage nach der Fundierung dieser Zahlenwerte veranlaßt. Andererseits ist die Nützlichkeit numerischer Angaben als Indikatoren für "Stärke", "Zuverlässigkeit" usw. in vielen Fällen von unmittelbarer Plausibilität. Wir wollen deshalb nicht die Gewichtungen selbst, sondern vielmehr deren Verwendung hinterfragen: also den Algorithmus, der aus "Input-Gewichten" ein neues Gewicht als Ergebnis liefert. Hier reicht die Spannweite von einfachem Führen eines "Punktekontos" (PUPPE et al. (1985)) zu ausgearbeiteten Evidenzraum-Modellen (ROLLINGER (1984)). Durch die Vorgabe eines starren Kalküls zur Gewichteberechnung wird aber tatsächlich die Verantwortung für ein vernünftiges Systemverhalten (was die Bewertungsbasis betrifft) vollständig dem Aufbau der Wissensbasis zugeordnet. Die Menge aller dort festlegbaren Gewichte (und Gewichtungsformeln) definiert einen Parameterraum, und eine befriedigende Kontrolle, d.h. das Garantieren einer möglichst günstigen Einstellung aller Parameter, erscheint mit zunehmender Systemgröße immer problematischer. Die Absicht, mittels Gewichten das Systemverhalten zu "optimieren" (z.B. im METAL -System, SLOCUM (1984)) kann ohne ausreichende Kontrolle in methodischer Hinsicht nicht befriedigend umgesetzt werden. Anders bei einem Gewichtungsansatz, der selbst ein Kontrollinstrument darstellt.

Inwieweit und aus welchen Gründen eine Kontrolle von Regelanwendungen im Prinzip generell gefordert ist, soll anhand von Abbildung 1 diskutiert werden.

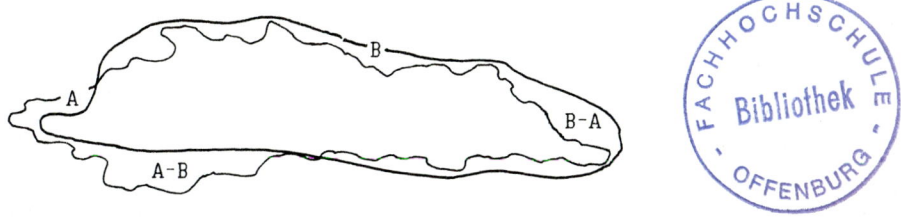

Abb. 1: Lokale Differenz zwischen idealem und tatsächlichem Anwendungsbereich einer Regel ("Regeldefinitionsphase").

Die Fläche A soll in Abb. 1 die Menge aller Fälle repräsentieren, in denen eine Regel (nach Ansicht des Fachmanns) korrekt anzuwenden ist. Sobald die Regelprämissen formal definiert werden, muß mit einer "lokalen Differenz" gerechnet werden: Ein Teil zulässiger Anwendungsfälle wird von der formalen Definition nicht erfaßt (A-B), während auch unzulässige Regelanwendungen auftreten (B-A). "Knowledge Engineering" befaßt sich u.a. damit, lokale Differenzen nicht unkontrolliert und vermeidbar entstehen zu lassen.

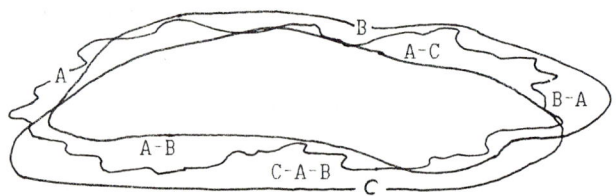

Abb. 2: Akkumulierte Differenz zwischen erwartetem (Fläche A bzw. B; Abb. 1) und tatsächlichem Anwendungsbereich (Fläche C) einer Regel (beim "Ableitungsprozess").

Während die lokale Differenz durch Schulung des "Regel-Produzenten" kalkulierbar sein
sollte, ist die "akkumulierte Differenz" weitgehend unkalkulierbar (Abb. 2) Sie tritt
beim Ableitungsprozess auf, wenn z.B. die Prämisse einer Regel durch Effekte zuvor
angewendeter Regeln auch dann erfüllt ist, wenn dies nicht beabsichtigt war (C-A-B).
Umgekehrt: Eine Regel kann nicht wie erwartet angewendet werden, weil ihre Prämisse
durch die Vorgängerregeln nicht korrekt erfüllbar gemacht wird (A-C).

In herkömmlichen Systemen bleiben lokale und akkumulierte Differenzen nicht unberücksichtigt. Sie werden bei der Systementwicklung manuell in Grenzen gehalten. Dies
erfordert jedoch einen mit zunehmender Systemgröße überproportional steigenden
Aufwand. Werden darüber hinaus verstärkt automatische Verfahren zur Regelgewinnung
eingesetzt (evtl. dann mit Zugeständnissen an die Qualität der Regeln), erscheint es
zwingend, die Kontrolle der Regelanwendung zumindest partiell in systematischer Weise
durch das System selbst vornehmen zu lassen.

Akkumulierte Differenzen entstehen vielfach durch systematische, jedoch schwer zu
prognostizierende Zusammenhänge zwischen angewendeten Regeln. Dies gibt Anlaß, eine
weitere Eigenschaft gegenwärtiger Behandlungen des Gewichtungsproblems zu kritisie-
ren, nämlich ihr "lokales" Verhalten: Bewertungen als das Ergebnis einer Schluß-
folgerungskette kommen zustande, indem vorläufige Bewertungen lokal an der Schnittstelle zweier Regelanwendungen "fortgeschrieben" werden (rekursives Berechnungs-
schema). Es ist also nicht die Regelkette in ihrer Gesamtheit (inclusive ihrer
strukturellen Eigenschaften) Basis des Bewertung.

3.2 Ein situationsbezogener, adaptiver, probabilistischer Ansatz

Folgender Ansatz für eine Behandlung von Gewichten wird vorgeschlagen:

- Vom System erzeugte Bewertungen erfolgen situationsbezogen und nicht regelbezogen.
- Basis der Bewertung ist eine Repräsentation aller Regelketten, mittels deren eine
Systementscheidung begründet werden kann.
- In die Bewertung gehen Gewichtungen und sonstige relevante Attribute der beteiligten Regeln ein, sowie strukturelle Eigenschaften der Regelkettenmenge. Solche
Eigenschaften werden bis zu einem gewissen Grad implizit berücksichtigt, sie können
in speziellen Fällen jedoch auch (mittels "Metaregeln") explizit gemacht werden.
- Die erzeugten Bewertungen sind als Wahrscheinlichkeitsschätzung für die Korrektheit
von Systementscheidungen zu interpretieren. Ihre spezielle Interpretation hängt
demnach davon ab, über was das System gerade entscheidet (z.B. über die Auswahl
einer günstigen Suchstrategie, über die geeignetste abzuklärende Hypothese, über
die Einschätzung des Benutzers, etc.).
- Die Funktionen, die auf der Grundlage von "Situationsbeschreibungen" Bewertungen
produzieren, entstehen durch Adaption an "Lernstichproben". Diese bestehen aus
einer Menge von Situationsbeschreibungen (vom System erzeugt), denen jeweils extern
die korrekte Systementscheidung zugeordnet wurde. Für bestimmte Klassen von
Systementscheidungen entstehen solche Lernstichproben "von selbst": Welche Suchstrategie schnell zum Erfolg geführt hätte, ist in der Regel bekannt, wenn das

Objekt gefunden ist. Durch Beobachtung der Vergangenheit kann also prinzipiell das Verhalten in der Gegenwart angepaßt werden.

Hinter dem so charakterisierten Vorschlag steht also die Vorstellung, daß es zwei Arten von Wissen gibt: Wissen, das regelartig vermittelt und repräsentiert wird, sowie Einschätzungen, die sich durch Erfahrungen einstellen und die Anwendung des Regelwissens zu einem gewissen Grad kontrollieren (vgl. Abschnitt 3.1). Das System wird demnach insoweit unabhängig von den Regeln seiner Wissensbasis, als es durch Beobachtung beispielsweise die Unzuverlässigkeit spezieller Regelklassen oder bestimmter Attribute von Regeln erkennen und richtig bewerten kann. Genauso auch die Verstärkungs- und Abschwächungseffekte, die aus strukturellen Eigenschaften der Regelketten resultieren. Diese Unabhängigkeit wird selbstverständlich nur graduell sein, denn ohne zuverlässige Regeln wird das System auch kaum zuverlässig entscheiden können.

3.3 <u>Ein einfaches Produktionensystem als Beispiel</u>

Um die programmatischen Aussagen des letzten Abschnittes zu illustrieren, soll im folgenden der vorgeschlagene Gewichtungsansatz in ein einfaches Produktionensystem (PS) eingebettet werden. Dieses PS ist entsprechend seinem exemplarischen Charakter nur soweit ausgearbeitet, wie es für den zu demonstrierenden Mechanismus notwendig ist.

Def.: <u>Die Menge der Produktionen R:</u>

$R \subset C \times A \times G$

wobei gilt: C: Menge von Termen, definiert über einer Menge von
Funktionssymbolen S,
Konstanten K,
Variablen V,
Fakten F.

A: Potenzmenge der Menge von Fakten F.
Dabei gilt: $F = \{p(w_1, \ldots w_n)/\ p$ ist Prädikat und

$w_i \in K \cup V$ }

G: $\{g/\ 0 \leq g \leq 1\}$

Es stehen C für Condition, A für Action und G für Gewichtung (wird Beispielen erläutert).

In üblicher Schreibweise notieren wir Regeln $r \in R$ (mit $c \in C$, $a \in A$, $g \in G$):

(1)   r1: c ==> a /g

Beispiel:

Die folgenden Beispiele (2) bis (11) sind dem Bereich der Analyse physikalisch-chemischer Formeln (z.B. in Referatetexten) zuzuordnen (DITSCHKE & KUHN (1983)). Neben der nur schwachen Normierung von Schreibweisen besteht ein besonderes Problem darin, daß vielfach verkürzte Darstellungen erst im Gesamtzusammenhang des Textes eindeutig zu interpretieren sind.

(2)   f1: token(symbol,'N',113,113)
       f2: token(symbol,'a',114,114)

sind Fakten, "token" ist das Prädikat, der Klammerausdruck besteht aus Konstanten (Konstanten werden hier und im folgenden in Kleinbuchstaben oder als

Strings geschrieben, Variablen in Großschreibung). f1 kann beispielsweise wie folgt interpretiert werden: Das Token an der "Stelle" 113 ist ein Zeichen (symbol), bestehend aus dem Buchstaben "N".

(3)   r1: und(token(symbol,'N',I,I), token(symbol,a,INXT,INXT), +(I,1,INXT))
$$\Longrightarrow \{kandidat(elemnt,'Na',I,INXT)\} \quad /1.0$$

(4)   r2: und(kandidat(elemnt,X,I,J), token(symbol,'+',JNXT,JNXT),
$$+(J,1,JNXT),concat(X,'+',XX))$$
$$\Longrightarrow \{(element(X,I,J), ion(XX,JNXT))\} \quad /1.0$$

mit: "und","$^+$","concat" ϵ S,
      "I","INXT","J","JNXT","X" ϵ V,
      "1.0" ϵ G,
      "elemnt,"symbol","1" ϵ K,
      "kandidat", "ion" und "element" sind weitere Prädikate.

Die Regel r1 kann beispielsweise wie folgt interpretiert werden (verkürzt formuliert): Wenn an einer "Stelle" I ein "N" steht und an der Stelle INXT ein "a" und wenn INXT das Ergebnis der Addition von I und 1 ist, dann wird ein Fakt abgelegt, der "Na" als Kandidat für eine Elementbezeichnung ausweist. Man überlege sich, daß die Reihenfolge der einzelnen Bedingungen der Prämisse nicht günstig gewählt ist.

Def.: _Datenbasis DB als Menge von Fakteneintragungen_

      DB $\subset$ ID x F x B x RL x FL x GPL

mit: ID: Menge von Identifikationen von Fakteneintragungen
      F: Faktenmenge (s.o.)
      B: Menge von Bewertungen: {b/ $0 \leq b \leq 1$ or b="UNDEF"}
      RL: Menge aller Listen von Regeln r ϵ R
      FL: Menge aller Listen von Faktenidentifikationsnummern (ID)
      GPL: Menge aller Listen von Paaren (b,g) mit bϵB (Faktenbezug)
                                            und gϵG (Regelbezug)

Der Fakteneintrag ergänzt also den Fakt f ϵ F um eine Bewertung (siehe dazu die folgenden Beispiele), um die Angabe der Regeln, mittels derer f hergeleitet ist sowie der Fakten, auf die sich die Regeln stützen. Außerdem werden für Regeln und Fakten die Gewichtungen protokolliert (GPL), sofern der Fakt die Bewertung "UNDEF" besitzt. Die "Verwaltungsinformation" (RL,FL,GPL) soll die Faktableitungen rekonstruierbar machen.

Def.: _Interpreter_

      (A) Bottom up-Modus

      (A.A) Interpretationsteil

Der Interpreter realisiert 3 Prädikate:

- _test(c,db,env)_ mit c ϵ C, db ϵ DB.
  Das Prädikat liefert genau dann den Wert TRUE, wenn die BEDINGUNG c auf die in db eingetragenen Fakten zutrifft. Dazu ist die Termstruktur und insbesondere die Menge der Funktionssymbole zu interpretieren (wir setzen einen "PROLOG-artigen" Mechanismus voraus). Dabei werden eventuell Variablen gebunden oder instanziiert, was in einer Datenstruktur env (Environment) repräsentiert wird.

- apply(a,db,db',env) mit c ∈ C, db ∈ DB, db' ∈ DB.
  Unter Berücksichtigung des Environment wird die Faktenmenge a als eine vorzu-
  nehmende Datenbank-Erweiterung (von db nach db') interpretiert. Die Eintrage-
  operation umfaßt auch den Aufbau der notwendigen "Verwaltungsinformation"
  (ID, RL, FL, GPL).

- change(a,f,env) mit a ∈ A, f ∈ F.
  Es wird festgestellt, ob mit dem Eintrag des Faktes f aus a ein Wechsel der
  Verarbeitungsrichtung verbunden ist. Im einfachsten Fall hängt diese Ent-
  scheidung ausschließlich von dem betreffenden Prädikat ab.

(A.B) Kontrollteil

Um das Beipielsystem möglichst einfach zu halten, gehen wir davon aus, daß im
Konfliktfall (mehrere Regeln sind gleichzeitig anwendbar) die Regel mit
niedrigsten Regelnumer ("die erste Regel") ausgewählt wird. Auszuschließen
bleibt jedoch die Wiederholung einer Faktenableitung auf der Grundlage derselben Ausgangsfakten. Wir setzen - ebenfalls aus Gründen der Einfachheit - ein
monotones Arbeiten ("kein Rücksetzen") voraus.

Beispiel:

Der aktuelle Belegungsstand der Datenbank nach Schritt i sei db(i) und zwar wie
folgt:

(5) (f1,......)
    ...
    ...
    (f48,token(symbol,'N',113,113),UNDEF,NIL,NIL,NIL)   (siehe Bsp. (2))
    (f49,token(symbol,'a',114,114),UNDEF,NIL,NIL,NIL)
    (f50,token(symbol,'+',115,115),UNDEF,NIL,NIL,NIL)
    ...
    ...
    (f97,kandidat(elemnt,'Na',113,114),UNDEF,(r1),(f48.f49),((UNDEF,1.0).
                                                              (UNDEF,1.0)))

Im Schritt i+1 wird dann die Regel r2 (Bsp. (4)) anwendbar, wobei die Prämisse von
r2 die Fakten f97 und f50 unter folgenden Variableninstanziierungen "matcht":

    X = 'Na'; I = 113; J = 114; JNXT = 115;

Als Ergebnis der Regelanwendung werden demnach folgende Fakteneintragungen veranlaßt
(db(i+1) = db(i) ∪ (6)):

(6) (f98,element('Na',113,114),UNDEF,(r2),(f50.f97),((UNDEF,1.0).(UNDEF,1.0)))
    (f99,ion('Na+',113,115),UNDEF,(r2),(f50.f97),((UNDEF,1.0).(UNDEF,1.0)))

(B) Top down-Modus

(B.A) Interpretationsteil

Der Interpreter geht von einem zu beweisenden Fakt aus und versucht, die
Prämisse der vorliegenden Regel "zu beweisen" (backward chaining): entweder,
indem die notwendigen Fakten direkt in der Datenbank gefunden werden oder indem
nicht gefundene Fakten selbst wieder zu "Teilzielen" werden, die der Interpreter rekursiv in der gleichen Weise herzuleiten sucht.

(B.B) Kontrolle

Der Interpreter simuliert ein paralleles Arbeiten, indem er alle möglichen Herleitungen des zu "beweisenden" Faktes aufbaut. Dies können wir in Anlehnung an den Kontrollmechanismus von PROLOG in einer left-most depth-first Strategie festlegen. Erfolgreich hergeleitete Fakten werden identisch zum Vorgehen im Bottom up-Modus in die Datenbank eingetragen.

(B.C) Bewertung

Als Resultat der quasiparallelen Ableitung eines Faktes f erfolgt eine Bewertung dessen Zuverlässigkeit. Die Bewertung bezieht sich stets auf einen solchen Fakt, dessen Eintrag (im Bottom up-Modus) das Prädikat change(a,f,env) erfüllt. Sei x eine Datenstruktur, die die Ableitung von f repräsentiert. Dann umfaßt x das gesammte Wissen des Systems im Hinblick auf die Entscheidung, ob f gilt oder nicht. x ist somit identisch zu der in Abschnitt 3.2 eingeführten "Situationsbeschreibung". Die vom System erwartete Bewertung ist dann eine Schätzung der Wahrscheinlichkeit, daß der Fakt f gilt, sofern er mittels einer Ableitungsstruktur x hergeleitet wird: also $p(f/x)$. Die Interpretation dieser Schätzungen kann mittels eines Gedankenexperimentes verdeutlicht werden:

Angenommen, das System könnte eine Trainingsphase ohne jede Beschränkungen durchlaufen. Um $p(f/x)$ abschätzen zu können, genügt die Beobachtung einer ausreichend großen Anzahl von Fällen, in denen die Ableitungsstruktur x auftritt (Annahme: $n(x)$-mal). Zusätzlich wird in jedem Einzelfall die Angabe benötigt, ob f tatsächlich gilt (Annahme: $m(x)$-mal; notwendigerweise gilt: $m(x) \leq n(x)$). Es wird also die Herleitung x des Faktes f (mittels des Regelapparates) "abgeglichen" mit der Gültigkeit von f in dem modellierten Weltausschnitt. Der Wert der relativen Häufigkeit $m(x)/n(x)$ steht dann für $p(f/x)$. Die in der Trainingsphase adaptierte Bewertungsfunktion kann (bei diesem Gedankenexperiment) als Menge von Paaren $(x,m(x)/n(x))$ für alle Werte von x dargestellt werden.

Aus verschiedenen Gründen liefert das Gedankenexperiment nicht direkt einen Ansatzpunkt, den Gewichtungsansatz praktisch umzusetzen: Insbesondere sind im Kontext wissensbasierter Systeme nur solche Anwendungen überhaupt von Interesse, bei denen die Menge aller möglichen Ausprägungen von x nicht beschränkt ist und bei denen demnach ein einfaches "Abzählen" nicht zum Erfolg führen kann. Dies führt notwendigerweise dazu, daß eine approximative Lösung anzustreben ist (Abschnitt 4). Der Näherungscharakter einer solchen Vorgehensweise ändert jedoch grundsätzlich nichts an der Interpretation des Resultats.

Der Wechsel von daten- zu erwartungsgesteuerter Verarbeitung in Verbindung mit dem Bewertungsmechanismus soll am Beispiel illustriert werden.

Beispiel

Wir überspringen zunächst einen Teil der sich an (6) anschließenden Analyse und gehen davon aus, daß eine Reihe weiterer Fakten mittlerweile hergeleitet ist (Datenbasis db(q)). Wir ergänzen (5) und (6) insbesondere um:

(7) (f333,kandidat(molekül,'$Fe_2(Cr_3)_4$',170,178),UNDEF,(r8),(f250.f257),

((UNDEF,1.0).(UNDEF,1.0)))

(f334,classif(nur_metal,170,178),UNDEF,(r9),(f250.f257.f19), ((UNDEF,1.0).

(UNDEF,1.0)))

und definieren eine weitere Regel:

(8) r20: und(kandidat(molekül,X,I,J),classif(nur_metal,I,J))

==> {kandidat (legierung,X,I,J)} /0.8

Bei Abarbeitung von Regel r20 ergibt sich:

- test('und(kandidat(mole....,I,J))',db(q),(X='Fe$_2$(Cr$_3$)$_4$)',I=170,J=178) = TRUE, wobei db(q+1) die Ergänzung von db(q) um den Fakteneintrag (9) darstellt.
- change(kandidat(legierung,X,I,J),kandidat(legierung,X,I,J),(...)) = TRUE (muß vorab entsprechend festgelegt sein)

Die Regelabarbeitung besitzt 2 Konsequenzen:

- Fakteneintrag:

(9) (f335,kandidat(legierung,'Fe$_2$(Cr$_3$)$_4$'170,178),UNDEF,(r20),(f333.f334),

((UNDEF,0.8).(UNDEF,1.0)))

- Wechsel der Analyse-Richtung

Der Interpreter wird versuchen, alle Regelketten aufzubauen, die den Fakt f335 herleiten. Die Hypothese, daß ein in Molekülschreibweise vorliegender Ausdruck, in dem jedoch ausschließlich Metalle vorkommen, tatsächlich eine Legierung bezeichnet, soll durch Kontextregeln überprüft werden, beispielsweise durch

(10) r40: und(kandidat(legierung,X,I,J),
        (oder(skript(herstellungsverfahren,W2,W3,W4),
            skript(techn-untersuchung,stahl,parameter,v4)))
                        ==> {kandidat(legierung,X,I,J)}   /0.7

Das Ergebnis dieser quasiparallelen Abarbeitung ist schematisch in Abb. 3 dargestellt.

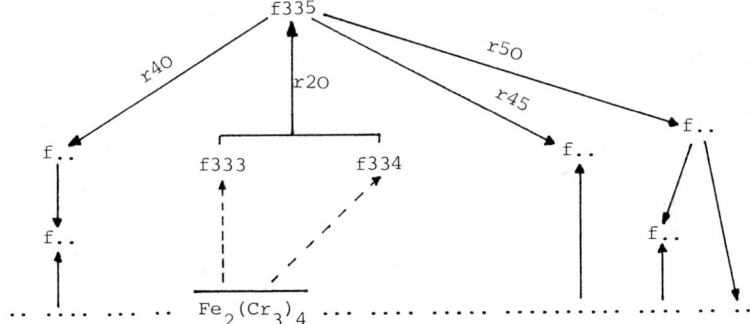

Abb. 3. Ableitungsstruktur zur Herleitung des Faktes 335 (schematisch). Die Pfeile sollen die Analyserichtung andeuten.

Dieses Ergebnis, d.h. eine Repräsentation der aufgebauten Regelketten (wiederum mit x bezeichnet) ist Ausgangspunkt der Schätzung für p(f335/x). p(f335/x) faßt die Regelgewichtungen 0.8 (r20) und 0.7 (r40), sowie weitere Gewichtungen (auch qualitative Kennzeichnungen sind möglich) von hier nicht ausformulierten Regeln unter Berücksichtigung der strukturellen Eigenschaften des Ableitungsbaumes zusammen. Durch den adaptiven Charakter der "Zusammenfassungsfunktion" (Schätzfunktion) ist die Definition der Regeln und insbesondere der zugeordneten Gewichte von der Regelanwendung insofern entkoppelt, als die Bewertung der einzelnen Angaben erst aus den Beobachtungen während der Trainingsphase abgeleitet wird. Es ist also nicht primär die Gewichtsfestlegung während der Regeldefinitionsphase, die die resultierende Bewertung determiniert, sondern vielmehr die Trainingsphase, bei der sich die einzuschätzende Zuverlässigkeit hergeleiteter Fakten empirisch zeigt. Der resultierende Schätzwert, der hier im Beispiel 0.95 betragen soll, wird zusammen mit den sonstigen Updates der Verwaltungsinformation in der Datenbasis vermerkt:

(11) (f335,kandidat(legierung,'Fe$_2$(Cr$_3$)$_4$',170,178,0.95,(r20.r40.r43),

(f333.f334.f335.f512.f335.F617),NIL)

Damit kehrt das System in den ursprünglichen bottom up-Modus (forward chaining) zurück und sucht die nächste anwendbare Regel.

4   Realisierung

Infrastruktur und Rahmen für eine Realisierung des hier eingeführten Gewichtungs-konzeptes werden gegenwärtig implementiert. Das Ziel dieser Arbeit kann als die Installation eines sehr allgemeinen Inferenzmaschinenmechanismus angesehen werden, der dann im Zuge zukünftiger Erfahrungen mit seiner Anwendung weitergehend zu spezialisieren ist.

Die Arbeit integriert die Flexibilität von PROLOG mit dem Gewichtungsansatz des Soft-waresystems ALIBABA, das bisher für die Zwecke der automatischen Indexierung eingesetzt wurde (KNORZ (1982),(1983b)). Das PROLOG-Entwicklungssystem (DöMöLKI & SZEREDI (1983)) wird für die Regel-Formulierung und -Interpretation genutzt und stellt damit ein universelles Werkzeug dar. Wie aus dem Beispiel des letzten Abschnittes unmittelbar klar wird, bildet die Repräsentation von Ableitungsstrukturen für Fakten die Schnittstelle zwischen Regelabarbeitung und Gewichtungskomponente. Eine solche Repräsentation wird von Prolog nicht direkt geliefert. Es wurde deshalb folgende Vorgehensweise gewählt: Durch spezielle PROLOG-Kommentare kann festgelegt werden, welche Repräsentationen parallel zur Regelausführung aufgebaut werden sollen, um als Grundlage der Gewichtung zu dienen. Ergebnis ist im wesentlichen eine Listenstruktur, in der die angewandten Regeln mit zusätzlichen Attributen proto-kolliert werden. Die Spezifikationen steuern, welche Regeln zur Protokollierung führen sollen und wie sich die gewünschten Attribute berechnen. Dieses Vorgehen erlaubt es, Regelmengen zunächst als einfache PROLOG-Programme zu testen, um sie anschließend mittels eines "Vorübersetzers", der ebenfalls in PROLOG implementiert ist, in ein modifiziertes Programm zu transformieren. Dieses Programm verwaltet zusätzlich zur eigentlichen Berechnung die spezifizierte Regelprotokollierung. Die erzeugten Protokolle (in Abschnitt 3.2 "Situationsbeschreibungen" genannt), werden dann ALIBABA übergeben. In der Lernphase wird zusätzlich die Angabe der erwünschten Systementscheidungen (also der "korrekten" Entscheidungen) verlangt, damit die Schätzfunktionen adaptiert werden können. Bezüglich des verwendeten Approximations-verfahrens ("Quadratmittel-Klassifikatoren") muß hier auf andere Veröffentlichungen verwiesen werden (KNORZ (1983b)) . In der sich anschließenden Anwendungsphase liefert ALIBABA dann die Angabe, wie sicher eine Entscheidung getroffen werden kann.

5   Offene Probleme

Der vorgeschlagene Ansatz ist als Beitrag zu verstehen, durch eine probabilistische Bewertungfunktion die Anwendung von Regeln und damit die Herleitung von Fakten zu kontrollieren. Die Größe und Qualität der verwendeten Wissensbasis sowie der Charakter des behandelten Anwendungsproblems sind wesentliche Kriterien, um über die sinnvolle Anwendung der Konzeption zu entscheiden (vgl. dazu die in Abschnitt 1 hervorgehobenen Problemaspekte). Auf wesentliche Gesichtspunkte bei der praktischen Umsetzung sei im folgenden hingewiesen: Die Adaption der Gewichtungskomponente verlangt als "Aufgabendefinition" repräsentative Stichproben von klassifizierten Situationsbeschreibungen. Deren Beschaffung kann in vielen Fällen ein Problem in praktischer und theoretischer Hinsicht sein, das eventuell nur mit Einschränkungen lösbar ist. Wie auch in KNORZ (1983b) kann man jedoch argumentieren, daß die Notwendigkeit, eine Aufgabe vorab in der geforderten Form (als "Lernstichprobe") zu definieren, zu einen Gewinn in methodischer Hinsicht führen sollte. Die Vorgabe der "korrekten" Entscheidungen, also das Klassifizieren der Situationsbeschreibungen während der Trainingsphase, kann trivial wie auch beliebig schwierig sein je nach Art der Entscheidung, um die es aktuell geht. Als letztes wichtiges Problemfeld sei der notwendige Umfang der Lernstichproben genannt. Wenn auch sich die vorgeschlagene Realisierung zur Schätzung der Wahrscheinlichkeiten in einer Anwendung bereits bewährt hat, können Aussagen über den notwendigen Umfang von Lernstichproben nicht einfach übertragen werden, weil dieser von den (statistischen) Eigenschaften der bearbeiteten Situationsbeschreibungen abhängt. Hier müssen entsprechende experimentelle Erfahrungen gesammelt werden. Es ist jedoch offensichtlich, daß es Problemstellungen gibt, für die - zumindest während gewisser Phasen der Entwicklung ausreichend große Lernstichproben kaum erreichbar sind.

6   Danksagung

Ich bedanke mich für die Unterstützung durch Herrn U. Arndt, der sich im Rahmen seiner Diplomarbeit mit der Implementierung der Synthese von PROLOG und ALIBABA beschäftigt. Bei der verwendeten PROLOG-Version handelt es sich um das MPROLOG Produktionssystem, das auf dem SIEMENS Rechner des Fachbereichs Informatik der TH Darmstadt installiert ist.

Literatur

ARZ, (1984)
Arz, J.: Wissensbasierter Beratungsdialog. Kurzfassung. Auszüge aus der Vorhabens-
beschreibung eines BMFT-Verbundprojektes zum Themenbereich 3d: Wissensbasierter
Mensch-Maschine-Dialog.Univ. d. Saarlandes, FR 10.2 Informatik IV.

COOPER (1984):
Cooper, W.S.: Bridging the gap between AI and IR. In: Research and Development in
Information Retrieval, S.259-265. Cambridge University Press, Cambridge 1984.

DITSCHKE & KUHN (1983):
Ditschke, Chr.; Kuhn, H.: Gramatische Beschreibung der Formelanalyse im Projekt AIR.
Diplomarbeit. Technische Hochschule Darmstadt, Fachbereich Informatik, Fachgebiet
Datenverwaltungssysteme II, 1983.

DöMöLKI & SZEREDI (1983):
Dömölki, B; Szeredi, P.: PROLOG in practice. In: Proceedings of the IFIF 83, Paris,
1983.

DUDA et al. (1976):
Duda, R.O., Hart, P.E., Nilson, N.J.: Subjective Bayesian methods for rule based
inference systems, SRI International, Artificial Intelligence Center, Technical note
124, 1976.

FUHR & KNORZ (1984):
Fuhr, N.; Knorz, G.: Retrieval test evaluation of a rule based automatic indexing.
In: Research and Development in Information Retrieval, S.391-408. Cambridge Universi-
ty Press, Cambridge 1984.

KNORZ (1982):
Knorz, G.: Softwaresystem ALIBABA (Version 3.0). Adaptives lernstichprobenorientiertes Indexierungssystem, basierend auf Beschreibungen abstrakter Objekte. (DV II
82-1), TH Darmstadt, Fachgebiet Datenverwaltungssysteme II, 1982.

KNORZ (1983a):
Knorz, G.: Kooperatives (Referenz-) Retrieval - Eine Herausforderung für KI- und
IR-Forschung. (DV II 83-1), TH Darmstadt, Fachgebiet Datenverwaltungssysteme II,
1983.

KNORZ (1983b):
Knorz, G.: Automatisches Indexieren als Erkennen abstrakter Objekte. Dissertation.
Sprache und Information, (Bd.8), Niemeyer Verlag Tübingen, 1983: 243

MORIK (1985):
Morik, K.: Partnermodellierung in Beratungsdialogen. Im vorliegenden Band erschienen.

MARCUS (1982):
Marcus, R.S.: User Assistance in Bibliographic Retrieval Networks through a computer
Intermediary. IEEE Transaktion on systems, man and cybernetics. 12(1982),2:116-133.

PUPPE et. al. (1985):
Puppe, F.; Puppe, B.; Beetz, M.: MED1 - Ein Werkzeug für Diagnostik-Expertensystem.
NfD 36, (1985)1: 28-32.

ROBERTSON et. al.(1982):
Robertson, S.E., Maron, M.E., Cooper, W.S.: Probability of Relevance: A Unification
of two Competing Models for Document Retrieval. Information Technology: Research and
Development. 1(1982), 1-21.

ROLLINGER (1984):
Rollinger, C.-R.: Evidenzbewertungen für Fakten und Regeln. In: Rollinger, C.-R.

(Hrsg.): Probleme des (Text-) Verstehens. Sprache und Information, (Bd.10), S.209-219. Niemeyer Verlag Tübingen, 1984.

SLOCUM (1984)
Slocum, J.: Metal: The LRC Machine Translation System. Manuskript für: Tutorial and Machine Translation, Longano, 2.-6. April 1984.

WAHLSTER (1984)
Wahlster, W.: Cooperative Access Systems. In: Bernold, Th.; Albers, G. (Hrsg):Artificial Intelligence at the Threshold of practical Application. North Holland, 1984.

TEXTRECHERCHE MIT MEHRWORTBEGRIFFEN

Christoph Schwarz
Siemens AG, München, ZT ZTI INF 313

Zusammenfassung

Information-Retrieval-Systeme verwenden bei der Suche mit Mehr-
wortverbindungen häufig Kontextoperatoren, um so auf mechanischem Weg
"inhaltliche" Zusammenhänge zwischen Suchbegriffen besser als über
logische Undung erfassen zu können. Es stellt sich die Frage, für
welche Anwendungen und bis zu welchem Grad derartige Verfahren über
linguistische Techniken automatisiert und optimiert werden können.
Ein experimentelles syntaktisches System wird vorgestellt.

1. Einleitung

Die Nützlichkeit der Indexierung und Recherche mit Mehrwortbegriffen
oder Phrasen ist bis zum heutigen Tag umstritten. Es konnte nicht
gezeigt werden, was der Vorteil ist, wenn man mit Mehrwortbegriffen
indexiert und recherchiert. Vielmehr ist es so, daß Gegenbeweise
geliefert wurden: Man denke an die Cranfield-Tests (vgl. z.B.
Cleverdon (70)) oder an eine neuere Untersuchung von Krause (83) et
al., wo ausgehend von automatischen Verfahren, die mit Mehrwortbegriffen arbeiten, am Beispiel von bestimmten Konstruktionstypen die
Fragwürdigkeit syntaktischer Indexierungsmethoden demonstriert wird:
Das klassische Arbeiten mit Kontextoperatoren liefert Ergebnisse, die
den untersuchten Verfahren mit ihren aufwendigen linguistischen
Techniken zumindest ebenbürtig sind - wobei System-, Integrations-,
Performancefragen, Speicherplatz, Responsezeiten, Erschließungs-
aufwand usw. in der Studie von Krause (83) et al. überhaupt nicht
diskutiert werden...

Tatsache ist allerdings, daß in den großen kommerziellen Systemen
Retrievalmöglichkeiten über Kontextoperatoren angeboten und verwendet
werden, die ja nichts anderes sind als rudimentäre syntaktische
Hilfsmittel für das Retrieval mit Mehrwortbegriffen. Offensichtlich

genügt eine die Precision erhöhende Recherche mit WITH (Undung zwischen Satzgrenzen) häufig nicht, und der Rechercheur versucht, auf einer höheren Spezifikationsebene Begriffe zusammmenzuführen: Er operiert mit ADJACENT und NEAR. Der systemtechnische Vorteil dieser Verfahren ist in der Tatsache zu sehen, daß das Prinzip der schnellen Suche über eine konventionelle Invertdatei nicht prinzipiell in Frage gestellt wird. Es kommen bei der Invertierung Positionsindizes hinzu, die die sequentielle Abfolge der Strings im Text vermerken. Damit hat der Rechercheur die Möglichkeit eines Retrievals, das sich an der Kombinatorik, d.h. der Syntax natürlichsprachlicher Wortfolgen anlehnt.

Das Arbeiten mit Kontextoperatoren hat die bekannten Nachteile (vgl. z.B. Gebhardt (81), Meder (82), Maniez (83)): Suchlogiken müssen manuell in immer wieder neuen Anläufen und oft mühsam aufgebaut werden. Sie bringen häufig fehlerhafte Retrievalergebnisse, manche Informationen sind prinzipiell nicht gezielt anzusprechen. Inwieweit Indexierungs- und Recherchetechniken in der Form automatischer linguistischer Hilfsmittel das Arbeiten mit Kontextoperatoren ersetzen werden, ist schwer zu sagen - zuviel ist in den letzen 25 Jahren und insbesondere in letzter Zeit mit dem Durchbruch der KI auf diesem Gebiet spekuliert und versprochen worden und zu wenig ist dabei herausgekommen. (Leicht weltfremd mutet in diesem Zusammenhang der Optimismus einer Praktikerin des Information Retrieval, nämlich Sparck-Jones, in ihrer letzten Veröffentlichung an (s. Sparck-Jones/Tait (84))).

Es erscheinen allerdings schon mittelfristig Verfahren zur Unterstützung, nicht notwendigerweise zum Ersatz der klassischen Retrievaltechniken erfolgversprechend, vorausgesetzt, man löst sich von der nicht nur Linguisten unbegrenzte Spielwiesen eröffnenden Vorstellung, man könne bei Massendaten, wie sie bei Information-Retrieval-Systemen anfallen, große Lexika einsetzen, die üblichen Parse-Verfahren verwenden oder mit den bekannten semantischen Repräsentationen arbeiten.

Es scheint z.B. der Versuch lohnend, die WITH-Funktion dahingehend zu verfeinern, daß man nicht mehr nur nach geundeten Suchbegriffen innerhalb von Satzgrenzen sucht, sondern innerhalb von Phrasen bzw. Teilsätzen. Ebenso wie für die Recherche mit WITH ist hierzu eine Satzendeerkennung nötig. Hinzu kommen Subsatzerkennung und eine grobe Segmentierung des Satzes in Subjekt-, Objekt- und gegebenenfalls

weitere komplexe Teilphrasen. Dazu benötigt man keines der bekannten
mächtigeren Verfahren zur Syntaxanalyse. Hat man auf diese Weise
Blöcke von Phrasen erhalten, könnte man innerhalb dieser Phrasen
weitere strukturelle Normierungen vornehmen und so inhaltlich
verwandte oder inhaltlich identische Phrasen, die syntaktisch
verschieden sind, vereinheitlichen und für das Retrieval zugänglich
machen.

Für die meisten Anwendungen wird damit jedoch pauschal keine
Verbesserung der Retrieval-Ergebnisse (Erhöhung der Precision) zu
erwarten sein: Die klassischen Methoden der Boole'schen Recherche bis
hin zur WITH-Funktion und der Recherche mit Kontextoperatoren sind
i.a. ausreichend (zur Kritik der Boole'schen Recherche vgl. z.B.
Salton (82) et al.) und vor allem beim Umgang mit Massendaten
praktikabel. Für Systeme mit Tool-Charakter sollte jedoch getestet
werden, ob man mit automatischen syntaktischen Verfahren zu besseren
Retrievalergebnissen kommen kann.

Mit diesem Ziel wurde und wird das Verfahren COPSY (Context Operator
Syntax) entwickelt. COPSY recherchiert seit Mai 1984 über 12 000
Titel aus FSTA (Food Science and Technology Abstracts). Die Titel
enthalten i.a. mehrere Phrasen und bis zu 50 Einzelwörter. Eine
Anwendung über 12 000 Dokumente für die erste größereTestversion
erschien uns sinnvoll, da avanciertere Verfahren häufig vor dem
Dilemma stehen, nur über kleinen Dokumentmengen befriedigende
Ergebnisse zu liefern. Für derartige Kleinanwendungen sind sie aber
i.a. überflüssig. Quantitative Erweiterungen im Hinblick auf
real-world Anwendungen sind oft mit extrem hohem Aufwand verbunden und
deshalb unrealistisch oder sie sind prinzipiell nicht möglich.

2. Linguistische Grundlagen zur Strukturierung von Phrasen

Grundüberlegung bei der Entwicklung von COPSY war die folgende: Bei
Verwendung gleicher Bedeutungswörter geschieht die Beschreibung eines
Sachverhalts im Kompositum oder in einer attributiven Bildung nach
vergleichbaren Strukturprinzipien wie in einer präpositionalen
Bildung. In beiden Fällen ist die spezifizierende Abfolge der
Bedeutungswörter i.a. identisch. Im einen Fall geht der
Spezifikationsaufbau von rechts nach links, im anderen Fall verläuft

er von links nach rechts. Normiert man beide Fälle auf eine Spezifikationssequenz, erhält man eine beiden gemeinsame sog. Normstruktur.

In der Diskussion von Dokumentationssprachen gibt es vergleichbare Ansätze im Zusammenhang mit "gerichteten Wortfolgen" (vgl. Laipsien (80) et al.).

Bsp.: storage of milk
      milk storage
      Normstruktur: (storage milk)
      "milk" spezifiziert "storage".

Bsp.: transport problems of Emmental cheese
      Emmental cheese transport problems
      problems of Emmental cheese transport
      problems of transport of cheese from Emmental
      usw.
      Normstruktur, sehr vereinfacht: (problems transport cheese Emmental)

Statt mit großem Aufwand Komposita, attributive Konstruktionen und Präpositionalgefüge auf eine gemeinsame syntaktisch-semantische Struktur zurückzuführen, um damit eine Repräsentationsstruktur zu erzeugen, die beim Matching während des Retrievals auch unter günstigsten programmtechnischen Bedingungen zeitaufwendig abzuarbeiten wäre, wählten wir eine oberflächensyntaktisch orientierte Struktur. Ausgehend von der Erkenntnis, daß beim Umgang mit Massendaten insbesondere Kompositabildungen häufig nicht syntaktisch-semantisch auflösbar sind, nahmen wir das Kompositum selbst (in der Normstruktur allerdings in umgekehrter Abfolge der Teile) als allgemeinste Formulierung eines Sachverhalts und normierten alle anderen Konstruktionen im Hinblick auf diesen Konstruktionstyp.

Auf dieser Grundlage ergibt sich nicht nur ein praktikables und schnelles Normierungsverfahren, es ergeben sich auch - was wichtiger ist - Konsequenzen für das Zeitverhalten des Match-Algorithmus beim Vergleich von Suchauftrag und Dokumenten. Auch wenn es sich bei den tatsächlich in COPSY verwendeten Normstrukturen um wesentlich kompliziertere Gebilde handelt als bei den sequentiellen Abfolgen von Wörtern in den Beispielen, wird die Effizienz des Algorithmus in ihrem Kern nicht beeinflußt. Das Verfahren vergleicht sequentielle

Strukturen und liefert Werte für Mengen von identifizierten Teilbäumen.

Aufgrund des Vergleichs von Normstrukturen erkennt COPSY, daß es sich z.B. bei "egg white" und "white of egg", "white of raw egg" um den Sachverhalt Eiweiß handelt, in "white egg" jedoch nicht. Lancasters (76) berühmtes Beispiel soll hier nicht diskutiert werden. Inzwischen findet man "venetian blind" versus "blind venetian" sogar in martktanalytischen Veröffentlichungen zum Thema Büroautomation (vgl. Newton (83), wo die exotischen Wortpaare vermutlich aus Teskey (82), der sie ohne Quellenangabe zitiert, übernommen wurden).

Interessanter, weil praxisnäher als derartige Beispiele aus der Trickkiste des Linguisten sind die Fälle, wo der Rechercheur aufgrund seiner sprachlichen Intuition alle möglichen Formulierungen eines Sachverhalts durchspielen muß und dann entsprechende Suchlogiken aufbaut. Bekanntlich wird das Suchergebnis i.a. in dem Maß verwässert, wie die Abstände zwischen Begriffen vergrößert werden. Da z.B. zwischen Attribut und Nomen beliebige weitere Attribute eingefügt werden können, müßten Abstände dort bis ADJACENT4 bzw. NEAR4 und mehr angegeben werden. Diese Fehlerquelle vermeidet COPSY.

Lautet der Suchauftrag "flour properties" werden als optimale Fundstellen Texte angeboten, die "research into the baking properties of flour", "emulsifying properties of peanut flour" usw. enthalten, nicht jedoch "properties of wheat flour starch". Hier geht es nicht mehr um "properties of flour" sondern um "properties of starch". Wenn man nach "analysis of fat" sucht, ist man nicht primär interessiert an Fundstellen mit "analysis of fat esters", obwohl genau der Wortlaut des Suchauftrags in der Fundstelle vorhanden ist.

3. Ablauf der Recherche

COPSY verwendet verschiedene Wortlisten, die bei Bedarf überprüft werden, um die Normstrukturen zu erzeugen. Insgesamt sind z.Z. etwa 4000 Wörter in den Listen. COPSY erfüllt sowohl quantitativ als auch qualitativ die Forderung nach lexikonarmen Verfahren für Informationssysteme - die Forderung nach lexikonfreien Verfahren ist unrealistisch, wenn man nur an so einfache "Lexika" wie Stopwortlisten denkt. Die COPSY-Wortlisten enthalten, gemessen am englischen Wortschatz, sehr wenig Einträge (quantitativer Aspekt) und die Einträge sind einfach zu überprüfen (qualitativer Aspekt): Es handelt sich um die Suche in Bäumen zur Überprüfung der Zugehörigkeit zu etwa 20 morphologisch und syntaktisch-funktional motivierten Wortklassen. Da es anwendungsunabhängige, linguistisch motivierte Einträge sind, ist der Wartungsaufwand der Wortlisten im Hinblick auf neue Anwendungen fast gleich Null.

Die Dokumente liegen normstrukturiert vor. Die Normstrukturierung geschieht vollautomatisch. Der Suchauftrag wird nach seiner natürlichsprachlichen Eingabe in eine Normstruktur übersetzt. Die derzeit eingesetzte Version arbeitet mit Trunkierungen. Der Benutzer bekommt nach Eingabe des natürlichsprachlich formulierten Suchauftrags zunächst die aus der Trunkierung resultierenden Vollformen gezeigt. Will er auf der Grundlage dieser Vollformen weiterarbeiten, vergleicht COPSY den Suchauftrag mit den Fundstellen, die mehr als einen Suchbegriff enthalten. Die Ermittlung dieser Fundstellen geschieht über die Suche in einer Datei, die die einzelnen Wortformen auf die Dokumentnummern invertiert.

Die Suchdatei mit den normstrukturell aufbereiteten Dokumenten entspricht im Umfang der Datei mit den natürlichsprachlichen Texten: Stopwörter fehlen, dafür sind Sonderzeichen enthalten, die das Abarbeiten der Strukturen beim Matching von Suchauftrag und Fundstellen ermöglichen. Der gesamte Speicherplatz für eine Anwendung im Dokument-Retrieval entspricht also zweimal dem Umfang der Dokumenttexte.

Der Benutzer erhält die Fundstellen in der Reihenfolge ihrer Relevanz für den Suchauftrag. Ist der Benutzer z.B. mit zwei Suchbegriffen in die Recherche gegangen, erhält er, soweit vorhanden, zuerst alle Fundstellen mit den zwei Suchbegriffen im gewünschten Sinnzusammenhang, anschließend alle Fundstellen mit zwei Suchbegriffen ohne den Sinnzusammenhang und schließlich die Fundstellen mit nur je einem Suchbegriff. Das Ranking geht somit über die inhaltlichen Verbindungen von Suchbegriffen, über die Undung und über die Oderung von Suchbegriffen. Dazwischen liegen insbesondere für Suchaufträge mit vier, fünf oder mehr Suchbegriffen alle möglichen Mischformen, die das Ranking beeinflussen. Der Benutzer kann die Fundstellenausgabe jederzeit abbrechen.

4. Weitere Entwicklungen

Diejenigen Konstruktionen, die dem sehr grob skizzierten Strukturkriterium zuwiderlaufen, erfordern Ausnahmeregeln. So wurden z.B. für Partizipialkonstruktionen mit außerordentlich hohem Test- und Evaluierungsaufwand Zusatzregeln gewonnen, die die bisher bekannte Fehlerrate bei diesen Konstruktionen von 28 % auf 7 % senken konnten. Das Verfahren für das Retrieval über Titelphrasen kann als funktional abgeschlossen gelten.

Bis Ende 1985 existiert eine erste Version über mindestens 10 000 Abstracts. Die derzeitige Version über 12 000 Titel wird 1985 auf mehr als 100 000 Titel erweitert. Unabhängig davon soll eine Variante von COPSY als Teil des für 1985/86 geplanten Projekts REALIST (Retrieval Aids by Linguistics and Statistics) zur Verfügung gestellt werden. Die Aufgabe von COPSY innerhalb dieses komplexen Retrievaltools soll es sein, dem Benutzer eines kommerziellen Information-Retrieval-Systems Auskunft über syntaktische Umgebungen seiner Suchbegriffe und Formulierungsvarianten seines Suchauftrags zu geben, ehe er in das eigentliche Retrieval geht. Es entstehen 1985 desweiteren zusätzliche Anwendungen für Indexphrasen aus INSPEC (vorwiegend elektrotechnische Daten) und PSYNDEX (Psychologiedaten).

Längerfristig ist auf der Grundlage von leistungsfähigen morphologischen Komponenten (vgl. Niedermair (84) und Thurmair (85)) ein Verfahren in der Planung, das z.B. mit deutschen Suchaufträgen die Recherche über englischsprachige Titel und gegebenenfalls Abstracts erlaubt. Durch das Ausnutzen der syntaktisch-strukturellen Beziehungen zwischen Suchbegriffen können dabei Vagheiten, Ballast und Fehler vermieden werden. Ziel ist nicht die automatische Generierung eines fremdsprachlichen Suchauftrags. Es handelt sich um keine Übersetzung, sondern um die Zuordnung von Strukturen mit Grundformen einer Quellsprache zu (Mengen von) Strukturen von Grundformen einer Zielsprache. Die zielsprachlichen Grundformen werden durch zielsprachliche Stammformen ersetzt. Das weitere Retrieval läuft wie beschrieben. Insbesondere die Anwendung von COPSY als (fremdsprachliche) Formulierungshilfe in der Form des Retrievals über ausgewählte fremdsprachliche Indexphrasen vor dem Eintritt in ein Information-Retrieval-System scheint in diesem Zusammenhang lohnend.

5. Ausblick

Die Forschungsarbeit auf dem Gebiet der Indexierung und Recherche mit Nominalphrasen erfährt in den letzten Jahren durch die im Zusammenhang mit der KI zu neuen Ehren gekommene Beschäftigung mit linguistischen Techniken einen Aufschwung. Im Information Retrieval geht die Tendenz zu nicht tiefgehenden syntaktisch-semantischen Verfahren.

So berichtet Metzler (84) et al. auf der letzten ACM-Tagung von einem Projekt in diesem Sinn, Japaner entwickeln verschiedene Ansätze (vgl. Takamatsu (80) et al., Maeda (80) et al., Nishida (84) et al.). Hinzuweisen ist im Zusammenhang mit syntaktischen Tools für Mehrwortbegriffe auf Borko (70), Klingbiel (73), Neufeld (74) et al., Olney (76) et al., Steinacker (80), Dillon/Gray (83) in der Tradition des legendären LEADER (Hillman/Kasarda (69)) und verschiedene DDR-Forscherteams (z.B. Grimm (80) et al., Grohmann/Protz (83)). Bei der GID läuft seit längerer Zeit ein Projekt (GID (84)). Eine Vielzahl von weiteren Arbeiten, insbesondere älteren Datums finden sich in Schwarz (82).

Computerunterstützte Indexierung und Recherche ist eine immer wieder erhobene Forderung für ein Informationssystem der Zukunft (vgl. z.B. Graml (82)). Ein Retrievaltool, das mit dieser Zielsetzung entwickelt wird, ist das Verfahren COPSY.

Literaturhinweise:

Borko (70) H.: Experiments in Book Indexing by Computer, in: Inform. Stor. Retr. 6, 1970, S. 5-16

Cleverdon (70) C.: Progress in Documentation - Evaluation Tests of Information Retrieval Systems, in: Journal of Documentation 26, 1970, S. 55-67

Dillon/Gray (83) M. und A.S.: FASIT. A Fully Automatic Syntactically Based Indexing System, in: Journal of the American Society for Information Science 34/2, 1983, S. 99-108

Gebhardt (81) F.: Dokumentationssysteme, Berlin/Heidelberg/NewYork, 1981

GID (84): GID-Jahresbericht 83, Frankfurt 1984

Graml (82) H.J.: Information, Dokumentation und Innovation, Sonderdruck aus Siemens-Zeitschrift 56/1, 1982

Grimm (80) W.-D. et al.: Development of a Natural Linguistic Medical Indexing Language Based on a Syntactic-Semantic Analysis, in: Lindberg/Kaihara (Eds.), Medinfo 80, Bd. 2, S. 1295-1300

Grohmann/Protz (83) W. und A.: Syntax von Deskriptorsprachen. Ein Problem? in: Informatik 30/6, 1983, S. 17-20

Hillman/Kasarda (69) D.J. und A.J.: The LEADER Retrieval System, in: Spring Joint Computer Conference, S. 447-455

Klingbiel (73) P.H.: A Technique for Machine-Aided Indexing, in: Inform. Stor. Retr. 9, 1973, S. 477-494

Krause (83) J. et al.: EVAL. Zur Evaluierung informationslinguistischer Komponenten von Informationssystemen, Universität Regensburg 1983

Laispien (80) et al.: Grundlagen der praktischen Information und Dokumentation, München, 1980, S. 246 ff.

Maeda (80) et al.: An Automatic Method for Extracting Significant Phrases in Scientific or Technical Documents, in: Information Processing and Management 16, 1980, S. 119-127

Maniez (83) J.: Problemes de syntaxe dans les systemes de recherche documentaire, in: Documentaliste 20/2, 1983, S. 52-58

Meder (82) W.: Das logische UND beim Information Retrieval, in: Nachr. f. Dokum. 33, 1982, S. 117-123

Metzler (84) D.P. et al.: Dependency Parsing for Information Retrieval, in: Rijsbergen (Ed.): Research and Development in Inforamtion Retrieval, Cambridge, 1984, S. 313-324

Neufeld (74) M.L. et al.: Machine-Aided Title Word Indexing for a Weekly Current Awareness Publication, in: Inform. Stor. Retr. 10, 1974, S. 403-410

Newton (83) S.: Electronic Retrieval of Free Text Documents, in: Management Services, 1983, S. 8-10

Niedermair (84) G. et al.: MARS. A Retrieval Tool on the Basis of Morphological Analysis, in: Rijsbergen (Ed.): Research and Development in Information Retrieval, Cambridge, 1984, S. 369-382

Nishida (84) F. et al.: Semiautomatic Indexing of Structured Information of Text, in: J. Chem. Inf. Comput. Sci. 224/1, S. 15-20

Olney (75) J. et al.: A New Technique for Detecting Patterns of Term Usage in Text Corpora, in: Information Processing & Management 12, S. 235-250

Salton (82) et al.: Extended Boolean Information Retrieval, Techn. Report No. TR-82-511, Cornell Univ., Ithaka (N.Y.), 1982

Schwarz (82) C.: Freitextrecherche - Grenzen und Möglichkeiten. Anmerkungen aus der Sicht der Informationslinguistik, in: Nachr. f. Dokum. 33/6, 1982, S. 228-236

Sparck-Jones/Tait (84) K. und J.I.: Automatic Search Term Variant Ge-

neration, in: Journal of Documentation 40/1, 1984, S. 50-66
Steinacker (80) I.: Improved Information Retrieval by Text Analysis and Multilingual Term Recognition, in: 4th International Online Information Meeting, 1980, S. 195-199
Takamatsu (80) S. et al.: Normalization of Titles and their Retrieval, in: Information Processing & Management 16, S. 155-167
Teskey (82) F.N.: Principles of Text Processing, New York, 1982
Thurmair (85) G.: Nicht-lexikalische Morphologie, erscheint in: GLDV-Proceedings 1984, 1985

(*) Die diesem Bericht zugrunde liegenden Arbeiten wurden mit Mitteln des Bundesministers für Forschung und Technologie gefördert. Die Verantwortung für den Inhalt liegt bein Autor.

Konzepte für ein thesaurusbasiertes Information Retrieval am Arbeitsplatz

Lothar Rostek, Dietrich Fischer

Gesellschaft für Information und Dokumentation (GID) mbH
Herriotstr. 5, D-6000 Frankfurt/M. 71

Zusammenfassung

Es werden Konzepte für ein 'personal retrieval' als Bestandteil eines Autorenarbeitsplatzes beschrieben. Dazu gehören erstens natürlichsprachige Nominalphrasen als Dokumentationssprache und zweitens ein Begriffsnetz. Dieses ist sowohl Wissensbasis für die automatische Retrievalfunktion als auch flexibles Ordnungshilfsmittel für den Benutzer, der damit eine begriffliche Wissensrepräsentation erstellen und dem Datenbestand seine individuelle Sicht aufprägen kann. Auf beabsichtigte bzw. eingeschlagene Wege zur Implementierung der Benutzerschnittstelle, der Retrievalfunktion und des Zugriffssystems wird eingegangen.

Abstract

Some ideas concerning a personal retrieval system as a component of an author's workstation have been evolved. They comprise first natural language noun phrases as documentation language and second a concept net. This functions both as a knowledge base of the retrieval function and as an interactive tool to maintain a conceptual framework of the user's information interests reflected in his text pools. Notes on intended or taken ways towards implementation of the user interface, the retrieval function and a suitable access system are given.

Bereits im Jahre 1945 hat Vannevar Bush die Idee eines arbeitsplatzbezogenen persönlichen Information-Retrieval-Systems beschrieben ([Bush], vgl. auch [Smith]). Er hat sich dieses System ganz konkret als Maschine mit Bildschirm, die Bestandteil des Schreibtisches ist, vorgestellt. Er hat ihr den Namen MEMEX (für 'memory extension') gegeben, weil er entsprechend der menschlichen Gedächtnisleistung als ihre wesentliche Retrievalfunktion die Fähigkeit postuliert hat, 'associative trails', d.h. Assoziationspfade auszuwerten. Bush hat damit einen Dokumentenpool als intellektuell geknüpftes semantisches Netz gesehen, das aus den Dokumenten als Knoten und verschiedenen Assoziationsrelationen als Kanten besteht. Der Einstieg in das Netz hatte nach Bush's Vorstellungen mit den Hilfsmitteln konventioneller intellektueller Klassifikation oder Indexierung zu erfolgen.

Über die Möglichkeiten, assoziative Verknüpfungen zwischen Dokumenten oder Index-
termen zu 'berechnen', hat Bush noch nicht spekuliert. Diese Möglichkeiten wurden Anfang der sechziger Jahre durch die Arbeiten zum automatischen Indexing auf
der Basis statistischer Verfahren eröffnet, die u.a. zu dem mathematischen Modell des linearen assoziativen Retrieval [Giuliano/Jones] und dem SMART-System von
Salton führten [Salton, 1968]. Ein Blick auf die angelsächsische Literatur zeigt,
daß diese Entwicklunglinie eines nicht-booleschen, insbesondere mit Ähnlichkeits-
maßen operierenden Information Retrieval keineswegs abgebrochen ist. Unseren IR-
theoretischen Vorstellungen, die wir im folgenden entwickeln, kommt wohl das METER-
System von Landauer et al. am nächsten.

Wir gehen davon aus, daß der Bereich der Büroautomatisierung weitere neue Implementierungen herausfordert. Mit der individuellen Verfügbarkeit von Rechnerka-
pazität am Arbeitsplatz wird eine neue 'Zuhandenheit' der Information-Retrieval-
Systeme benötigt: Der 'End'-Benutzer verlangt nun über die Such- und Anzeigefunk-
tionen hinaus für seine eigenen Dokumentbestände auch die Datenbankgenerierungs-
und Dokument-Update-Funktionen, die sonst nur dem Hostsystem-Verwalter zugänglich
waren. Das interaktive Erzeugen oder Fortschreiben eines einzelnen Dokumentes ist
jedoch formal identisch mit dem 'editing'. Die Idee, mit dem Arbeitsplatzcomputer
beliebige Textobjekte erzeugen, redigieren, ablegen, aber dann auch mit anderen
Textobjekten interaktiv verknüpfen zu können, finden wir (ebenfalls erstmals in den
sechziger Jahren [Nelson]) aufgegriffen und implementiert in den sog. 'Hypertext-
Editing-Sytemen' (vgl. [Meyrowitz/van Dam]), die jetzt auch 'idea processing'-
Systeme genannt werden (z.B. [Lutes-Schaab/McCall/Schuler]). Die für den Informa-
tionsarbeitsplatz brauchbare volle Integration von Dokumentretrievalsystemen und
Hypertext-Editiersystemen ist sicherlich nur noch eine Frage der Zeit.

Als 1982 auf der Koblenzer LDV-Tagung über die ersten Ideen zu unserem Projekt
SYNOPSE ("SYstem zum Retrieval auf der Basis eines Netzes von NOminal-PhraSEn")
vorgetragen wurde [Rostek], haben wir den Zusammenhang unserer Vorstellungen mit
den oben skizzierten Konzepten und Systemen noch nicht gesehen. Ausgangspunkt für
SYNOPSE war zunächst die Frage: Wie sollen Referenzretrievalsysteme aussehen, die
auf natürlichsprachige Nominalgruppen als Dokumentationssprache (d.h. als Inhalts-
beschreibungssprache für Indexierung und Suche) voll abgestimmt sind?

Eine Rechtfertigung für diese Dokumentationssprache (vgl. [Gerstenkorn]) braucht
insbesondere in diesem Kreis wohl kaum gegeben zu werden: Es ist die Sprache, die
frau/man zur Inhaltskennzeichnung von Dokumenten schon lange vor dem Computerzeit-
alter verwendet hat, wie ein Blick auf Titel und in Register unmittelbar zeigt
(s. Abb.1).

Es ist evident, daß eine durch ein nominales Syntagma vermittelte Themenbezeichnung
um so präziser/spezifischer wird, je komplexer oder einfach je länger das Syntagma
ist.

In gängigen Freitext-Retrievalsystemen wie z.B. STAIRS kann die Suche mit nominalen Syntagmen nur näherungsweise mit Hilfe der Kontextoperatoren WITH (*Deskriptoren
gehören zum selben Satz*) oder NEAR (*Deskriptoren stehen benachbart im Abstand von .. bis zu ...*

UdSSR *siehe* Sowjetunion
Uganda 833
UL *siehe* Unterentwickelte Länder
Umwelt
    Annahmen über mineralische
       Rohstoffe und 862 f.
    Artenverringerung 824
    Atmosphärische Umwelt (2000)
       826–828
    Auswirkungen der Waldbewirt-
       schaftung 686 f.
    Auswirkungen großer Hitze-
       zufuhren in die Atmosphäre
       570
    Auswirkungen von niedrigem und
       hohem Energiezuwachs in
       der Zukunft 770
    Bevölkerung und U. in industriel-
       len Kulturen 513–518

Holzkohle und 783 f.
Hydrosphäre im Jahre 2000
    81–83, 404
Industrieregionen, die auf Kern-
    energie umsteigen, Auswir-
    kungen auf die U. 831.f.
Industrieregionen, die auf Kohle
    umsteigen, Auswirkungen auf
    die U. 830 f.
Institutionelle Möglichkeiten zur
    Problemlösung 881 f.
Klimaszenarien und 552, 554
Kohlendioxyd und 555–560
Kulturen mit Viehhaltung und
    503–510
Landsphäre im Jahre 2000
    812–815, 823–826
Methodisches zu Bevölkerung und
    500 f.

Abb.1 *Auszug aus dem Register von Global 2000, S. 1496*

Wörtern) formuliert werden. Ein Kontextoperator *Deskriptoren gehören zur selben Nominal-phrase* läßt sich zwar ohne Änderung der Systemsoftware an die Stelle eines vorhandenen Kontextoperators setzen (vgl. [Schulz]). Man muß sich aber darüber im klaren sein, daß es sich hierbei um ein reines 'precision-device' handelt. Die Aufgabe, einen natürlichsprachig vorliegenden Informationswunsch in eine effektive System-formulierung zu übersetzen, wird dadurch insbesondere für den gelegentlichen Benutzer nicht leichter.

Es hat verschiedene Versuche gegeben, dem Systembenutzer diesen Prozeß der Erzeugung einer effektiven systemadäquaten Formulierung aus einem natürlichsprachig geäußerten Informationswunsch zu ersparen, d.h. zu automatisieren oder zumindest hierzu Systemunterstützung anzubieten (vgl. dazu z.B. [Doszkocs]). Mit der zunehmenden Verfügbarkeit von dezentraler Rechenkapazität am Arbeitsplatz und dem dadurch erzeugten Zwang zur 'Entprofessionalisierung' der Computernutzung besteht nun aber auch die Chance, zu neuen oder bisher vernachlässigten Lösungen zu kommen, die mehr sind als ein neues 'front end' für ein konventionelles boolesches System. Unser Interesse gilt dabei besonders geeigneten Konzepten für ein 'personal retrieval', und darunter verstehen wir nicht die Übertragung von Systemen wie STAIRS oder GRIPS/DIRS auf einen 'personal computer'.

Was wir uns in etwa vorstellen, das kann zunächst mit den Abbildungen 2,3,4 als 'Standphotos' aus einem fiktiven Retrievaldialog illustriert werden.

Abb. 2 zeigt als Suchbegriffsformulierung des Benutzers *Transformation deutscher Nominalgruppen in Funktionsausdrücke* und als erste Systemantwort zehn als Rangreihe präsentierte *ähnliche* Begriffsformulierungen, die Indexate von im System vorhandenen Dokumenten sind. Dokument ist jedes benutzererzeugte Systemobjekt, seien es nun

SYNOPSE

Funktionen

Fundliste verkleinern
Dokument betrachten
Dokument bearbeiten
Begriffsnetz betrachten
Begriffsnetz bearbeiten

Ergebnis festhalten
Auf Ergebnis ... zurückspringen
Kommando zurueck (UNDO-Funktion)

...

Suchbegriff: Transformation deutscher Nominalgruppen in
Funktionsausdrücke

Syntax deutscher Nominalgruppen ....4 doc's
OB: 3/12   Ass.:24/156

Die semantischen Relationen in nominalen Ausdrücken
des Deutschen ....1 doc
OB: 3/56   Ass.:24/156

Nominalphrasenanalyse ....5 doc's
OB: 2/12 UB: 4/6 Ass.:24/156

Automatische Erkennung von Nominalgruppen für das
Referenz-Retrieval...2 doc's
OB: 1/12   Ass.:24/156

Automatic Analysis of the German Noun Group....................1 doc
OB: 1/12   Ass.:24/156

Retrieval mit Nominalgruppen...............................3 doc
OB: 1/12 UB: 4/34 Ass.:24/156

Semantik nominaler Wortgruppen der deutschen
Gegenwartssprache..1 doc
OB: 1/12 UB: 4/34 Ass.:24/156

Funktion der Präpositionen.................................
OB: 1/12 UB: 4/34 Ass.:24/156

Normalization of Titles and their Retrieval...................1 doc.
OB: 1/12 UB: 4/34 Ass.:24/156

Prädikatenlogische Repräsentation japanischer Titel ....1 doc
OB: 1/12 UB: 4/34 Ass.:24/156

Abb. 2

Texte oder Graphiken, und wiederauffindbar wird es durch seine 'Namen' oder natürlichsprachigen 'Titel', die im folgenden statt Indexat auch *Annotation* genannt
werden. Der Benutzer kann nun z.B. mit dem Zeige-Auswahl-Instrument 'Maus' die
Fundliste bis zum Ende 'durchrollen', einzelne Dokumente z.B. für einen Relevanz-
Feedback-Prozeß positiv oder negativ aussondern und/oder mit einem 'Maus-Klick' im
entsprechenden sensitiven Bereich ein Fenster für einen Blick in das zur Annotation
gehörige Dokument öffnen (Abb. 3,4). Er kann weiter dazu übergehen, ein solches Do-

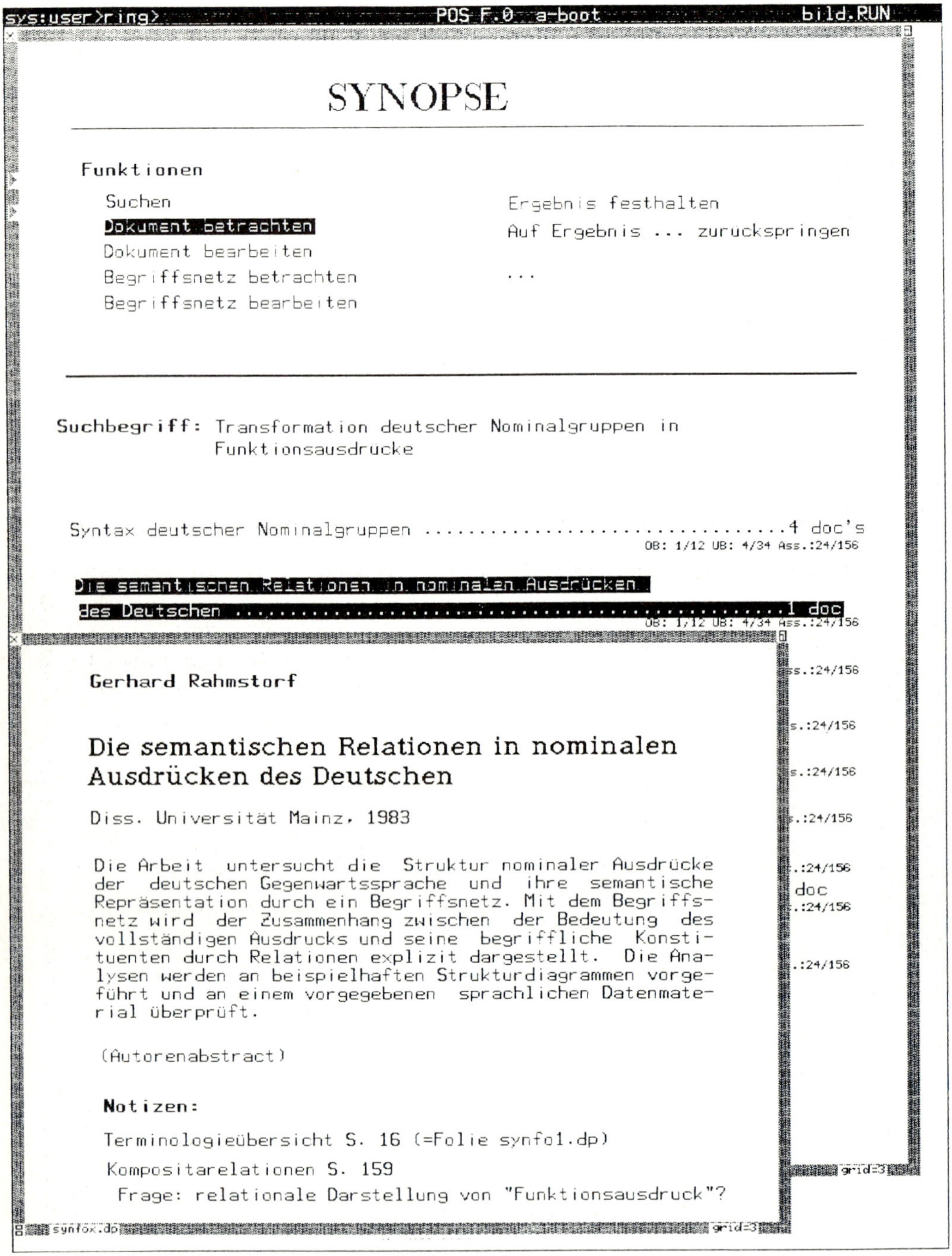

`sys:user>ring>` POS F.0 a-boot bild.RUN

SYNOPSE

Funktionen

Suchen
Dokument betrachten
Dokument bearbeiten
Begriffsnetz betrachten
Begriffsnetz bearbeiten

Ergebnis festhalten
Auf Ergebnis ... zurückspringen
...

Suchbegriff: Transformation deutscher Nominalgruppen in
Funktionsausdrücke

Syntax deutscher Nominalgruppen ....4 doc's
                                            OB: 1/12 UB: 4/34 Ass.:24/156

Die semantischen Relationen in nominalen Ausdrücken
des Deutschen ....1 doc
                                            OB: 1/12 UB: 4/34 Ass.:24/156

Gerhard Rahmstorf

Die semantischen Relationen in nominalen Ausdrücken des Deutschen

Diss. Universität Mainz, 1983

Die Arbeit untersucht die Struktur nominaler Ausdrücke
der deutschen Gegenwartssprache und ihre semantische
Repräsentation durch ein Begriffsnetz. Mit dem Begriffsnetz wird der Zusammenhang zwischen der Bedeutung des
vollständigen Ausdrucks und seine begriffliche Konstituenten durch Relationen explizit dargestellt. Die Analysen werden an beispielhaften Strukturdiagrammen vorge-
führt und an einem vorgegebenen sprachlichen Datenmaterial überprüft.

(Autorenabstract)

Notizen:

Terminologieübersicht S. 16 (=Folie synfo1.dp)

Kompositarelationen S. 159

  Frage: relationale Darstellung von "Funktionsausdruck"?

Abb. 3

sys:user>ros>   POS F.0 a-boot   bild.RUN

SYNOPSE

Funktionen

Suchen
Fundliste verkleinern
Dokument betrachten
Dokument bearbeiten
Begriffsnetz betrachten
Begriffsnetz bearbeiten

Ergebnis festhalten
Auf Ergebnis ... zurückspringen
Kommando zurueck (UNDO-Funktion)

...

Suchbegriff: Verfahren zur Textkomprimierung

Tests zur Textkomprimierung mit Meyers BTX-Lexikon..............1 Abb.

OB: 3/12   Ass.:24/156

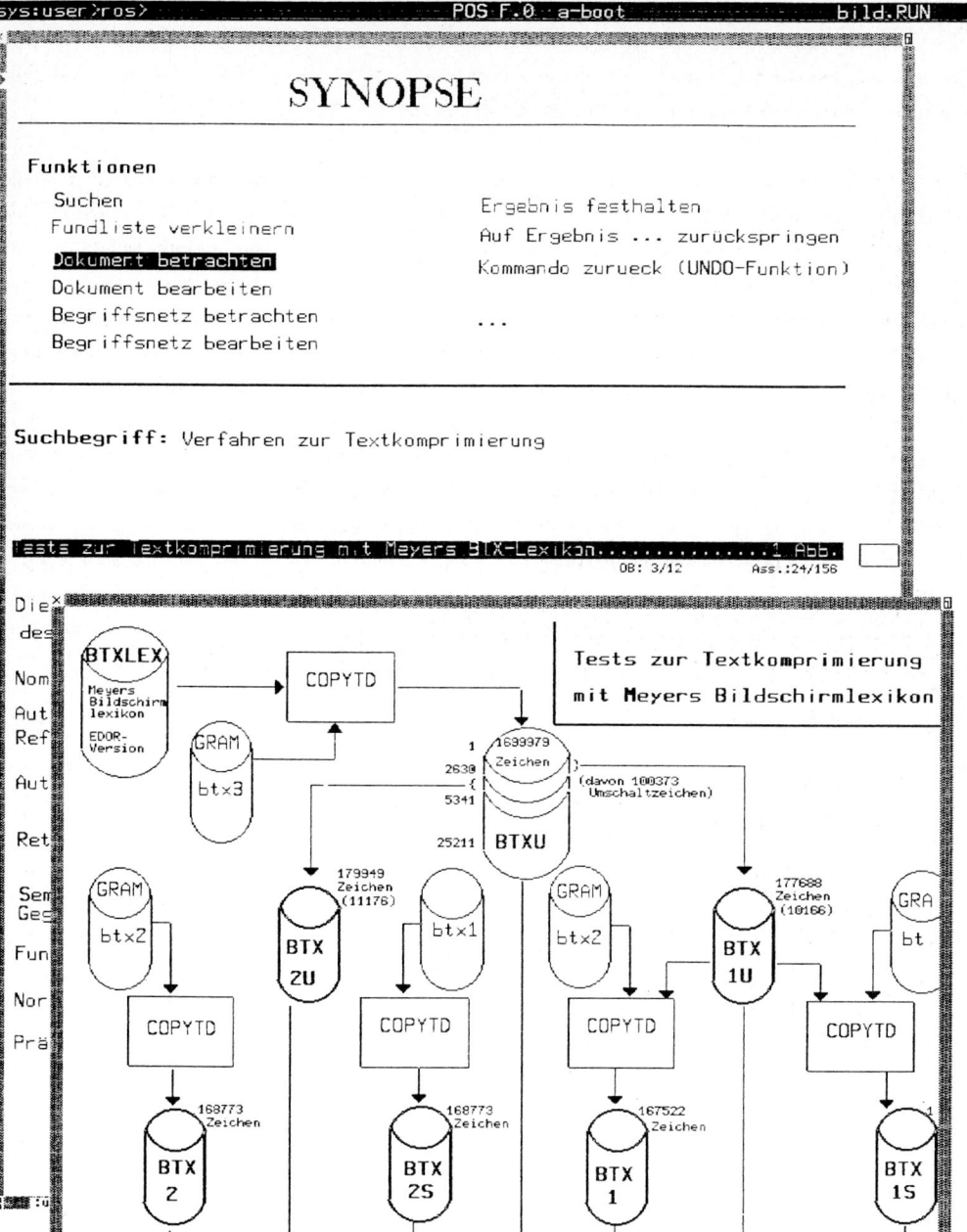

Abb. 4

kument mit einem Text- oder Graphikeditor zu editieren. Hier wäre ein 'update in place' zu unterscheiden von einem 'Anheften' von Notizen als nur ergänzendes oder aber als eigenständig retrievalfähiges Dokument (vgl. dazu die Liste der Anforderungen für Büroanwendungen von Datenbanksystemen in [Härder, S.256f]).

Die ersten Retrievalsysteme, die das ergonomische Potential des hochauflösenden Rasterbildschirmes mit Maus nutzen, sind bereits realisiert ([Frei], [Hollaar]); auf jeden Fall eröffnet sich hier ein weites Feld von Gestaltungsalternativen, die sicher noch nicht erschöpfend behandelt sind, insbesondere unter dem Aspekt einer konsistenten Benutzerschnittstelle, die möglichst alle Büro-Applikationen integriert. C.F. Herot vermittelt mit seiner Beschreibung des 'Spatial Data Management System' einen Eindruck, wohin die Reise zur Realisierung von Bush's MEMEX geht, wenn für Überblicksinformationen ein zweiter Bildschirm, Farbe, ferner zur Maus bzw. 'joy stick' Berührungssensitivität der Bildschirmoberfläche, Bildplatte und Ton hinzukommen. Interessant bei Herot ist auch der Begriff der 'process ports', die Objekte oder in unserer Sicht spezielle Dokumente sind, die Aktionen auslösen, d.h. bestimmte ggf. externe Programme zur Ausführung bringen, senden. Diese könnten z.B. Nachrichten als Erinnerungshilfen an den Benutzer senden, denn ein wesentlicher Grund für manche Schreibtischunordnung ist, daß die herumliegenden Dokumente noch zu erledigende Aufgaben sichtbar anmahnen sollen (vgl. dazu [Malone]).

Malone weist auch auf einen zweiten wesentlichen Grund dafür hin, daß in der Arbeitsplatzumgebung Dokumente nur sehr zögerlich aus dem unmittelbaren Blickfeld an einen 'endgültigen' physischen Platz in einem Ordner oder in einem Regal gebracht werden: Eine solche eindimensionale Ordnung wird häufig als inadäquat angesichts oft vieldimensionaler inhaltlicher Bezüge zu anderen Dokumenten empfunden, aber eine mehrfache Klassierung ist wegen der damit verbundenen Stellvertreter- oder Kopieerstellung lästig, sie wird deshalb unterlassen oder hinausgeschoben. Hier benötigt man mit den Worten von Malone ein Instrument für ein "easy storage of loosely classified information", oder, anders ausgedrückt, ein einfach bedienbares Hilfsmittel für eine leicht änderbare assoziative Mehrfachklassierung. Ein solches Instrument hat insbesondere nicht-eindeutige Benennungen der Objekte zu verwalten - eine Aufgabe, die eigentlich von jedem kooperativ arbeitenden Computersystem zu leisten wäre. Da Nominalgruppen in der natürlichen Sprache die allgemeine Funktion von Benennungen übernehmen, stellt sich die Frage: Wie läßt sich erreichen, daß ein System zu einer gegebenen Nominalgruppe die im System vorhandenen ähnlichen 'assoziiert' und den Grad ihrer Ähnlichkeit einschätzt? Dies ist die Frage nach der Retrievalfunktion und die primäre Aufgabenstellung in SYNOPSE.

Die Retrievalfunktion, hier auch *Assoziationsabbildung* genannt, wird sicherlich qualitativ bestimmt sowohl von der Art der Modellierung des Urbild- und Bildbereiches, d.h. von der Art der systeminternen Repräsentation der Nominalphrasen, als auch von der Wissensbasis, die der Prozeß des Ähnlichkeits-Retrievals nutzen kann.

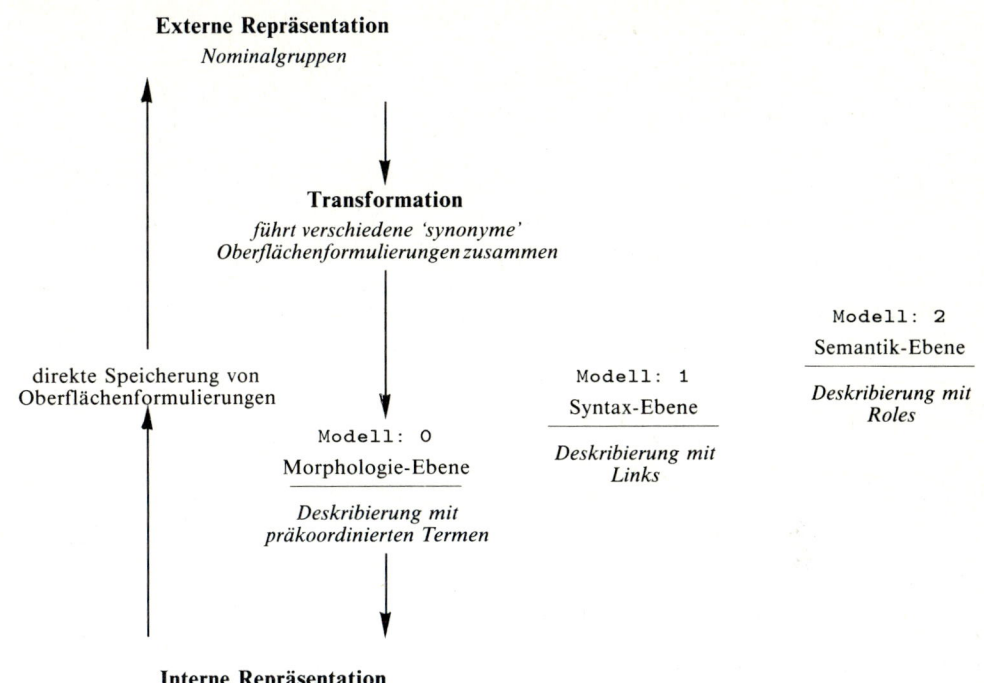

Externe Repräsentation
Nominalgruppen

Transformation
*führt verschiedene 'synonyme'
Oberflächenformulierungen zusammen*

direkte Speicherung von
Oberflächenformulierungen

Modell: 2
Semantik-Ebene

*Deskribierung mit
Roles*

Modell: 1
Syntax-Ebene

*Deskribierung mit
Links*

Modell: 0
Morphologie-Ebene

*Deskribierung mit
präkoordinierten Termen*

Interne Repräsentation
*Knoten des Begriffsnetzes, die real oder
'virtuell' mit ähnlichen Knoten verknüpft sind*

Abb. 5: *Zum Zusammenhang von externer und interner Nominalgruppen-Repräsentation*

Um dies zu verdeutlichen, unterscheiden wir hier grob drei verschiedene Modelle (0, 1 und 2) der internen Repräsentation, entsprechend den linguistischen Kategorien Morphologie, Syntax und Semantik (s. Abb.5).

Im Modell 0 ist ein nominales Syntagma repräsentiert als Menge der 'Deskriptoren', die durch morphologische Normalisierung der Nicht-Stopworte des Suchbegriffs gebildet werden. Im Modell 1 können z.B. diese Deskriptoren entsprechend den mit syntaktischem Parsing erkennbaren Bindungen z.B. zu einem 'Klammerausdruck' mit einem universellen 'link'- oder 'spezifiziert'-Prädikat zusammengestellt werden. (Zur Motivation für dieses 'Link'-Modell verweisen wir auf die Arbeit von C. Schwarz.) Im Modell 2 schließlich wird durch semantisches Parsing ein Ausdruck in einer Prädikatenlogik erster Stufe mit Typen oder 'roles' oder Tiefenkasus für die Argumentstellen generiert (vgl. [Schneider et al.]). An den unten stehenden Beispielen 1 und 2 sei die Differenz der Modelle veranschaulicht.

Da in einem Referenz-Retrieval-System nur die Aufgabe besteht, im System vorhandene Formulierungen anzubieten, kann die Generierung der externen Repräsentation aus der internen entfallen, wenn der Ähnlichkeitsvergleich nur auf der internen Repräsentation beruht und die Oberflächenformulierungen der Annotationen direkt gespeichert sind.

BEISPIEL 1

$A =$ Transfer von Devisen in die COMECON-Länder

$B =$ Transfer von Devisen der COMECON-Länder

```
Dies wird transformiert etwa zu:
```

Modell 0: $A' = B' = \{$ COMECON, Devisen, Land, Transfer $\}$

Modell 1: $A' =$ (COMECON **spez** Land) **spez** (Devisen **spez** Transfer)

$B' =$ ((COMECON **spez** Land) **spez** Devisen) **spez** Transfer

Modell 2: $A' =$ Transfer(**obj**(Devisen), **dest**(COMECON **spez** Land))

$B' =$ Transfer(**obj**((COMECON **spez** Land) **spez** Devisen))

BEISPIEL 2

$A =$ Ausfuhr von Kupfer nach Chile

$B =$ Ausfuhr von Kupfer aus Chile

```
Dies wird transformiert etwa zu:
```

Modell 0: $A' = B' = \{$ Ausfuhr, Kupfer, Chile $\}$

Modell 1: $A' = B' =$ Chile **spez** (Kupfer **spez** Ausfuhr)

Modell 2: $A' =$ Ausfuhr(**obj**(Kupfer), **dest**(Chile))

$B' =$ Ausfuhr(**obj**(Chile **spez** Kupfer))

oder $B' =$ Ausfuhr(**obj**(Kupfer), **orig**(Chile))

Auch an dieser Stelle müssen wir es bei diesen Beispielen belassen und auf die Dissertation von F. Jochum verweisen, der als erster systematisch der interessanten Frage der Auswirkungen unterschiedlich tiefer Repräsentationssprachen auf das Systemverhalten von Dokument-Retrieval-Systemen nachgegangen ist. Es ist klar, daß mit der Mächtigkeit der linguistischen Analyse auch die Trennschärfe der Repräsentationen wächst, mit anderen Worten weniger *systembedingte Homonyme* erzeugt werden (Fall $A' = B'$ in obigen Beispielen). Aber es ist unklar, mit wieviel Homonymie man beim Referenzretrieval in welchem Anwendungskontext leben kann, ja leben muß, um, etwa Schwächen der Ähnlichkeitssuche ausgleichend, einen genügenden 'Recall' zu erzielen, oder sogar leben will, um beim Suchen und 'Browsen' auch noch auf 'kreative' Nebenaspekte zu stoßen. Darüber hinaus stellt sich natürlich die Frage nach der Verfügbarkeit und Einsatzfähigkeit prototypischer Parser für IR-übliche Textmengen, die ja wohl trotz des großen Forschungsinteresses noch nicht positiv beantwortet werden kann. Wir beschränken uns auf das Modell 0 und haben dabei auch den Vorteil, daß dieses weitgehend identisch ist mit dem sog. 'vector processing'-Modell. Dies gilt uneingeschränkt für die Suchfragenrepräsentation; für die Dokumentrepräsentation besteht nur insofern eine Differenz, als bei mehrfacher Zuordnung von Annotationen zu einem Dokument im SYNOPSE-Modell 0 daraus nicht eine Vereinigungsmenge bzw. ein Vektor der beteiligten Deskriptoren gemacht wird, sondern der Nominalgruppenzusammenhang bewahrt bleibt und die Zugehörigkeit mehrerer Annotationen zu einem Dokument erst a posteriori beim Ranking, nicht schon bei der Selektion berücksichtigt werden soll.

In der Terminologie der Dokumentare sehen wir unseren Ansatz auch wie folgt charakterisiert: Die Annotationen stellen präkoordinierte Deskriptoren dar und bewahren
somit ihre spezifische Bedeutung. Damit dies nicht generell zu einer Überspezi-
fizierung führt, muß die Präkoordination in Richtung der Flexibilität der Postko-
ordination aufgehoben werden können. Allein das wird i.a. für einen angemessenen
Recall nicht genügen, denn gehen wir zur Abbildung 2 zurück, so fällt auf, daß das
Szenario-System auch Annotationen findet, die keinen Wortstamm mit dem Suchbegriff
gemeinsam haben. Ein solches Ergebnis läßt sich natürlich nicht allein mit einem
booleschen Mengenvergleich erreichen. Dazu bedarf es einer Begriffs-Wissensbasis
oder, konventioneller ausgedrückt, eines Thesaurus. Stellen wir uns diesen Thesaurus als Netz von Begriffen vor, in das auch die existierenden Annotationen eingehängt sind, so erhalten wir für die Umgebung des Treffers *Prädikatenlogische Repräsentation japanischer Titel* in graphischer Darstellung etwa Abbildung 6.

Die sich aus der Suchfrage ergebenden Begriffe zum Einstieg in das Netz sind in der
Abbildung schwarz unterlegt. (Sie sind natürlich nur im günstigsten Fall alle im
Netz vorhanden.) Diese Einstiegsbegriffe sind im Begriffsnetz mit weiteren Begriffen (evtl. unterschiedlich stark) assoziiert. Folgt man diesen Assoziationspfaden
und berücksichtigt dabei die jeweiligen Assoziationsstärken, die sich bei mehrfach
einmündenden Pfadstücken auch kumulieren können, so gelangt man zu verschiedenen
Annotationsknoten mit jeweils bestimmtem Assoziationsgrad, der als Sortierkrite-
rium genutzt werden kann. Naheliegend ist hier die Analogie zu einem Nervennetzmo-
dell (vgl. [Dalenoort]).

Fragt man nun genauer, welcher Art denn der Algorithmus für dieses graphentheo-
retisch anmutende Modell sein soll, so kann zunächst einmal wieder auf das 'vector processing'-Modell verwiesen werden, das sich zu einem assoziativen Retrie-
valmodell [Salton, 1968] ausbauen läßt.

Rekapitulierend stellen wir zunächst fest, daß wir im Modell O von SYNOPSE von
folgenden Gegebenheiten ausgehen:

- Dokumente sind durch eine Menge von Nominalphrasen (Annotationen) indexiert.

- Es existiert eine morphologische Funktion, die jeder Nominalphrase eine Menge
  von itt Basistermen oder kurz Termen zuordnet (Basisterme sind Wortstämme oder
  ggf. Grundformen, wenn eine solche Differenzierung unter Retrievalgesichtspunk-
  ten sinnvoll ist).

- Es existiert ein Netz, das Basisnetz, das die Basisterme miteinander relationiert.

- Es existiert, das Basisnetz umfassend, ein Begriffsnetz, das die Basisterme mit
  den Annotationen und letztere ggf. auch untereinander relationiert. Die Annotationen verweisen auf die Dokumente.

- Es werden Dokumenten- und Relationenklassen unterschieden. Relationenklassen
  sind z.B. die Ober- und Unter-Begriffsrelation sowie die Relation Verwandter-
  Begriff oder mit unterschiedlichen Verfahren gewonnene gewichtete *Assoziationsrelationen*, aber auch die Zitiert-/Wird-Zitiert-Relation zwischen Dokumenten.

Suchbegriff: Transformation deutscher Nominalgruppen
in Funktionsausdrücke

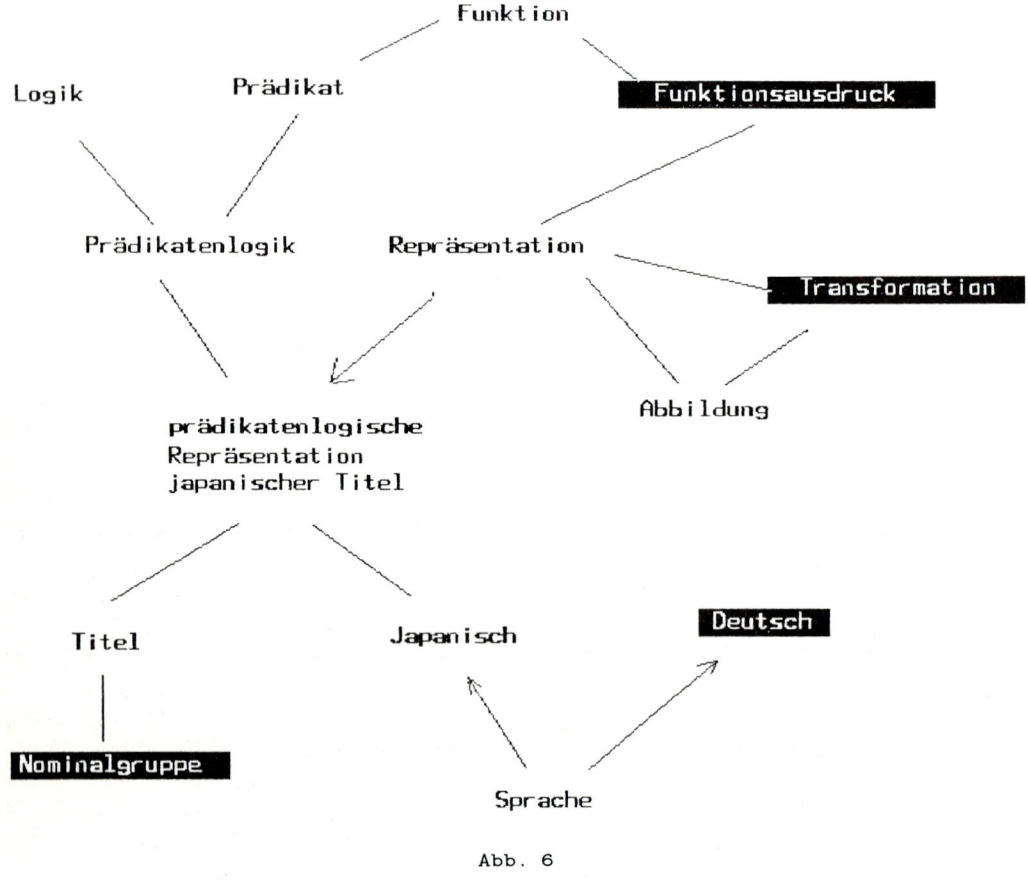

Abb. 6

In der formalen Darstellung des 'vector processing'-Modells ist eine Suchfrage Q als ein *Vektor* $q = (\gamma_1 b_1, \ldots, \gamma_m b_m)$ repräsentiert, wobei $b_1, \ldots, b_n$ alle Basisterme des Systems sind und die γ_i den Wert 1 haben, wenn der Basisterm b_i in der Frage q enthalten ist; andernfalls ist γ_i gleich 0. Die Dokument-Annotationszuordnung ist in diesem Modell als Dokument-Term-Matrix C dargestellt, jede Relationsklasse ρ des Basisnetzes kann repräsentiert werden durch eine Term-Term-Matrix A_ρ und jede Dokument-Dokument-Relation τ durch eine Dokument-Dokument-Matrix D_τ. Selbst die Dokument-Annotationszuordnung C könnte zu C_σ parametrisiert werden, indem man spezifische Indexierungsrelationen σ berücksichtigt (z.B. *indexiert durch Person x für Dokumentationszweck y im Zeitraum z*). Eine spezielle Retrievalfunktion R(q) ist dann im 'vector processing'-Modell gegeben z.B. durch Multiplikation von q sukzessive mit Matrizen A_ρ, C_σ und D_τ. Die durch ρ, σ, τ vorliegende Parametrisierung kann in Abhängigkeit von Benutzervoreinstellungen und/oder vom Retrievalresultat aufgehoben werden z.B. durch gewichtete Summation der jeweiligen Matrizen.

Man muß, um möglichen Mißverständnissen bez. der Implementierung vorzubeugen, an dieser Stelle betonen, daß es sich hierbei um ein formales Modell der Retrievalfunktion handelt, das durchaus nicht mit vollständigen Matrizen als zweidimensionalen Hauptspeicherarrays implementiert werden muß, sondern z.B. genau wie boolesche Systeme mit invertierten Dateien arbeiten kann.

Eine eher boolesch anmutende Prozedur ergibt sich aus folgender Beschreibung der Retrievalfunktion: Für jeden Basisbegriff b der internen Repräsentation der Suchfrage wird im Lexikon nachgeschaut, ob b vorhanden ist. Sei $\{b_1,...,b_n\}$ die Menge, die sich so ergibt. Zu jedem b_i $(i=1...n)$ werden die (wie auch immer) assoziierten Begriffe $b_{i_1},...,b_{i_{k_i}}$ und die zugehörigen Assoziationsstärken $\gamma_{i_1},...,\gamma_{i_{k_i}}$ ermittelt, zu denen auch wirklich Dokumente existieren. Daraus wird die folgende boolesche Formel (konjunktive Normalform mit Gewichten) gebildet:

$$
\begin{array}{llllll}
& (\ b_1 & \text{ODER } \gamma_{1,1}b_{1,1} & \text{ODER } \gamma_{1,2}b_{1,2} & ... \quad \text{ODER } \gamma_{1,i_1}b_{1,i_1} &)\\
\text{UND} & (\ b_2 & \text{ODER } \gamma_{2,1}b_{2,1} & \text{ODER } \gamma_{2,2}b_{2,2} & ... \quad \text{ODER } \gamma_{2,i_2}b_{2,i_2} &)\\
\vdots & & & & & \\
\text{UND} & (\ b_n & \text{ODER } \gamma_{n,1}b_{n,1} & \text{ODER } \gamma_{n,2}b_{n,2} & ... \quad \text{ODER } \gamma_{n,i_n}b_{n,i_n} &)
\end{array}
$$

Für diese Frageformel wird die Ähnlichkeit mit allen Annotationen berechnet, die mindestens einen der in dieser Formel vorkommenden Begriffe enthalten. Für diese Ähnlichkeitsberechnung kann die von Salton et al. für die 'extended boolean logic' angegebene Ähnlichkeitsfunktion herangezogen werden [Salton/Fox/Wu; Salton/ Buckley/Fox]. Sie ermöglicht je nach Wahl eines Parameters p eine mehr oder weniger strikte Interpretation des UND und des ODER im Sinne einer 'loose phrase' für die UND-Verbindung und einer 'loose thesaurus class' für die ODER-Verbindung. Für sehr große p ergibt sich 'fuzzy'-boolesches Retrieval (bzw. im Spezialfall, wenn alle Gewichte $\gamma = 1$ sind, das konventionelle boolesche Retrieval) und für p=1 das oben skizzierte assoziative 'vector processing'. Auf jeden Fall ist das Ergebnis der Ähnlichkeitsberechnung eine Rangreihe der Annotationen. In einem zweiten Schritt könnten dann noch spezifische Dokument-Dokument-Relationen einbezogen werden.

Wie bei jedem größeren Systemkonzept ist die Frage nicht von der Hand zu weisen, wie man denn die Vieldimensionalität der Parametrisierung eines solchen Systems in den Griff bekommen will. Es kann uns deshalb zunächst nur darum gehen, eine modulare Testumgebung aufzubauen. Im folgenden seien noch einige konkretere Angaben zum Stand der Implementierung dieser Testumgebung gemacht.

Als Rechner steht uns ein PERQ von ICL zur Verfügung. Mit ihm lassen sich die von uns für wesentlich erachteten Möglichkeiten der Dialogunterstützung realisieren ("Maus", "Fenster", "Raster-Bildschirm"). Grundlage für die Testumgebung ist jedoch das Verwaltungssystem für das Begriffs- und Dokumentennetz. Es handelt sich

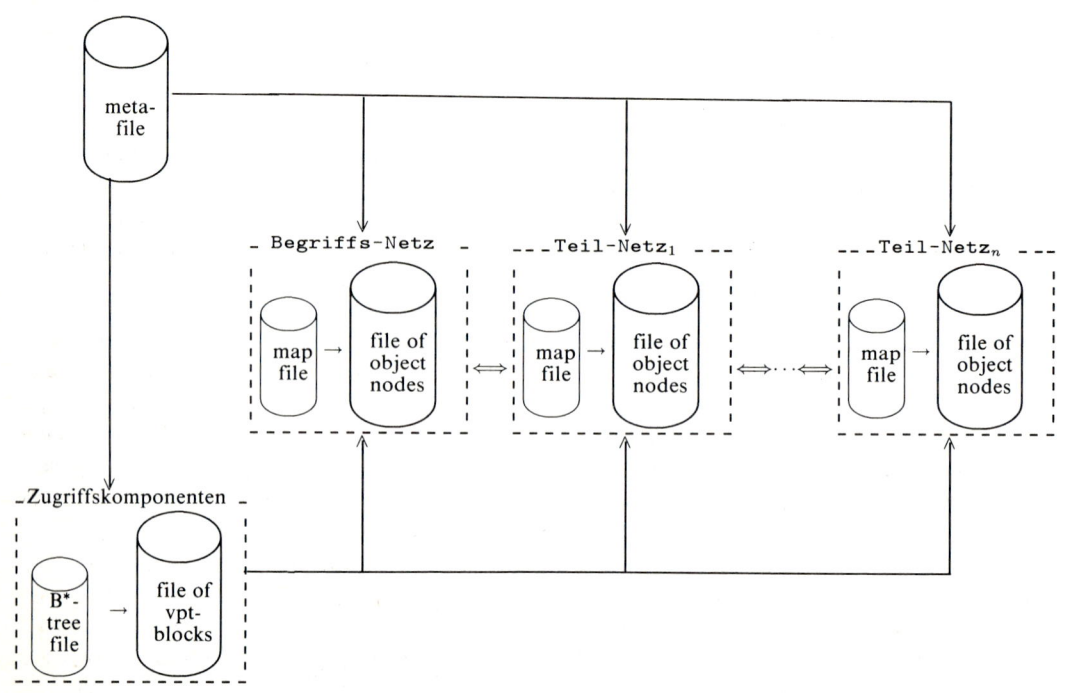

Abb. 7: *Schema des SYNOPSE-Dateisystems*

hierbei auch um eine 'Non-Standard-Anwendung' von Datenbanksystemen. Über diese wird z.Z. stark diskutiert, bewrtete Systeme werden jedoch erst in einigen Jahren die Labors verlassen (vgl. [Härder], [Deppisch et al.]). Da der PERQ mit dem Betriebssystem POS außer einer sehr elementaren Dateiverwaltung keine Unterstützung bietet, haben wir ein für unsere Problemsituation spezifisches Zugriffs- und Verwaltungssystem entworfen.

Die Abb. 7 zeigt ein grobes Schema des geplanten Dateisystems, dessen zentrale Verwaltungsdatei das *Metafile* ist. Sie enthält:

- Informationen zur globalen Konsistenzkontrolle,
- Informationen zum Begriffsnetz,
- Beschreibung der Teilnetze und Verweise auf die Teilnetz-Dateien,
- Beschreibung der Objekt-Typen,
- Beschreibung der Relationen.

Wir wollen zulassen, daß das logische Gesamtnetz, das alle Objekte aller Typen (Begriffe, Dokumente, ...) enthält, nicht nur logisch, sondern auch physisch in Teil-Netze aufgeteilt werden kann. Ein spezielles Teilnetz ist z.B. das Begriffsnetz. Da alle benutzererzeugten Objekte des Netzes neben eindeutigen Systemschlüsseln auch

natürlichsprachige Bezeichnungen besitzen können, sofern sie für die Ähnlichkeitssuche verfügbar sein sollen, wird insbesondere ein Zugriffssystem für nicht eindeutige, variabel lange Schlüssel benötigt. (Dies ist z.B. eines der 'non-standard
features'.) Es ergeben sich folgende z.T. konkurrierende Forderungen:

- möglichst wenig Zugriffe auf Hintergrundspeicher,
- keine praxis-relevanten Längenbeschränkungen für die Schlüssel,
- keine Beschränkung auf Einzelwörter,
- morphologische Reduktionen sollten möglich, aber nicht notwendig sein,
- schneller Zugriff auf lexikalisch benachbarte Schlüssel,
- kompakte Speicherung,
- modulare, parametrisierte und damit mehrfach verwendbare Lösungen.

Für einen schnellen Zugriff, bei dem auch die alphabetische Nachbarschaft wesentlich ist, haben sich B*-Bäume bewährt; sie haben aber den Nachteil, daß sie nur
Schlüssel fester Länge verwalten bzw. für jeden Schlüssel den Speicherplatz des
größtmöglichen Schlüssels belegen. In natürlichen Sprachen ist aber die Differenz zwischen der durchschnittlichen und der maximalen Länge eines Wortes i.a.
sehr groß; dies wird noch verschärft, wenn man nicht nur Einzelwörter, sondern
auch Phrasen als Schlüssel zuläßt. Deshalb haben wir ein zweistufiges Verfahren
gewählt: Kurze Schlüssel werden mit B*-Bäumen verwaltet, längere mit B*-Baum plus
einer nachgeschalteten Zugriffspfadstruktur, die möglichst nur einen weiteren Hin-
tergrundspeicherzugriff kostet und die wir *variable prefix trie* (kurz *vpt*) nennen.
Beim 'trie' handelt es sich um einen Binär-Baum zur Verwaltung einer Menge von
Character-Strings (vgl. [Aho et al.]). Der vpt unterscheidet sich vom trie im wesentlichen dadurch, daß Präfixe des Restbaumes maximal faktorisiert werden; d.h.
die Knoten des vpt sind variabel lange Strings und nicht mehr nur einzelne Zeichen.
In Abbildung 8 sind einige weitere für Lexikonzugriffssysteme nützliche Eigenschaften unserer Implementierung, die im wesentlichen einer kompakten Speicherung dienen, durch Beispiele angedeutet:

- Es ist vorgesehen, auf alle Schlüssel einen Normalisierungsprozeß anzuwenden
  und in der Regel nur die normalisierten Schlüssel zu speichern. Eine solche
  Normalisierung könnte z.B. auch eine Lemmatisierung sein. Wir beschränken uns
  zunächst auf die Zusammenführung von Schreibvarianten. Für den Fall, daß durch
  die Schreibvarianten unterschiedliche Begriffe repräsentiert werden (z.B. "der"
  vs. "DER"), lassen wir zu, daß an die normalisierten Schlüssel Variantenmengen
  angehängt werden.

- Verschiedene Schlüssel können auf den gleichen Begriff verweisen. Sehr häufig
  werden dies unterschiedliche Formen eines Wortes sein (wie z.B. *Speicheradresse*
  und *Speicheradressen*). Dies Beispiel zeigt, daß der zusätzliche Speicherplatz für
  solche Wortformenvarianten recht gering ist, da eine Präfix-Faktorisierung vorgenommen wird. Auf diese Weise kann aber auch die Zusammenführung von Synonymen
  (z.B. *Speicher* und *memory*) geleistet werden, die sonst aufwendiger, dafür aber mit
  Differenzierungsmöglichkeiten, im Begriffsnetz zu repräsentieren wäre.

Ein weiterer uns interessierender Aspekt dieses Lexikonzugriffssystems ist, daß
sich möglicherweise durch geeignete Wahl der Länge des für den B*-Baum vorgesehenen

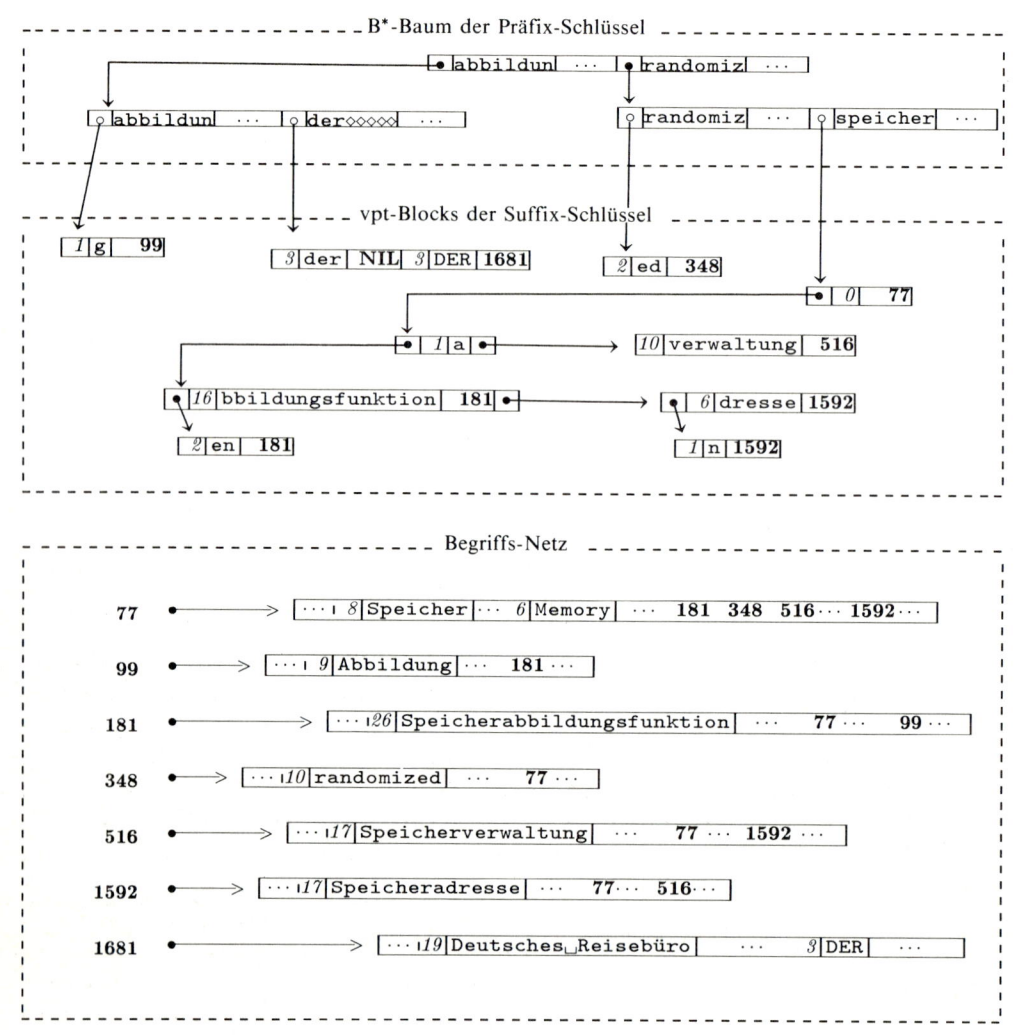

Abb. 8: *Schema des Lexikonzugriffs*

Präfixschlüssels häufig in den vpt-Blöcken semantische Cluster ergeben. So haben Paice et al. ein Ähnlichkeitsmaß zwischen Strings vorgeschlagen, das auf Präfix-Übereinstimmung beruht. Es ist zu vermuten, daß diese Korrelation im Deutschen aufgrund der vielen Komposita noch stärker hervortreten wird.

Fassen wir abschließend noch einmal zusammen: Mit SYNOPSE geht es uns darum, eine modulare Testumgebung aufzubauen, in der die skizzierten Konzepte in den Anwendungskontext eines 'personal retrieval' gestellt werden können. Nicht nur wir sind überzeugt, daß es sich für den Bereich der Büroautomatisierung lohnt, schon bekannte, aber bisher mehr oder weniger brach liegende Modelle und Verfahren aus der IR-Forschung zu 'revitalisieren'. Dazu gehören entsprechend unseren Vorstellungen Untersuchungen u.a. zu folgenden Fragenkomplexen:

- automatische Verfahren zum Aufbau von Term-Term-Relationen ('association factors'),

- Verfahren zur Berechnung der Ähnlichkeit zwischen Nominalgruppen (Ähnlichkeitsmaße, Zusammenspiel hierarchischer und assoziativer Relationen),

- Relevanz-Feedback und seine Nutzung zur Reduzierung der Komplexität der Ähnlichkeitssuche (Nutzung der 'natürlichen' Intelligenz),

- Dynamik/Evolution des Begriffsnetzes (Größenordnung, Transparenz, Verträglichkeit von automatisch versus intellektuell gewonnenen Relationen),

- 'human factors' im Gebrauch eines individualisierten Werkzeugs zur Informationsablage und -wiedergewinnung: Bewältigung der Vieldimensionalität der Dialogsituationen durch ergonomische Hilfen (Graphik, Menüs, Maus, Fenster), Aufwand für und Gewinn durch die Pflege des Begriffsnetzes.

Es ist zu beobachten, daß sich das Konzept eines thesaurus- oder wissensbasierten Referenzretrieval in der IR-F&E-Landschaft (vgl. [RIAO]) eines zunehmenden Interesses erfreut, - allerdings, soweit wir sehen, in der Regel vor dem Hintergrundziel, ein Retrieval-Expertensystem zu bauen, das die Fähigkeit hat, natürlichsprachig geäußerte Informationswünsche eines gelegentlichen Systembenutzers in eine effiziente boolesche Systemformulierung zu übersetzen. Wir sehen die dafür notwendige Wissensakquisition allerdings als integralen Bestandteil der Arbeit des Individuums, das sich Informationen beschafft und in eine für seinen Arbeitskontext produktive 'geistige' Ordnung bringen will. Wird diese sprachlich vermittelte Ordnungsarbeit von mir als 'Informationsarbeiter' nicht geleistet, dann kann dies daran liegen, daß die Bilanz 'Ertrag minus Aufwand' als negativ eingeschätzt wird, auf jeden Fall aber wird es dazu führen, daß der Dokumentenbestand mir mehr oder weniger schnell zum Datenfriedhof wird. Beim Übergang von der Benutzung eines öffentlichen 'Read-Only'-Systems zu einem privaten 'Hypertext-Editing & Retrieval'-System wird eine Aspektverschiebung vollzogen, die nach unserer Auffassung wesentlich für die Beurteilung der Brauchbarkeit oder Unbrauchbarkeit bestimmter IR-Verfahren ist. Man kann auch sagen, unter dem Akronym SYNOPSE geht es uns um die Spezifizierung von IR-Komponenten eines *Autorenarbeitsplatzes*.

Literaturverzeichnis

Aho, A.V.; Hopcroft, J.E.; Ullman, J.D.:
    Data Structures and Algorithms. Reading, Mass.: Addison-Wesley, 1983, 427 S.

Bush, V.:
   As we may think. In: Kochen, M. (Hrsg.): The Growth of Knowledge: Readings in
   Organization and Retrieval of Information. New York: Wiley, 1967, S. 23-35 Zu-
   erst erschienen in: Atlantic Monthly, Bd. 176, H. 1, 1945, S. 101-108
Dalenoort, G.J.:
   Design of a Self-Organizing Documentation System. In: Dietschmann, H.J. (Hrsg.):
   Representation and Exchange of Knowldge as a Basis of Information Processes.
   Proceedings of IRFIS 5. Heidelberg, September 5-7, 1983. Amsterdam: North-
   Holland, 1984, S. 111-128
Deppisch, U.; Obermeit, V.; Paul, H.-B.; Schek, H.-J.; Scholl, M.; Weikum, G.:
   Ein Subsystem zur stabilen Speicherung versionenbehafteter, hierarchisch struk-
   turierter Tupel. In: Blaser, A.; Pistor, P. (Hrsg.): Datenbank-Systeme für Büro,
   Technik und Wissenschaft. GI-Fachtagung, Karlsruhe, 20.-22. März 1985, Procee-
   dings. Berlin: Springer, 1985, S. 421-440
Doszkocs, T.E.:
   From Research to Application: The CITE Natural Language Information Retrieval
   System. In: Salton, G.; Schneider, H.J. (Hrsg.): Research and Development in
   Information Retrieval: Proceedings, Berlin, May 1982. Berlin: Springer, 1983,
   S. 251-262
Fischer, D.; Rostek, L.:
   SYNOPSE : Konzepte für ein ''Personal Retrieval''. In: GID: Jahresbericht 1983.
   Frankfurt/M: GID, S. 69-80
Frei, H.P.; Jauslin, J.F.:
   Graphical Presentation of Information and Services: A User-Oriented Interface.
   In: Inf.Techn. R&D, Bd. 2 (1983), S.23-42
Gerstenkorn, A.:
   Indexierung mit Nominalgruppen. In: Nachr.f.Dokum., Bd.31 (1980) H.6, S.217-222
Giuliano, V.E.; Jones, P.E.:
   Linear Associative Information Retrieval. In: Howerton, P.; Weeks, D. (Hrsg.):
   Vistas in Information Handling. Vol 1. Washington D.C.: Spartan Books, 1963,
   S.30-54
Härder, T.; Reuter, A.:
   Architektur von Datenbanksystemen für Non-Standard-Anwendungen. In: Blaser, A.;
   Pistor, P. (Hrsg.): Datenbank-Systeme für Büro, Technik und Wissenschaft. GI-
   Fachtagung, Karlsruhe, 20.-22. März 1985, Proceedings. Berlin: Springer, 1985,
   S. 253-286
Hollaar, L.A.:
   The Utah Text Retrieval Project - a Status Report. In: Rijsbergen, C. J. van
   (Hrsg.): Research and development in information retrieval. Proceedings of the
   third joint BCS and ACM symposium King's College, Cambridge 2-6 July 1984. Cam-
   bridge: Cambridge University Press, 1984. 433 S.
Herot, C.F.:
   A Spatial Graphical Man-Machine Interface. In: Lavington, S. H. (Hrsg.): Infor-
   mation Processing 80. Amsterdam: North-Holland, 1980, S. 1039-1044
Jochum, F.:
   Semantische Repräsentationssprachen in Dokumenten-Retrieval-Systemen: Auswir-
   kungen einer unterschiedlich tiefen Bedeutungsdarstellung auf das Systemver-
   halten. Diss. TU Berlin, 1982, 241 S.
Landauer, C.; Mah, C.:
   Message extraction throgh estimation of relevance. In: Oddy; Robertson; Rijs-
   bergen; Williams (Hrsg.): Information Retrieval Research. London: Butterworths,
   1981, S. 117-138
Lutes-Schaab, B.; McCall, R.; Schuler, W.:
   MIKROPLIS - ein Textbank-Management-System. In: Nachr.f.Dokum.,Bd.35 (1984)
   H.6, S. 254-259
Malone, T. W.:
   How Do People Organize their Desks? Implications for the Design of Office Infor-
   mation Systems. In: Limb, J. O. (Hrsg.): SIGOA Conference on Office Information
   Systems: Proceedings Supplement. University of Pennsylvania, June 21-23, 1982.
   Baltimore: ACM, 1982, S. 25-32
Meyrowitz, N.; Dam, A. van:
   Interactive Editing Systems: Part I, Part II. In: ACM Computing Surveys, Bd.14
   (1982) H.4, S.321-415
Nelson, T. H.:
   Getting it out of our System. In: Schecter, G. (Hrsg.): Information Retrieval:
   A Critical View. London: Academic Press, 1967, S. 191-209
Paice, C. D.; Aragon-Ramirez, V.:
   The calculation of similarities between multi-word strings using a thesaurus.
   In: siehe RIAO, S. 293-319

RIAO:
  L'Institut d'Informatique et de Mathématiques Appliquées Grenoble (I.M.A.G.)
  (Hrsg.): RIAO 85 Recherche d'Information Assistée par Ordinateur:
  Actes, Grenoble France, 18-20 mars 1985.
Rostek, L.:
  Verstehen und Verdichten von Texten: Repräsentation und Strategie bei der Ver-
  arbeitung für ein Referenz-Retrieval-System, basierend auf einem Netz von Be-
  griffsbezeichnungen. In: Bátori, I.; Krause, J.; Lutz, H.D. (Hrsg.): Linguisti-
  sche Datenverarbeitung: Versuch einer Standortbestimmung im Umfeld von Infor-
  mationslinguistik und Künstlicher Intelligenz. Tübingen: Niemeyer, 1982, S.127-
  136
Salton, G.:
  Automatic Information Organisation and Retrieval. New York: McGraw-Hill, 1968.
  514 S.
Salton,G.; Buckley,C.; Fox, E.A.:
  Automatic Query Formulations in Information Retrieval. In: J. of ASIS, Bd.34
  (1983) H. 4., S.262-280
Salton,G.; Fox, E.A.; Wu, H.:
  Extended Boolean Information Retrieval. In: CACM, Bd.26 (1983) H. 11., S.1022-
  1036
Schneider, H.-J.; Eimermacher, M; Günther, S.; Gust, H.; Habel, Chr.; Huismann,
H.; Klein, N.; König, M.; Reddig, C.; Rollinger, C.-R.; Schmidt, A.; Wang, J.-t.:
  Automatische Erstellung semantischer Netze. Berlin: TU Berlin, 1981, 503 S.
Schulz, G.F.:
  Kontextoperator Nominalgruppe (KONNEX): Eine Retrievalhilfe für das Freitext-
  Retrieval. In: GID: Jahresbericht 1983. Frankfurt/M: GID, S. 59-67
Schwarz, C.:
  Komplexe Nominalgruppen als Indexierungseinheiten am Beispiel des Projektes
  CONDOR. In: Deutsche Gesellschaft für Dokumentation e.V. (Hrsg.);
  Strohl-Goebel, H. (Bearb.): Deutscher Dokumentartag 1981: Mainz vom 5.10. bis
  8.10.1981: Kleincomputer in Information und Dokumentation. München: Saur, 1982,
  S.634-645
Smith, L.C.:
  'Memex' as an image of potentiality in information retrieval research and de-
  velopment. In: Oddy; Robertson; Rijsbergen; Williams (Hrsg.): Information Re-
  trieval Research. London: Butterworths, 1981, S. 345-369